2판

발달 지향적 치료 움직임 놀이

심리운동 신체경험, 물질경험, 사회경험

박석원 · 조여진 · 고해인 · 최하나 공저

휴먼북스

들어가는 말

요즘 우리 아이들은 과거의 우리들처럼 마음껏 뛰어놀며 그 놀이 속에서 자연스러운 발달을 할 수 있는 기회가 점차 줄어들고 있다. 이러한 가운데 심리운동이라는 개념을 통해 우리 아이들이 자연스럽게 뛰어놀며 긍정적인 발달을 하기 위한 기회가 폭넓게 제공 되었다.

심리운동이란 것은 독일을 기반으로 전 세계에 널리 퍼져 나갔고 우리나라에서도 발달재활서비스의 한 영역으로 자리 잡을 만큼 많은 성장을 이루어 가고 있다. 하지만 이러한 심리운동이 한국에 기반을 둔 이론이 아니라서 그동안에 학자들의 노력에도 불구하고 학문적으로 이론적으로 튼튼한 이론적 근거를 마련하지 못했으며 독일에 원서나 자료에 의존할 수 없는 것이 현재의 실정이다.

최근에는 대학(원)에서 심리운동학과, 심리운동전공, 심리운동 트랙 등으로 부분적으로 학문적 기반을 마련하고 있지만 그 학습 환경에서 학과과정과 과목에 맞는 지침이 되는 교재 수준의 이론서가 부족한 실정이다.

그에 따라 저자는 그러한 부분을 보완하고 한국에 심리운동의 안정적인 발전을 위해 현재 공식화된 발달재활서비스 바우처 제공인력 인증을 위한 과목이 공통된 교과과정에 맞춰 심리운동 신체경험의 교재수준의 지침서를 작성하게 되었다.

본 글은 실링의 능력지향 이론을 바탕으로 심리운동 신체경험, 신리운동 물질경험, 심리운동 사회경험의 소주제로 심리운동을 집중적으로 구성 해 보려 한다. 이는 현재 한국에서의 심리운동 전문가인 심리운동사 전문연수과정의 과목과 보건복지부 인증 발달재활서비스 인정과목의 과목과도 동일하여 현장에 있는 심리운동 전문가들에게 심리운동의 이론적 근거를 제시하고 올바른 방향을 안내 해

줄 수 있는 좋은 이론적 지침서가 될 수 있을 것이다. 이를 위해 우리는 한국과 독일의 참고문헌을 고찰하고 관련 이론을 정리하였고 이론의 정리 뿐 만 아니라 현장의 심리운동사들이 이 책 한권으로 치료 또는 교육현장에서 이론적 개념을 갖고 실무적으로 적용 가능한 활동들을 제시했다. 또한 다음 후발세대에 더 많은 이들이 이와 같은 작업을 통해 계속적으로 발전해 주길 바라는 바이다. 이 작업을 위해 기꺼이 자신들의 모습을 삽화로 제공해 준 아이들에게 고마움을 전하고 이 안에 질적인 내용구성을 위해 노력해준 많은 연구자들에게 감사의 마음을 전하고 싶다.

우리의 아이들이 부모의 손에 이끌려 마지못해 하는 것이 아닌 하기 싫지만 어쩔 수 없이 하는 학습이 아니고 그 아이들의 자율성을 존중 해 주고 긍정적인 놀이 속에서 자발적인 참여와 활동으로 나도 모르게 스며들어 전인적인 발달을 할 수 있는 그러한 움직임 놀이를 위해 앞으로도 더 많은 연구와 노력을 다하겠다.

우리아이들의 꿈과 행복을 바라는 사람들.....

짜 임

I

심리운동의 정의 및 이해

Ⅰ. 심리운동의 정의 및 이해

심리운동의 언어적인 고찰을 보면 운동학은 독일어로 Motologie이다. 이는 라틴어로 움직임을 뜻하는 "Motus"와 그리스어로 학문을 의미하는 "logie"가 결합한 형태로 "움직임에 관한 학"으로 정의할 수 있다. 독일어로 Motopaedagogik라고 하는 운동교육학은 교육학의 한 전문영역으로서, 움직임을 통한 교육을 뜻한다. 운동교육학은 교육을 인간의 움직임이라는 준거 하에서 인식하며, 인간의 움직임을 교육의 가능성과 효과, 목적, 방법에 대한 출발의 전제로 삼고 있으며, 독일에서는 하나의 독립된 학문으로 자리 매김 되었다. 그럼으로 Motologie를 통해 심리운동의 하나의 학문적 출발을 하게 된 것이다.

심리운동의 역사적 고찰을 보면 현재 독일에서 심리운동, 혹은 모톨로기라고 부르며 새로운 것이 아니다. 그 뿌리는 이타르의 감각주의, 세퀸과 몬테소리 그리고 레제만과 바르트쉬의 정신 정형 연습, 달크로즈의 리듬, 샤이블라우어와 페퍼, 가울호퍼와 스트라이허의 몸 교육, 그리고 2차 대전 후의 메스터와 파첸에 있다. 제발트는 심리운동의 뿌리를 4가지로 나누어 설명한다. 첫째는 몬테소리와 세퀸 그리고 이타르의 특수교육적인 전통이다. 둘째는 딤과, 매스터 파첸의 몸 교육과 가울호퍼 스트라이허의 자연체조이다. 셋째는 홈부르거와 뢰베나우의 의학정신학적 처치이다. 넷째는 리듬 움직임이다. 라고 하였으며 이 이론들에 근거하여 심리운동의 뿌리가 되는 각각의 경로를 알아차릴 수 있다.

심리운동의 시작과 발달에서 주요 학자에 의한 주요 관점이 시작되고 개발 되어졌다. 그 중 최초의 심리운동을 창시자로 불리는 J. E. Kiphard의 관점은 다음과 같다.

키파트는 귀터스로에 있는 정신병원에 움직임이 저해되고 뇌 손상을 입은 아동들의 치료에 움직임이라는 매개체를 도입하였다. 그는 자신의 경험에 비추어 의료적, 치료 교육적인 작업을 하기 위해 신체훈련 및 이에 관련된 치료 방법의 적용 가능성과 그 다양한 작업을 시험했다. 심리운동 연습치료의 리듬, 체육, 체조, 스포츠, 감각훈련, 역할놀이의 훈련영역에서 발달지체 아동의 발달을 장려시키기 위해 가장 알맞고 본질적인 것을 치료 교육적인 과정에서 적용한 것이다. 심리운동연습치료는 기본적으로 새로운 것이라기보다는 현장경험과 학문적 체계의 유일한 종합으로 볼 수 있다

키파트는 심리적 문제가 있는 어린아이의 교육에 적합한 매우 좋은 통로가 신체분야의 연습을 통해 이루어지기 때문에 자신들의 방법을 심리운동 이라고 명명, 그 수행을 통하여 많은 성과를 가져왔다. 병원에서의 치료성과와 계획성 있는 공개 작업과 이미 수행해 왔던 기존 보수교육 과정으로 인해 심리운동 치료는 급속히 전파되었다. 병원에서의 경험을 치료 교육적, 치료적 분야에 효과가 있고 유아교육과 특수교육에서 의미 있게 활용하였다. 키파트의 움직임을 통한 교육은 교육 분야에 그 개념이 전이되고 특수학교의 체육수업에 다양하게 반영되고 영향을 주었다. 그 결과 연수, 보수교육, 학교 전통 교육에 새로운 요구가 생겨나게 되었다.

두 번째로는 F. Schilling의 관점으로 능력지향적 이론이며 실링교수(Prof. F. Schilling)에 의해 대표되는 관점으로써, 인간의 정체성과 이론의 실제 적용에 그 중점을 둔다. 여기에서는 움직임 진단이 중요하며 이를 토대로 하여 인간의 행동능력 확장에 도움을 주고자 한다(Schilling 1996).

능력지향적 관점은 키파트의 심리운동연습처치(PMÜE)를 계승 발전시킨 이론이다. 키파트(Kiphard)의 심리운동 연습 처치는 움직임의 특이함과 움직임의 장애를 정상 아동들과 비교하여 지각의 결핍과 움직임의 결핍으로 해석하였다. 그는 무수한 놀이 같은 연습을 통하여 이러한 장애가 치료될 수 있다고 보았다. 연습 치료라는 이름이 말하여 주듯이 심리운동 연습 처치는 교육학적인 측면과 의학적인 측면을 동시에 가지고 있다. 즉 연습은 교육적인 단어에 해당하며 치료는 의학상의 외 개념인 것 이다. 심리운동 치료의 목표는 목적된 감각, 지각훈련과 움직임 훈련을 통하여 어린이를 그 외 전체적인 인격 내에서 지원하려는데 두고 있으며, 그럼으로써 이 때에 적합한 태도의 조정에 아동의 움직임 흥미를 유용하게 이용하려고 한다.

이 이론의 긍정적인 면은 명확한 구조와 분명한 역할 분담 그리고 확고한 목표설정에 있다. 이때에 방책, 목표 그리고 성공에 대한 조정이 용이 하다는 점에 있다. 이 이론의 약점으로는 무엇보다도 연습적 성격과 계획적 성격을 들 수 있다(Kiphard, 1980).

실링 교수를 통한 이 개념의 확장개선은 행위능력과 교육적 모델로의 접근이란 관점에서 파악될 수 있다. 움직임을 한편으로는 구성 능력으로 또 한편으로는 행위능력의 중요한 요소로 이해되며 환경에 대한 적응과 움직임 도안의 보편화를 위하여 학습 과정 안에서 어린이의 인지가 재구성되어야만 한다. 이런 맥락에서 이 관점에서는 움직임과 인지가 행위능력의 가장 중요한 토대로서 역할을 담당하게 된다.

실링의 정의에 따르면 심리운동 학은 인간의 움직임에 관한 학으로써 인간의 움직임을 인간의 행위 및 의사소통 능력, 그 외 발달, 장애 그리고 치료의 근본적인 토대 중의 하나로써 이해한다. 이 관점은 "행위의 전문지식·능력"의 토대로 삼았다. 그리하여 어린이가 더 많은 인식 도안과 움직임 도안을 발달시킬수록 더 큰 행위의 전문지식·능력을 획득하게 된다고 본다.

실링이 이 관점에 대한 그의 핵심적 생각을 진단영역에서부터 행한 관찰을 통하여 이끌어 냈다(Schilling, 2002). 움직임 진단은 의료계에서의 신경학적, 아동 정신학적 원인진단으로부터 하나의 발전지향적인 인격의 진단으로 발전하였으며 이로써 움직임과 행동을 통하여 한 인간과 그의 행동 및 의사소통의 잠재 능력에 대한 통로를 얻게 된다. 의학상의 진단과 비교하여 볼 때 심리운동학 내에서의 진단은 움직임을 단지 신경 정신상의 자료들에 한정되어 파악하지 않는다. 인지적·감정적인 절차들이 움직임 상의 능력에 함께 고려된다. 인간의 움직임을 연구하는 학문으로써 심리운동 학은 어떠한 학습 및 적응 능력이 이러한 시스템들의 사용을 통해 심리운동 상의 능력과 태도 형태들로 발전상에서 나타나는지에 더욱 관심을 가진다. 여기에서 우리는 빅토르 폰 바이체커(Victor von Weizaecker)의 영향을 볼 수 있게 된다. 왜냐하면 바이체커 와 그의 제자들은 움직임의 능력을 행위 하는 능력, 스스로 환경의 발생에 참여하고 환경을 변화시키는 능력이라고 파악하였기 때문이다.

실링은 심리운동 학을 학문적으로 발전시키기 위해서 제일 먼저 움직임과 운동상의 발전이론 혹은 인간성의 발달에 있어서 움직임의 역할에 대한 이론이 필수적이라고 판단되었다.

이러한 실링(Schilling)의 능력 지향적 관점은 키파트(Kiphar d)의 심리운동 연습 처치(PMÜE)를 계승 발전시킨 이론이다. Kiphard (1980)는 움직임의 특이함과 움직임의 장애를 정상 아동들과 비교하여 지각의 결핍과 움직임의 결핍으로 해석하였다. 그는 무수한 놀이 같은 연습을 통하여 이러한 장애가 치료될 수 있다고 보았다. 연습치료라는 이름이 말하여 주듯이 심리운동 연습 처치는 교육학적인 측면과 의학적인 측면을 동시에 가지고 있다. 즉 연습은 교육적인 단어에 해당하며 치료는 의학상의 외 개념인 것 이다.

이 이론의 긍정적인 면은 명확한 구조와 분명한 역할 분담 그리고 확고한 목표설정에 있다. 이때에 방책, 목표 그리고 성공에 대한 조정이 용이 하다는 점에 있다. 이 이론의 약점으로는 무엇보다도 연습적 성격과 계획적 성격을 들 수 있다(Kiphard, 1980). 이처럼 심리운동은 현재도 발전하고 있고 위의 학자들에 의해 계승 발전되고 있는 상황이다.

심리운동(Psychomotorik)은 심리(Psycho)로 이행되는 좋은 통로가 신체의 경험/운동성 Motorik을 통해 이루어지기 때문에 심리운동 이라고 명명했다. 따라서 심리운동은 지각, 경험, 인식, 행동의 기능적 통합으로 이루어진 행동의 심리적, 운동적 관계로 이해할 수 있다.

심리운동(psychomotorik)은 지각, 경험, 인식, 행동의 기능적 통합으로 이루어진 행동의 심리적, 운동적 관계로 이해할 수 있다. 이것은 인간 존재를 곧 '인간 몸' 으로 보고 움직이는 몸과 몸짓에 의해 의미가 획득된다고 볼 때, 신체적 움직임은 전체적인 인격의 표현이라고 이해할 수 있다 (한국심리운동연구소, 2008)라고 정의하고 있다.

Schilling(1987)은 정신, 정서, 감정, 이성 등을 의미하는 심리(psycho)와 움직임, 인지·지각을 뜻하는 운동(motorik)의 개념이 서로 긴밀하고 유기적 관계를 가지고 교육적·치료적으로 다양한 움직임 동작을 통하여 또래와 관계를 맺고, 발달 지체 유아의 심리적 상태에 긍정적인 영향을 줌으로써 유아의 발달 전체를 지원하는 것이라고 정의하였다(박정숙, 2013)

이처럼 심리운동은 특정한 부분에 대한 편협적인 발달의 지원이 아닌 인간에 대한 전체적이고 전인적인 발달을 지원하고 있음을 알 수 있다.

1955년 독일의 Kiphard에 의해 만들어진 심리운동은 아동들이 지나친 스포츠식 연습에 시달리고 있음을 깨닫고, 아동들의 욕구를 능력주의와 업적주의 및 아동들의 단점, 이상행동, 부족한 면만을 보는 결점 지향에서 탈피하여 스스로 체험하고 느끼고, 개인의 감성을 자극하고, 개인 발달에 영향을 줄 수 있는 움직임 체험을 통해 스스로 표현함으로써 전인적인 발달을 이루어가는 신체활동 이라고 생각했다. 이는 아동들의 자율적인 움직임은 아동의 초기 의사소통의 방법이고 이러한 움직임으로 자기를 이해하고 표현함으로써 개인적인 발달에서 전이적인 발달을 줄 수 있다고 정의 해 본다.

이처럼 심리운동은 인간의 자율적이고 다양한 움직임을 통해 어느 한 부분에 치우치지 않고 전인적인 발달을 지원하며 인간의 전체에 긍정적인 영향을 주려고 하고 있다. Schilling(1987)은 아동의 움직임을 통한 충분한 경험은 행위능력의 확장으로 이어지고 이것을 통하여 의사소통의 잠재 능력에 대한 통로를 얻게 된다고 보았다.

심리운동의 목표는 아동의 자발적 행동과 자립적 행동을 신장시키며, 그룹 내에서의 경험을 통해 아동의 수행 능력과 의사소통 행위가 향상될 수 있도록 돕는 데 있다(Zimmer,2005). 즉 자발적인 움직임 놀이 환경에서의 아동은 자발적인 동기를 갖고 성공적인 수행의 능력 경험과 의사소통 행위 증가의 경험을 갖을 수 있다는 것이다. 심리운동은 치료뿐만 아니라 예방적인 차원에서도 활용되고 있다. 이는 심리운동이 자유로운 놀이와 움직임이라는 매개체를 통하여 긍정적인 효과를 볼 수 있기에 영유아, 학령 전 아동, 학령기 아동, 청소년, 성인 그리고 노인 등 다양한 연령층과 활동 영역에서 광범위 하게 적용되고 있다(박정숙, 2013).

현재 심리운동은 1950년대 독일에서 시작하여 오스트리아, 스위스, 이탈리아, 프랑스, 네덜란드 등 거의 전 유럽지역에서 '움직임 치료' 또는 '심리운동'으로 알려져 있는 교육 및 치료방법(김덕환, 2009; 김윤태, 김나리, 2010)이다. 한국에서는 1997년 심리운동이 소개되었고, 2000년에는 한국심리운동협회를 창설 하였으며,그 외 한국심리운동연구소, 한국심리운동학회, 한독심리운동학회, 한굴발달놀이치료협회, 국제언어심리운동학회 등을 통하여 장애아동의 재활치료에 기여해 왔으며 많은 연구를 통하여 심리운동의 효과성이 검증되고 있는 실정이다.

1. 심리운동의 개념 및 목적

심리운동(Psyomotorik)은 위에서 강조한 바와 같이 독일 심리운동 창시자로 불리는 Kiphard (1980)에 의해 생겨난 개념으로, 인간의 기분, 감성 및 심리적 경험은 안에만 머무는 것이 아니라 움직임, 행동에도 나타난다는 의미에서 심리(Psycho)와 운동(Motorik)이라는 두 개 차원이 포함된 합성어다. 독일에서 심리운동이 시도되기 시작한 1950년대 중반에 체육학 학생이던 Kiphard(1989)는 소아 청소년 정신과 병동에서 발달지체 혹은 움직임 장애가 있는 아동 및 청소년들을 만나며 이들이 기능적인 움직임 연습에 시달리는 모습을 보며 심리적 효과가 있는 운동치료의 새로운 치료적 가능성을 모색하기 시작했다.

소아정신과 의사인 Huennekens와의 작업으로 아동의 욕구를 간과하기 쉬운 능력과 업적을 중시하는 기능 중심의 움직임 연습 대신 타인에 의해 강요받지 않는 즐겁고 자유로운 놀이에 주목했다. 또한 그는 아동이 자발적이고 즐거운 놀이를 통해서만 자신을 잘 표현하고 온전히 발달한다고 보았다. 더 나아가, 운동치료의 새로운 치료적 접근은 이상행동이나 부족함에 역점을 두는 결점지향 관점에서 탈피해 체험과 개인의 인성 중심 관점으로 변화되어야 함을 피력하며 심리운동을 전인적이고, 인본적 관점에서 아동 발달에 적합한 운동교육으로 간주했다.

그는 치료와 운동성 지원을 통해 아동 발달에 있어 움직임 의미를 재차 강조하며 심리운동을 유희적으로 동기를 제공하는 교육적-치료적 컨셉으로 발전시켰다. 이 안에는 움직임, 지각 분야뿐만 아니라 감성적, 사회적 분야가 강조되었다. 그와 함께 작업하던 Schaefer(1998)는 그들 작업을 운동성을 매개체로 신체와 정신 간 균형과 강화를 위해 감각 훈련, 신체 지각, 공감 지각, 예민함과 신중함, 자기조절, 움직임 표현 등을 주 내용으로 하는 놀이 식 접근 작업이었다고 서술한다. 또한, Fischer(2009)에 의하면 Kiphard는 움직임을 매개로 신체와 정신의 조화로움을 지향하고 전인적 인성 발달을 지원하는데 심리적 운동 목적을 두었음을 강조했다(Bender et al., 2013).

즉, 심리운동은 신체와 심리는 별개의 것이 아니라 하나의 통일된 것이며, 특히 아동의 인성적 차원과 장점을 중요시하고 경쟁보다는 체험 자체와 행위 과정에 주목하는 것이다. 또한, 심리운동은 타율보다 자율성을 강조하고 능동적 행동의 기회와 학생, 교사 간 상호작용 및 긍정적인 관계를 통해 전인적 발달과 성장을 촉진하는 총체적인 교육철학 혹은 교육이론으로 이해되어야 한다.

Kiphard(1980)는 심리운동의 주 목적은 아동의 전인적 인성 발달을 지원함에 있으며, 신체적, 운동적 장애가 있어도 움직임의 자율성을 확장하여 자아의식을 강화하고 개개인의 수행 능력 신장은 물론 움직임 놀이를 통해 언어, 인지, 지각 및 운동성 발달, 정서 및 사회성 발달과 더불어 긍정적인 자아정체성을 구축함에 있다고 보았다. 즉 아동의 자발적 행동을 촉진해 자신과 주변의 물질적, 인적 환경 안에서 대면하는 상황에 적절하게 대처하는 수행 능력을 기르고, 사회적 공동체 안에서 자아실현이 가능하도록 자아 능력, 물질 능력, 사회적 능력을 향상시키는 것이다.

2. 심리운동 연구 사례

심리운동을 적용한 사례는 계속적인 증가를 보이고 있으며 그 중 순수 심리운동에 융합적인 접근을 통해 연구되고 개발되어 온 연구 사례 대해 알아보도록 한다.

박석원(2019)은 기존의 일반적인 심리운동 연구에서 다른 관점으로 보는 연구로서 '아동중심 놀이치료와의 공통점과 융합적 접근 방안에 대한 연구' 를 하게 되었고 연구는 심리운동과 아동중심 놀이치료의 고찰을 통해 두 치료 이론 간의 공통점을 알아보고 융합적 접근방안을 모색하려 하였다. 연구 대상은 2004년에서 2019년 국내 학술지 및 석·박사 학위논문을 대상으로 하였다. 연구 대상에 대해 컴퓨터 자료 검색을 통해 수집하였으며, RISS(한국학술정보서비스)에서 2019년까지 학위논문 및 학술지 중에서 '심리운동(Psychomotorik)' 키워드와 '아동중심 놀이치료(Child-centered Play Therapy)'키워드를 사용하여 자료 수집 및 분석을 실시하였다. 연구 결과는 다음과 같다. 공통점으로는 첫 번째 놀이를 통한 의사소통, 두 번째 상호 간 관계성의 중요성, 세 번째 경험 중심의 광범위한 지원이 이루어진다는 것을 알 수 있었다. 또한 이러한 두 치료 이론의 융합적인 적용 방안으로 첫 번째로는 아동의 의사소통을 증진 시킬 수 있는 놀이적 요소를 활용해야 한다. 두 번째로는, 상호 간 관계성을 증가시킬 수 있는 프로그램을 개발해야 한다. 세 번째로는, 다양한 경험 중심의 전인적인 발달을 지원할 수 있는 광범위한 치료 프로그램을 개발해야 한다는 것을 도출해 낼 수 있었다.

이 연구를 통해 심리운동과 아동중심 놀이치료의 이론적 고찰을 통해서 두 치료 이론의 융합적 접근 방법은 아동의 발달에 효과적인 치료방법이 될 수 있다는 것을 논의되었다.

두 번째 연구 사례 또한 일반적인 심리운동 연구가 아닌 특정한 상황과 조건을 고려한 연구로서 박석원, 조여진(2022)은 '의사소통장애아동 특성을 고려한 언어중심 심리운동 실제와 중재 이론을 위한 제언' 이라는 주제로 의사소통장애 아동에 대해서 언어 중심적 심리운동에 대한 중재 이론의 필요성에 대해 제언하였다.

이 연구의 목적은 의사소통장애 아동을 위한 다양한 치료 방법이 제시되어 성과를 거두고 있으나, 이는 아동의 자유로운 생각 및 행동을 일정부분 통제하면서 특정 치료 방법 시스템 내에 아동이 귀속되어야 하는 한계가 있는 바, 아동의 자유로운 놀이를 기반으로 하고, 놀이 과정에 필요한 사고 및 행동을 위한 의사소통을 전개하는 과정에서 의사소통 역량이 자연스럽게 증대될 수 있다는 밀접한 상호 연관성을 확인하여, 언어 중심 심리 운동, 즉, 심리 운동에 언어치료법을 접목한 방법과 그 효과를 증대할 중재 이론 방향성을 정립함에 있다.

이에 이 연구는 심리운동 과정에 언어치료 방법을 각각 접목한 신체경험에서의 언어치료 방법, 물질경험에서 언어치료 방법, 사회 경험에서의 언어치료 방법 적용 실재를 다음과 같이 제시했다. 첫째, 신체경험에서의 언어치료 방법의 경우, 몸을 중심으로 한 놀이를 활용하여 긍정적인 상황을 조성하고 이 안에서 자율적인 언어적 행위가 증가할 방안을 제시했다. 둘째, 물질경험에서 언어치료 방법의 경우, 아주 작은 것부터 규모가 큰 물질을 이용, 일반화의 원리를 통해 다양한 놀이 상황에서 자발적인 언어습득이 확장될 수 있는 방안을 제시했다. 셋째, 사회경험에서의 언어치료 방법의 경우, 3~4명이 집단을 구성, 역할놀이를 수행하면서 각 역할에 적합한 말하기 능력 신장 방안과 역할을 바꾸어가며 이를 수행하여 외부 세계와의 통합과정을 성취할 수 있음을 제시했다.

또한, 이 연구는 이러한 과정의 효과를 증대하기 위한 중재 이론 개발에 있어 다음의 사항을 고려해야 한다는 결론을 제시했다.

첫째, 의사소통장애 아동들의 장애 정도는 각각 다르므로, 집단적 치료를 지향하는 언어 중심 심리 운동에서 이러한 차이가 십분 고려되어야 함과 둘째, 이들은 언어 중심 심리 운동에서 제시한 활동을 원만히 수행할 능동성과 적극성이 부족하므로 워밍업 과정이 필요하며, 이러한 능동성, 적극성을 촉진할 추가적인 심리 운동 사전단계 구축이 필요하며, 셋째, 의사소통장애 아동 특성상 상기 활동을 전개하면서 다소 산만해지므로, 이를 위한 치료사의 효과적인 개입과 통제 방법이 별도로 요구되며, 그 방법으로 의사소통장애 아동의 가장 큰 상처인 좌절감 만회에 역점을 두고 점차적 접근법을 활용해야 한다는 것, 넷째, 심리 운동을 활용한 언어치료가 여타 특수치료, 언어치료와 더 차별화되기 위해선 자율성을 극대화하는 신체 경험, 각 아동의 성향과 취향에 맞춤화된 물질 경험 그리고 때로는 각 아동 성향과 선호에 반하는 구성원 조직과 협동 놀이 주제 설정을 통한 인내력, 내면화 극대화를 통한 전인적 발달 추구, 다섯째, 언어 중심 심리 운동이 어느 정도 완성되면 일반 심리 운동으로 단계적으로 이전하여 온전한 전인적 발달 형성 추구를 제안했다.

이처럼 심리운동의 연구는 더 세밀해지고 융합적으로 발전하고 있으며 현재 우리의 치료영역에서 확고한 자리를 차지하며 검증된 치료영역으로서 그 신뢰도가 높아지고 있다.

3. 심리운동 프로그램

심리운동 프로그램은 심리운동의 고유한 개념을 적용한 치료/교육적 목표를 둔 인간의 움직임에 의미를 두고 자유로운 움직임을 지향하고 그러한 자유로운 움직임의 활동을 통해 인간의 전체에 긍정적인 영향을 주는 전인적 발달에 목표를 두는 발달 지향적 치료/교육 프로그램이다.

실링(Schilling)교수에 의해 능력 지향적 관점이라는 이론으로 체계화되는 과정을 적용하여 발달을 도모하는 것으로 능력 지향적 관점은 인간의 고유성과 개별성에 초점을 둔 이론을 의미한다. 하지만, 심리운동의 경쟁하는 놀이에서 좌절, 실패 경험이 반복되면 위축되어 통합되기 힘들기 때문에, 특정 아동을 있는 그대로 배려 받으면서 수용되고, 없어서는 안 될 한 구성원으로 인지, 자각하는 과정은 심리운동 프로그램 구성에 있어 반드시 고려해야 한다고 보았다.

이러한 맥락에서 제발트(Seeward)는 이해적 관점을 적용한 심리운동 프로그램 구성이 상대적으로 능력이 부족한 아동 및 학생들 대상에게 특히 적합함을 강조했다. 제발트의 이해적 관점이란 어떠한 대상 아동의 특정 행동에 대해 일방적 해석을 적용하지 않고 그 대상 자체에 대한 이해를 통해 문제를 해결하는 것이다. 즉, 한 대상 아동에 대해 심리운동을 적용하기 위해 해당 아동 자체에 대하여 이해하고 이러한 과정이 선행한 후 대상 아동에 대해 이해적 관점에 입각한 분석을 한다. 그 후 그 대상자에 이해를 배경으로 중재 방법이 구성되고 이를 적용하여 심리운동을 적용하는 것을 의미한다고 보았다.

이처럼 심리운동 프로그램은 기본적인 심리운동의 개념을 바탕으로 많은 발전을 해 왔고 여러 심리운동 학자들에 의해 연구개발 되고 있다. 학자별로 중점에 대해서는 미묘한 차이는 있지만 근본적인 전체개념은 공통적인 목표와 매개인 움직임에 주목하고 있고 그래서 심리운동은 움직임 학문이라고 하며 인간의 움직임에 주목하고 보다 자유롭고 긍정적인 움직임을 통한 발달 지향적 치료 프로그램으로 계속 발전해 나가고 있다.

Ⅱ

심리운동
신체경험

Ⅱ. 심리운동 신체경험

1. 심리운동 신체경험이란

(1) 심리운동 신체경험의 정의

인간의 고유한 자기 신체는 존재의 생물학적 기초로서 인간은 자신의 신체로 활동하고, 인간 신체는 주위 환경에 영향을 주는 전제 조건이므로, 자신 신체를 수용하고 통제하는 법을 학습함이 중요하다. 또한 신체는 내적 세계를 체험하게 하는데, 신체는 각자의 내적 느낌, 즉 슬픔, 행복, 분노 혹은 불안이 표현되는 도구이기도 하다. 이런 맥락에서 신체는 외적, 내적 환경에 관여하는 자아경험이다. 조혜경(2008)은 신체경험은 개인, 사회적 발달 과정에서 신체를 통해 의식적 혹은 무의식적으로 습득된 총체적 능력이다. 이 영역은 무의식적으로 습득한 자신 몸과 연관된 지각 및 인지적 수행으로 공간에서의 신체 위치, 방향, 움직임 조절을 학습 내용으로 하는 신체도식과 지식을 포함하는 생리적 관점, 자신 신체에 관한 느낌과 입장을 포함하는 정서적 관점 그리고 신체에 대한 언어적, 개념적 지식을 포함하는 인지적 관점으로 구분한다.

따라서 신체경험은 자신 신체를 더욱 잘 조절하도록 촉진한다. 또한 감각경험을 통한 신체경험은 자기 신체를 지각하고 인식하게 할 뿐만 아니라, 신체적 표현을 가능하게 한다.

Bielefeld에 따른 신체경험 모델은 신체경험의 분야에 있어서 다양한 개념 형성을 위한 신체경험 체계화에 이바지하고 있다.

여기서 신체 도식화란 신체의 기질에서 준비되어지고, 신체 도식을 좀 더 활성화 시키고 명료하기 위해서는 다양한 행위 경험들이 필요하다. 부정확한 신체 도식은 움직임 구상을 어렵게 만들고 신체 도식은 조약한 운동과 섬세한 운동과의 긴밀한 상호작용에 있다.

신체상이란 신체경험의 심리학적 부분 영역은 개인 각자의 모든 감정적 능력을 파악한다. 발달은 평행적으로 지적 발달로 진행되어지며 8~11세의 연령기에서로 연관 맺을 수 있는 신체에 대한 사고가 발달한다. 신체상은 자아개념의 구축에 있어 큰 의미를 지니고 발달은 천천히 그리고 막힘없이 진행된다.

파괴된 신체 개념들의 문제점들과 그 현상들로서 신체 부위들은 이름 붙여질 수 없다. 또한 요구에 따라 올바른 신체 부위를 움직일 수 없게 되며 자신 신체의 공간성이 평가 되어질 수 없으며 신체(예. 좌/우)와 공간에 있어서 의 적응 문제들이 있게 된다.

2. 심리운동 구성 요인

신체경험은 인간의 고유한 자기 신체는 존재의 생물학적 기초로서 인간은 자신의 신체로 활동하고, 인간 신체는 주위 환경에 영향을 주는 전제 조건이므로, 자신 신체를 수용하고 통제하는 법을 학습함이 중요하다. 또한 신체는 내적 세계를 체험하게 하는데, 신체는 각자의 내적 느낌, 즉 슬픔, 행복, 분노 혹은 불안이 표현되는 도구이기도 하다. 이런 맥락에서 신체는 외적, 내적 환경에 관여하는 자아 경험이다.

물질경험은 주변세계 공간과 물질의 물리적 현상에 관한 경험이다. 아동은 손으로 물체를 직접 만지고, 다양한 물체를 상황에 맞게 사용하고 적용하는 방법을 학습하며, 나아가 움직임을 통해 실험적, 탐구적으로 물질 특성을 이해한다. 아동은 이렇게 파악한 물질을 자신에게 적용해 보거나 자신에게 적합하도록 변형을 시도한다. 이런 맥락에서 아동 움직임은 탐색적 기능을 가지며, 움직임 경험으로 주위 환경에 있는 대상과 만나 차이를 발견하면서 상호 작용하는 법칙을 이해한다. 또한 이 법칙성을 자신에게 맞게 통제하는 기회를 갖게 된다.

이렇게 움직임과 연관한 물질경험은 무엇보다 아동의 인지 발달에 기초가 된다. Piaget은 아동의 가장 단순한 행동으로부터 인지 습득은 구축되고, 사고는 구체적인 행동 수행 형태로 일어나며, 아동은 사물이나 상황의 구체적 지배를 거쳐 이론적 극복에 이를 수 있음을 강조했다. 그는 자기 환경의 대상을 시험, 탐구하며 스스로의 경험을 모을 수 있는 아동의 가능성을 실질적인 지능발달의 기본으로 간주했다(Zimmer et al., 1983).

따라서 아동은 직접 물체를 손으로 만지거나 자신 신체로 변화된 환경을 탐색함에 몰두하면서 물체와 환경에 대한 이해 및 지식을 얻고, 결국 다양한 물질경험으로 물질과 환경에 대한 대처 능력을 발달시킨다.

사회경험은 심리운동에서 아동이 그룹 활동을 통해 타인을 의식하고 원만한 관계 형성 및 상호작용과 의사소통을 하도록 규칙을 이해하고 그 규칙을 지킬 수 있고, 타인과의 경쟁 혹은 협동할 사회적 경험의 기회가 제공된다. 또한, 그룹 안에서 놀이를 통해 자신이 사는 환경에서 요구하는 행동과 활동을 스스로 시도해 보고, 모방할 기회를 가지며, 놀이 안에서 정서적 긴장이나 갈등을 다룰 수 있다(Goebel et al., 1983).

아동은 또래와 함께하는 놀이에서 분담된 역할을 맡거나 협동하며 문제를 해결하는 과정을 겪는데, 이러한 경험이 성공적이면 자아 효능감을 구축한다. 반면 경쟁하는 놀이에서 좌절과 실패 경험이 반복되면 집단 안에서 함께 놀이를 하는데 있어 위축되고 통합되기 어려울 수 있다. 이는 놀이의 사회적 측면이지만 여기에는 운동성도 중요한 역할을 한다. 놀이에 필요한 운동 역량이 부족하면 심리적 어려움에 직면하므로 심리운동에서는 아동이 있는 그대로 배려 받으면서 수용되고, 그룹 활동에서의 한 구성원으로서 없어서는 안 될 중요한 존재임을 경험하는 것이 사회적 능력을 학습하는 것만큼 중요하다.

상기에서 검토한 바와 같이 심리운동 활동은 지각 및 움직임, 감성적, 사회적 학습영역을 포함하는 활동을 통해 무의식적이며 자발적으로 신체와 물질 및 사회경험을 하며 수행능력을 향상 시키는 것을 목표로 한다. 하지만 상기 학습영역은 계열성은 존재하지 않으므로, 매시간 모든 영역 과제를 선택하되, 비중을 달리 할 수 있다.

Ⅲ

심리운동 물질경험 정의 및 이해

Ⅲ. 심리운동 물질경험 정의 및 이해

"심리운동 물질경험의 이해"는 심리적인 요소와 물질적인 요소 간의 관계를 통해 물질조작과 물질조절의 경험을 다루는 개념이다. 이는 물질을 조작하고 조절하는 인간의 심리적 상태, 감정, 태도, 욕구 등이 물질을 조작하거나 물질과 관련된 경험을 어떻게 형성하고 영향을 미치는지를 이해하는 것을 의미한다.

심리운동은 개인의 감정, 정서, 태도 등을 변화시키는 심리적인 과정을 지칭한다. 이는 인간의 행동과 태도를 형성하고 변화시키는 데에 중요한 역할을 한다. 물질경험은 물질을 조작하거나 조절하는 과정에서 생기는 경험을 의미한다. 이는 물질을 조작하고 조절함으로써 인간이 얻는 만족감, 행복감, 사회적 인식 등을 포함한다.

심리운동 물질경험의 이해는 다음과 같은 관점에서 중요하다:

- 감정과 물질경험: 인간의 감정이 물질경험에 어떤 영향을 미치는지 이해한다. 긍정적인 감정이 물질 만족도와 연결되는지, 부정적인 감정이 물질 평가에 어떤 영향을 미치는지 등을 분석한다.

- 자아정체성과 물질경험: 인간의 자아정체성과 물질조작 간의 관련성을 연구한다. 물질을 통해 인간이 어떻게 자신을 표현하거나 정체성을 형성하는지를 이해한다.

- 심리운동과 인간의 행동: 긍정적인 심리운동이 물질조작 행동에 어떤 영향을 미치는지, 부정적인 심리운동이 어떤 결과를 가져오는지를 연구한다.

- 물질능력과 물질경험: 개인의 물질적인 능력이 물질조작 경험에 어떤 영향을 미치는지를 분석한다. 개인의 물질능력이 물질 선택, 조작 방식, 만족도 등에 어떤 역할을 하는지를 탐구한다.

- 조작 환경 변화: 심리운동과 물질경험의 관계를 통해 조작의 환경이 어떻게 변화하고 있는지, 조작 형태의 변화와 어떤 연관성이 있는지를 이해한다.

이러한 측면들을 통해 "심리운동 물질경험의 이해"는 인간과 행동의 경험을 더 깊이 있게 분석하고, 인간의 욕구와 행동을 이해하는 데 기여한다.

1. 물질이란

일반적인 물질은 물리적인 실체로서 존재하는 것을 가리킨다. 일반적으로 무게와 부피를 가지며, 고체, 액체, 기체 등의 다양한 형태로 나타난다. 물질은 화학적으로는 원자와 분자로 구성되어 있으며, 각각의 물질은 특정한 물리적, 화학적 특성을 가진다.

심리적인 관점에서 물질은 인간의 행동과 태도, 감정 등에 영향을 미칠 수 있다. 물질은 개인의 정체성과 연결되며, 인간은 물질을 통해 자신을 표현하거나 만족감을 얻을 수 있다. 또한, 물질을 조작함으로써 인간의 감정과 경험에도 영향을 줄 수 있다.

심리학 분야에서 "물질"의 개념은 맥락에 따라 다양하게 해석될 수 있다. 이는 해당 심리학자나 연구 주제에 따라 달라질 수 있다.

1. 인지심리학적 관점: 인지심리학에서 "물질"은 사물이나 물체, 대상을 의미할 수 있다. 인간의 인지 과정에서 뇌가 입력된 정보를 처리하여 사물이나 물체를 인식하고 이해하는 과정에서 "물질"의 개념이 사용될 수 있다.

2. 사회심리학적 관점: 사회심리학에서 "물질"은 소셜 상호작용과 관련하여 소비재, 소유물, 재화 등과 같은 물리적인 대상을 의미할 수 있다. 물질적인 것들은 사람들 간의 관계와 상호작용에서 중요한 역할을 할 수 있다.

3. 발달심리학적 관점: 발달심리학에서 "물질"은 어린 아이들이 성장과 학습을 통해 물리적인 세계를 이해하고 개념화하는 과정에서 사용되는 개념이다. 물질의 특성과 구성을 이해하는 데는 발달적인 측면이 포함될 수 있다.

4. 심리치료학적 관점: 심리치료학이나 상담심리학에서 "물질"은 개인의 심리적인 문제와 관련된 소유물, 물리적인 대상, 소비 패턴 등을 의미할 수 있다. 물질의 중요성이나 의미에 대한 내용이 다룰 수 있다.

이처럼 "물질"의 개념은 심리학 분야에서 다양한 맥락에서 다르게 해석될 수 있다. 심리학자의 연구나 관심사에 따라 "물질"이 다루어지는 방식이 달라질 수 있다.는 것을 우리는 알 수 있고 주요 상황과 맥락에 맞는 물질적 개념을 확립해야 할 것이다.

심리운동 물질경험에서의 물질은 일반적인 물질의 개념에서 인지심리학적 과점과 발달심리학적 관점을 지향하고 있다고 볼 수 있다.

2. 심리운동 물질경험이란

"물질"은 물리적인 대상이나 사물을 가리키며, "경험"은 개인이 느끼거나 체험하는 모든 것을 포괄한다. 따라서 "물질경험"은 물리적인 사물이나 물체와 관련된 개인의 경험을 의미할 수 있다. 이는 인간의 관점이나 감정, 인식 등을 포함할 수 있다.

심리운동 물질경험에서는 물질의 조작과 조절의 개념을 주요 개념으로 나타내는데 이것은 피아제의 인지발달이론을 근거로 설명할 수 있다.

피아제(Piaget)의 인지발달이론은 아동의 지적 발달 단계와 그 과정을 설명하는 이론으로, 조작과 조절의 개념이 이 이론 내에서도 중요한 역할을 한다. 아래에서 피아제의 인지발달이론에서의 조작과 조절의 의미를 설명하고 있다.

- 조작 (Manipulation): 피아제의 인지발달이론에서 조작은 아동이 환경과 상호작용하며 지식을 구축하는 과정을 의미한다. 피아제는 아동이 적극적으로 환경과 상호작용하며 신체적, 인지적, 사회적 행동을 조작하고 실험함으로써 새로운 정보를 얻고 지식을 구축한다고 설명했다. 아동은 물체를 조작하고 관찰하면서 새로운 개념을 형성하고 이해하는 과정을 거친다.

- 조절 (Control): 피아제의 이론에서 조절은 아동이 새로운 정보를 받아들이거나 그것을 기존의 지식과 연결하는 과정을 의미한다. 조절은 기존의 스키마나 지식을 조정하고 수정하는 과정을 포함한다. 새로운 정보가 아동의 기존 지식과 어떻게 조합되는지를 확인하고, 이를 통해 더 복잡한 인식 수준을 달성하게 된다.

따라서 피아제의 인지발달이론에서의 조작은 아동의 활동적인 상호작용과 탐구 과정을 의미하며, 조절은 새로운 정보를 받아들이고 기존 지식과 조합하여 더 복잡한 인지 구조를 형성하는 과정을 의미한다. 이 두 개념은 피아제의 이론에서 아동의 인지 발달과 지식 구축 과정을 설명하는 데 중요한 역할을 한다.

여기서 우리는 심리운동 물질경험의 개념은 피아제의 인지발달이론을 토대로 물질의 조작과 조절을 아동의 인지구조화를 복잡하고 견고하게 하며 인지적 발달을 하는 하나의 과정으로 볼 수 있을 것이다.

3. 심리운동 물질경험과 창의성

- 물질경험 (Material Experience): 물질경험은 개인이 물질적인 대상이나 사물과 상호작용하고 경험하는 것을 의미한다. 이는 물질적인 조작, 조절, 사용, 이해 등과 관련된 경험을 포함한다. 물질적인 경험은 개인의 감정, 인식, 행동에 영향을 줄 수 있다. 물질적인 경험은 인간 행동 및 선택, 물질적인 만족감, 사회적 지위 표현 등과 관련이 있다.

창의성은 새로운 아이디어, 해결책, 작품 또는 제품을 생성하거나 발견하는 능력을 의미한다. 창의성은 독창적인 사고, 문제 해결 능력, 혁신적인 아이디어를 생산하는 능력 등을 포함하며 다양한 분야에서 중요한 역할을 한다. 아래에서 창의성의 특징과 관련된 내용을 더 자세히 설명하고 있다:

- 독창성: 창의성은 기존의 생각과 패턴에서 벗어나 새롭고 독창적인 아이디어를 생각해내는 능력을 의미한다. 이는 주어진 문제나 상황에 대해 기존의 관습적인 접근을 벗어나 새로운 시각과 방식을 적용하는 것을 포함한다.

- 연관성: 창의성은 다양한 분야나 개념 간의 연관성을 찾아내고 이를 결합하여 새로운 아이디어를 형성하는 능력을 포함한다. 서로 다른 분야의 지식이나 아이디어를 연결하여 창의적인 해결책을 도출할 수 있다.

- 융합적 사고: 창의성은 다양한 영역의 지식과 아이디어를 융합하여 새로운 혁신적인 해결책을 찾아내는 능력을 의미한다. 이는 전문 분야를 넘나드는 종합적인 사고를 필요로 한다.

- 우연성과 실험: 창의성은 때로 우연한 사건이나 실험을 통해 새로운 아이디어가 발생할 수 있는 능력을 포함한다. 실험과 실패를 통해 새로운 방향을 찾아가는 것이 중하다.

- 유연성과 다양성: 창의성은 문제에 대해 여러 가지 시각과 접근법을 적용할 수 있는 유연성과 다양성을 포함한다. 하나의 문제에 대해 다양한 관점을 가지고 접근하는 것이 창의성의 중요한 특징이다.

- 의사소통과 구현: 창의성을 가진 개인은 아이디어를 구체화하고 다른 사람들과 공유할 수 있는 능력을 가지고 있다. 창의적인 아이디어를 실제 작품이나 제품으로 구현하는 능력도 중요하다.

창의성은 문제 해결, 혁신, 예술, 과학, 경영 등 다양한 분야에서 필수적인 역할을 하며, 사회와 문화의 발전을 주도하는 동력 중 하나이다.

"물질경험"과 "창의성"은 서로 다른 주제이기도 하지만 각각의 의미와 관계성이 있다. 물질경험과 창의성 사이의 관계를 살펴보겠다:

- 자극과 영감: 물질을 다루는 과정은 개인의 뇌를 자극하고 새로운 아이디어와 관점을 제공할 수 있다. 새로운 물질을 경험하거나 조작하는 것은 개인의 창의성에 영감을 줄 수 있다.

- 자율성과 내부 동기: 물질을 다루는 경험은 개인의 자율성을 촉진시킬 수 있다. 개인이 자유롭게 물질을 선택하고 조작하는 과정은 내부 동기를 유발하며, 이는 창의적인 아이디어와 해결책을 찾는 능력을 강화할 수 있다.

- 문제 해결과 실험: 물질을 다루는 과정에서 문제를 해결하거나 실험을 통해 새로운 방법을 찾을 수 있다. 물질을 조작하거나 재구성하는 과정에서 창의

적인 사고가 활성화될 수 있다.

- 자아표현과 감정 조절: 물질을 통해 개인은 자신의 감정이나 아이디어를 표현할 수 있다. 물질을 활용하여 예술 작품을 만들거나 자아를 표현하는 과정은 창의성을 증진시킬 수 있다.

- 자극의 다양성과 관점 확장: 다양한 종류의 물질을 다루는 경험은 관점을 다양하게 바라보는 능력을 강화시킬 수 있다. 다양한 물질을 조합하거나 활용하는 과정에서 새로운 아이디어와 관점이 발생할 수 있다.

그러나 물질경험이 항상 창의성을 촉진하는 것은 아니다. 개인의 창의성은 환경, 성격, 경험, 교육 등 여러 요인에 영향을 받기 때문에, 물질경험만으로는 창의성의 모든 측면을 설명하기는 어렵다. 하지만 물질경험은 창의성을 형성하는 과정에서 중요한 요소 중 하나일 수 있다.

따라서 우리는 물질경험이 창의성에 어떤 영향을 미칠 수 있는지에 대한 몇 가지 관점을 정리 할 수 있었다.

자극과 아이디어 발생은 물질을 다루는 과정에서 새로운 자극이 생기고, 이는 창의성을 자극하는데 영향을 미친다. 새로운 물질을 조작하거나 다양한 속성을 발견하는 과정에서 새로운 아이디어나 관점이 생길 수 있다는 것을 볼 수 있었다.

자율성과 독립적 탐구는 물질을 다루는 활동은 개인의 자율성과 독립적 탐구를 촉진시킬 수 있고 개인이 자유롭게 물질을 조작하거나 실험하는 과정에서 내부 동기와 호기심이 활성화되며, 이는 창의성을 촉진할 수 있다는 것을 알 수 있다.

문제 해결과 융합적 사고는 물질 다루기는 문제를 해결하거나 다양한 물질을 조합하여 새로운 방법을 찾는 과정을 기회로 제공하고 다양한 물질의 특성을 이용하여 문제를 해결하거나 다양한 아이디어를 결합하는 능력이 창의성과 관련이 있다.

자아표현과 감정 조절은 물질을 다루는 활동을 통해 개인은 자신의 아이디어나 감정을 표현할 수 있고 물질을 활용하여 예술 작품을 만들거나 아이디어를 시각화하는 과정은 창의성을 증진시키는데 기여할 수 있다.

다양성과 유연성은 물질 다루기는 다양한 종류의 물질을 다루는 경험을 제공하고 다양한 물질을 다루면서 관점을 다양하게 바라보는 능력이 강화되며, 이는 창의성을 증진시킬 수 있다는 것을 알 수 있다.

초기 경험의 영향은 어린 시기에 다양한 물질을 다루는 경험은 창의성의 발달에 영향을 미칠 수 있고 어린 시기에 물질을 조작하고 실험하며 문제를 해결하는 경험은 창의적인 사고와 자신감을 기반으로 하는 창의성을 유도할 수 있다는 것이다.

이러한 방식으로 물질경험이 창의성의 다양한 측면을 촉진시킬 수 있지만 창의성은 다양한 요인에 의해 영향을 받기 때문에 물질경험만으로 모든 창의성을 설명할 수는 없다. 개인의 성격, 환경, 교육 등 다양한 요소가 창의성에 영향을 미치는 복잡한 관계를 형성한다는 것을 알고 고려해야 한다.

그러므로 우리는 심리운동 물질경험에서 창의성의 영향과 관계성을 알 수 있고 심리운동 물질경험을 통해 창의성을 극대화 시킬 수 도 있고 개인의 성격, 환경, 교육 등 다양한 요를 반영하여 적용한다면 심리운동 물질경험 안에서 효과적인 실천을 할 수 있을 것이다.

Ⅳ

심리운동 사회경험 정의 및 이해

Ⅵ. 심리운동 사회경험 정의 및 이해

심리운동 사회경험의 현실적인 모습은 시대와 지역에 따라 다양할 수 있으며, 그 상황은 변화할 수 있다.

현재 한국에서는 심리운동 및 상담 서비스가 점차 보급되고 있다. 정신건강에 대한 인식이 높아지면서, 심리적인 문제를 다루는 전문가와 서비스에 대한 수요가 증가함에 따라 심리운동의 사회서비스 보급이 활발해 지고 있다.

디지털 미디어와 소셜 미디어의 보급으로 심리적 영향에 대한 연구와 관심이 높아지고 있으며 특히 SNS 사용과 온라인 상호작용이 심리적 건강에 미치는 영향을 연구하는 연구가 늘어나고 있다.

학교에서의 학생들에게 심리교육을 제공하는 노력이 확대되고 있으며 학생들에게 심리적인 지식과 대처 방법을 가르치는 데 초점을 맞추고 있다.

따라서 심리적인 교육과 지도 면에서 심리운동이 움직임을 이용한 놀이적 교육이 주목받으며 심리운동 활동의 다양성이 증가하고 있다. 미술, 음악, 춤, 스포츠 등을 융합한 심리운동이 다양한 연령층에 제공되고 있으며, 이를 통해 정서조절과 심리적 치유가 이루어지고 있다.

심리운동 사회경험은 한국 사회에서 중요한 역할을 하고 있으며, 사회적 연결성을 촉진하는 요소로 작용한다. 인간은 공동체 활동, 봉사활동, 동호회 등을 통해 사람들은 사회적 연결성을 형성하고 심리적 지원을 받을 수 있으나 이러한 사회적 연결을 심리운동을 통해 유희적인 움직임 놀이를 통해 보다 촉진적으로 증가 시킬 수 있기 때문이다.

심리운동 사회경험은 문화적 요인에 큰 영향을 받는다. 한국의 전통문화, 가치관, 종교 등이 심리운동 사회경험에 영향을 미치며, 이러한 문화적 맥락을 고려한 접근이 중요시 되어 최근에는 한국식 심리운동에 대한 적용과 모델 연구가 활발하게 이루어지고 있는 실정이다.

심리운동 전문가들은 심리운동 분야에서 중요한 역할을 하고 있으며, 정신건강 서비스의 품질 향상과 확대에 기여하고 있다. 따라서 심리운동 사회경험은 정신건강과 웰빙 측면에서 중요한 역할을 하며, 이에 대한 연구와 서비스 제공이 확대되고 있으며 현재의 상황은 계속해서 변화하므로 앞으로도 심리적 사회화를 위해 심리운동 사회경험의 다양한 접근과 방법을 연구하고 발전시켜야 할 것이다.

1. 사회란

사회는 개인이나 집단이 함께 생활하며 상호 작용하고 소통하는 인간의 집합체나 조직을 의미한다. 사회는 다양한 사회적 관계와 상호작용을 포함하며, 개인과 집단이 서로 영향을 주고받는 환경을 형성한다.

사회의 주요 특징 및 구성 요소는 다음과 같습니다:

- 인간 집합체: 사회는 인간의 집합체로, 사람들이 서로 모여 삶을 나누며 협력하고 상호작용한다. 이는 가족, 친구, 이웃, 동료, 동호회, 공동체, 국가 등 다양한 수준에서 나타날 수 있다.

- 사회적 관계: 사회는 다양한 사회적 관계를 통해 구성된다. 이러한 관계에는 가족 관계, 친구 관계, 사회적 역할, 직업 관계, 정치적 관계 등이 포함된다.

- 규범과 가치: 사회는 규범과 가치의 집합으로 구성한다. 이러한 규범은 특정 사회나 문화에서 정해진 행동 규칙을 나타내며, 가치는 개인과 집단이 중요하게 여기는 원칙과 신념을 나타난다.

- 문화: 사회는 특정 문화와 관련이 있으며, 문화는 언어, 예술, 종교, 음식, 의상 등의 특징적인 표현을 포함된다. 문화는 사회 구성원들 간의 공유된 이해와 신념을 형성하며, 사회의 정체성을 형성하는데 중요한 역할을 한다.

- 정치 및 경제 체제: 사회는 정치적 체제와 경제 체제로 구성된다. 정치 체제는 행정, 법률, 국가 조직과 관련되며, 경제 체제는 생산, 분배, 소비와 관련된다.

- 사회적 질서와 제도: 사회는 사회적 질서와 제도에 의해 조직된다. 제도는 교

육, 법률, 경찰, 군대, 사회 복지 등을 포함하며, 사회 구성원의 행동을 규제하고 안정성을 유지한다.

- 변화와 발전: 사회는 시간이 지남에 따라 변화하고 발전한다. 이러한 변화는 기술, 경제, 문화, 정치적 요인 등에 영향을 받으며, 사회적 진보와 도전 과제를 만들어낸다.

따라서 사회는 인간의 생활과 복잡한 관계망을 형성하며, 우리의 아이덴티티, 가치관, 행동, 경험 등에 큰 영향을 미친다. 이러한 이유로 사회를 이해하고 연구하는 학문인 존재하며, 사회적 현상과 인간 상호작용을 탐구하는 과정을 통해 심리운동의 사회경험을 이해하고 적용하는데 더 깊이 있는 연구가 지금도 진행이 되고 있는 실정이다.

2. 심리운동 사회경험이란

"심리운동사회경험"은 개인의 정신적인 건강과 사회적 상호작용을 결합한 개념을 나타낸다. 이것은 다음과 같은 핵심 구성요소로 이루어져 있다:

- 심리운동 (Psychological Exercise): 심리운동은 심리적인 측면을 강화하고 지지하는 활동 또는 놀이를 나타낸다. 이러한 활동은 정서 조절, 스트레스 관리, 자기 인식, 자기 효능감 향상 등을 포함할 수 있다. 일반적인 심리운동에는 움직임 놀이의 판토마임, 미술, 음악적 요소를 사용하고 최근에는 명상, 요가, 호흡법, 심리 상담 등도 적용되고 있다.

- 사회경험 (Social Experience): 사회경험은 사회적 상호작용 및 관계 구축을

포함한다. 이는 가족, 친구, 동료, 지역 사회, 직장, 학교 또는 다양한 사회 그룹과의 상호작용을 의미한다.

"심리운동사회경험"은 이러한 두 가지 요소를 통합하여 사람들의 정신적인 건강과 사회적 연결성을 개선하고 유지하는 것을 목표로 한다. 심리적인 건강과 사회적 연결성은 서로 긴밀하게 연결되어 있으며, 심리운동을 통해 정신적인 건강을 강화하고 이를 통해 사회적 관계와 상호작용을 더욱 풍부하게 만들 수 있다. 이는 스트레스 관리, 정서적 지원, 대인관계 기술 향상 등을 통해 구체화될 수 있다.

따라서 심리운동 사회경험은 개인의 삶의 질을 향상시키고, 정신적인 증상을 완화하며, 사회적 고립을 줄이는 데 도움을 줄 수 있다. 이는 정신 건강과 사회적 건강을 더 나은 방향으로 유지하는 데 중요한 역할을 한다.

3. 심리운동 사회경험과 사회성

"심리운동사회경험"에서의 "사회성"은 개인이 정신적인 건강을 향상시키기 위해 실천하는 심리운동 및 사회경험과 관련된 개념이다. 이것은 주로 다음과 같은 측면을 나타낸다:

- 사회적 상호작용: 심리운동사회경험은 사회적 상호작용의 일환으로 이해될 수 있다. 예를 들어, 그룹 세션에 참여하면서 개인들은 다른 사람들과 함께 활동하며 사회적 상호작용을 경험할 수 있다. 이러한 상호작용은 사회성을 향상시키고 사회적 연결성을 강화할 수 있다.

- 그룹 활동 및 지원: 심리운동사회경험은 주로 그룹 활동을 포함하며, 이는 개

인들이 함께 목표를 달성하고 서로를 지원하는 기회를 제공한다. 그룹 내에서 동료들과의 상호작용은 사회성을 촉진하고 친밀감을 형성하는 데 도움이 될 수 있다.

- 사회적 지원: 심리운동사회경험 프로그램은 사회적 지원을 강조한다. 이는 개인이 어려운 상황에서 사회적인 지원체계를 구축하고 활용하는 방법을 배우고 실제로 경험하는 것을 의미한다. 이러한 경험은 사회성을 더욱 강화시킬 수 있다.

- 사회적 연결성 강화: 심리운동사회경험은 사회적 연결성을 강화하고 사회적 고립을 줄이는 데 기여할 수 있다. 이는 개인들이 다른 사람들과 더 가까워지고 친밀한 관계를 형성하며, 심리적인 건강을 향상시키는 데 도움을 줄 수 있다.

- 사회적 기술 향상: 심리운동사회경험은 사회적 기술을 향상시키는 데 기여한다. 이는 대인 관계 능력, 소통 능력, 갈등 관리, 리더십 등과 관련이 있으며, 이러한 기술은 사회성을 향상시키는 데 중요하다.

따라서 "심리운동사회경험"에서의 "사회성"은 개인이 정신적인 건강을 촉진하고 사회적 상호작용을 통해 사회적 연결성을 개선하기 위해 경험하고 개발하는 데 관련된 다양한 측면을 나타낸다. 이러한 경험들은 정신적인 건강과 사회적 건강을 동시에 개선하는 데 도움을 줄 수 있다.

V

심리운동에서 놀이란

Ⅴ. 심리운동에서 놀이란

심리운동에서 "놀이"는 정신적 건강과 심리적 건강을 증진시키기 위한 활동 중 하나로 간주될 수 있다. 이러한 놀이는 즐거움, 창의성, 스트레스 해소, 자아 표현, 감정 조절 등 다양한 목적을 가질 수 있다. 아래에서 "심리운동"에서의 "놀이"의 몇 가지 요소별 예시를 제공하다:

- 미술 놀이 (Art Play): 그림 그리기, 조각, DIY 프로젝트 등 미술 활동을 통해 개인의 창의성을 발휘하고 감정을 표현할 수 있다. 미술 놀이는 스트레스 해소에 도움을 주며, 자아 표현을 촉진한다.

- 음악 놀이 (Music Play): 악기 연주, 노래 부르기, 음악 만들기 등 음악 활동은 감정을 표현하고 정서를 조절하는 데 사용될 수 있다. 음악 놀이는 긍정적인 심리적 영향을 미칠 수 있다.

- 실외 놀이 (Outdoor Play): 자연 환경에서의 놀이 활동은 심리적 건강을 증진시키는 데 도움을 줄 수 있다. 산책, 하이킹, 캠핑, 스포츠 등의 활동은 체육 활동과 자연과의 연결을 통해 스트레스를 감소시키고 기분을 개선할 수 있다.

- 사회적 놀이 (Social Play): 친구나 가족과 함께 보드 게임, 카드 게임, 스포츠를 즐기는 것은 사회적 연결성을 증진시키고 사회적 스킬을 향상시키는 데 도움을 줄 수 있다. 사회적 놀이는 즐거움과 사회적 지원을 제공한다.

- 마인드풀니스 놀이 (Mindfulness Play): 명상, 요가, 숨쉬기 연습 등의 요소를 융합한 마인드풀니스 기법은 스트레스 관리와 정신적 건강을 개선하는 데 사용한다. 이러한 활동은 현재 순간에 집중하고 감정을 관찰하는 데 도움을 줄 수 있다.

심리운동에서의 놀이는 정신적 건강과 심리적 건강을 증진시키는 도구로 활용된다. 놀이는 긍정적인 경험과 자기 발전을 위한 수단으로 사용될 수 있으며, 스트레스 해소, 감정 조절, 창의성 촉진 등에 기여할 수 있다.

1. 놀이란

"놀이"는 인간의 활동 중 하나로, 주로 즐기기 위해 수행되며 특별한 목적이나 경제적 이득을 얻기 위해 수행되지 않는 활동을 가리킨다. 놀이는 일상생활에서의 스트레스 해소, 정서적 표현, 창의적인 표현, 사회적 상호작용, 신체적 활동, 지적 도전, 학습, 그리고 즐거움을 제공하는 데 사용된다.

놀이는 다양한 형태와 유형을 가질 수 있으며, 아래는 일반적인 놀이의 유형은 아래와 같다.

■ 놀이의 유형

- 체육 놀이: 스포츠, 게임, 운동 활동.
- 사회적 놀이: 보드 게임, 카드 게임, 팀 스포츠.
- 창의적 놀이: 미술, 음악, 연극, 공예 등의 창작적 활동.
- 자유 놀이: 자연에서의 산책, 농구 샷, 높이 뛰기, 물놀이 등.
- 마인드풀 놀이: 명상, 요가, 숨 쉬기 연습 등의 정신적 휴식 활동.

놀이의 기능에 따른 일반적 분류는 다음과 같다.

- 스트레스 해소: 놀이는 스트레스를 해소하고 긍정적인 감정을 유발할 수 있다.
- 정서적 표현: 놀이는 감정을 표현하고 정서적 관리를 돕는데 사용될 수 있다.

- 사회적 상호작용: 사회적 놀이는 친구, 가족과의 상호작용을 촉진하며 사회적 연결성을 강화한다.

- 창의성과 학습: 창의적 놀이는 문제 해결 능력과 학습을 촉진한다.

- 신체적 활동: 심리운동이나 체육 놀이는 신체 건강을 증진하고 체력을 향상시킬 수 있다.

놀이는 어린이와 어른 모두에게 중요한 역할을 하며, 건강한 심리적 안정과 행복한 삶을 즐기는 데 기여한다. 또한 놀이를 통해 새로운 경험을 얻고 세계를 탐구하며, 자아실현과 인간관계를 발전시킬 수 있다.

2. 놀이의 정의 및 효과

놀이는 다양한 정의와 효과를 가지고 있다. 아래에서는 놀이의 정의와 주요 효과를 설명하고 있다:

■ 놀이의 정의

- 즐거운 활동: 놀이는 주로 즐기기 위해 수행되며, 즐거움과 즐거움을 주는 활동으로 정의된다. 이것은 강조해야 할 중요한 특성 중 하나이다.

- 자발적 활동: 놀이는 자발적으로 수행되며, 강제나 외부 압력이 없는 상태에서 이루어진다.

- 목적 없음: 놀이는 특별한 목적이나 경제적 이득을 얻기 위해 수행되지 않는다. 그 자체가 활동의 목적이다.

- 창의성과 상상력: 놀이는 창의성과 상상력을 자극하고 발전시키는데 도움을 준다. 어린이들은 놀이를 통해 상상력을 발휘하고 새로운 아이디어를 시험하며 배우게 된다.

- 사회적 상호작용: 놀이는 종종 사회적 상호작용의 일부로 이루어지며, 친구나 가족과 함께 하는 기회를 제공한다.

■ 놀이의 효과

- 정서적 발달: 놀이는 감정 표현 및 관리를 돕는 데 도움을 줄 수 있다. 어린이들은 놀이를 통해 감정을 표현하고 이해하는 방법을 배우며 자아 실현을 증진시킨다.

- 사회적 스킬: 사회적 놀이는 어린이들이 사회적 상호작용, 협력, 공동 작업, 갈등 해결 등의 사회적 스킬을 개발하는 데 기여한다.

- 물리적 발달: 놀이는 신체적 활동을 촉진하며, 어린이들의 물리적 발달과 체력을 향상시키는 데 도움을 줄 수 있다.

- 인지적 발달: 놀이는 문제 해결, 추상적 사고, 상상력, 창의성 및 학습 능력을 촉진한다. 놀이를 통해 어린이들은 새로운 개념을 이해하고 적용하는 방법을 연습할 수 있다.

- 스트레스 해소: 놀이는 스트레스를 감소시키고 긍정적인 정서를 촉진할 수 있다. 놀이를 통해 어린이와 어른 모두가 일상 생활에서의 압력을 해소할 수 있다.

놀이는 모든 연령대에서 중요한 역할을 하며, 정서적 안정, 사회적 연결성, 창의성, 학습, 신체적 건강을 증진시키는 데 기여한다. 특히 어린이의 발달과 학습에 중요한 역할을 한다.

3. 놀이의 발달

놀이의 발달은 어린이의 연령에 따라 다양한 단계를 거친다. 아래에서 놀이의 일반적인 발달 단계를 설명 하면 기억해야 할 점은 아동의 발달은 개별적이며, 이러한 단계가 정확하게 어느 나이에 해당하는 것은 아니라는 것이다. 다만, 전반적인 경향과 순서 유형에 대해 보여주는 것이다:

실체 놀이(물건 놀이) – 유아기(2~3세):

아동은 주로 물건을 가지고 놀며, 물건의 특징을 탐구한다. 예를 들어, 블록 쌓기, 인형 놀이, 자동차 놀이 등이 이에 해당한다.

혼자놀이(솔로 놀이) – 유아기(3~4세):

이 단계에서는 아동이 주로 혼자서 놀이를 즐깁니다. 자신의 상상력을 기반으로 놀이를 만들고 탐구한다. 예를 들어, 모래 놀이, 그림 그리기, 퍼즐 풀기, 블록 쌓기 등을 혼자서 즐긴다.

병행놀이(플레이 마티니) – 유아기(4~6세):

이 단계에서는 아동이 다른 아이나 성인과 함께 놀이를 하면서 상호작용을 즐긴다. 예를 들어, 가상 놀이 (역할 놀이), 보드 게임, 병원 놀이, 가족과 함께 요리 놀이 등이 포함된다.

집단놀이(그룹 놀이) – 초등학교 입학 후(6세 이후):

아동은 이 단계에서 친구들과 함께 더 복잡하고 구조화된 놀이를 경험한다. 그룹 놀이, 스포츠, 무역 놀이, 공동체 활동 등이 이에 해당한다.

전략적 놀이 – 학령기 후반(9~12세):

아동은 이 단계에서 보다 복잡한 전략적 놀이나 체스, 전략 보드 게임 등을 즐긴다. 이러한 놀이는 추상적 사고와 문제 해결 능력을 발전시킨다.

이러한 놀이의 발달 단계는 일반적인 경향을 나타내며, 아동마다 다를 수 있다. 놀이는 아동의 발달을 지원하고 다양한 기술과 능력을 향상시키는 중요한 활동임에는 틀림없다.

주요 심리학자별 놀이의 발달에 대해 알아본다면 놀이의 발달 단계를 이해하는 데 있어서, Jean Piaget와 Erik Erikson은 중요한 역할을 한다. 그들은 각각 인지 발달과 사회-정서 발달의 관점에서 놀이의 발달을 연구하고 설명했기 때문이다.

■ Jean Piaget의 발달 단계와 놀이

Piaget는 인지 발달을 연구한 스위스 심리학자로, 아동의 인지 발달을 다양한 단계로 설명하였다. Piaget의 발달 단계와 놀이의 관계는 다음과 같다:

감각운동 단계(태어난 후~2세):

이 단계에서 아이는 주로 감각과 운동 능력을 개발한다. 놀이는 주로 물체를 탐구하고 입에 가져가거나 만짐으로써 물체를 이해하는 과정에 기여한다.

전조작 단계(2세~7세):

아동은 상상력을 발달시키며, 놀이는 주로 상상력을 기반으로 한다. 역할 놀이나 가상 놀이는 이 단계에서 주요한 역할을 한다.

구체적 조작 단계(7세~11세):

아동은 추상적 사고 능력이 발달하며, 복잡한 규칙을 가진 보드 게임이나 전략 게임과 같은 놀이를 즐긴다.

형식적 조작 단계(11세~성인):

이 단계에서 아동은 논리적 사고 능력을 발전시키고, 복잡한 전략을 요구하는 놀이나 학교에서의 학습 활동에 참여한다.

■ Erik Erikson의 발달 단계와 놀이

Erikson은 사회적 및 정서적 발달을 연구한 미국 심리학자로, 개인의 발달 과정을 다양한 단계로 나누어 설명했다. Erikson의 발달 단계와 놀이의 관계는 다음과 같다:

신뢰 대 불신(0세~1세):

이 단계에서 아동은 어머니나 주변 성인에 대한 신뢰를 개발한다. 놀이는 아동과 부모 간의 상호작용과 유대감을 증진시키는 중요한 역할을 한다.

자아 정체성 대 혼돈(2세~3세):

아동은 자아 정체성을 형성하고 독립성을 추구한다. 역할 놀이와 자아 표현을 통해 자아 정체성을 발전시키는데 도움을 준다.

초기 열림 대 유예(4세~5세):

이 단계에서 아동은 사회적 규칙을 이해하고 그에 맞게 행동하는 방법을 배우며, 놀이를 통해 사회적 상호작용 및 규칙을 연습한다.

업무 중심성 대 자아성숙(6세11세):

아동은 역할 모델과 상호작용하면서 사회적 스킬과 자아성숙을 향상시킨다. 놀이는 사회적 스킬과 관계 형성을 촉진하는 데 중요한 역할을 한다.

놀이는 아동의 인지 발달과 사회-정서 발달을 지원하며, 각각의 발달 단계에 적합한 놀이 활동을 통해 아동의 발달을 촉진시켜 주는 힘이 있다.

Ⅵ

대상별 심리운동

(신체, 물질, 사회경험)

Ⅵ. 대상별 심리운동(신체, 물질, 사회경험)

1. 심리운동 신체경험 프로그램

(1) 영유아기 프로그램

Ⅰ. 영유아의 정의 및 개념

영유아란 영아와 유아를 이르는 말 로써 영아(infant)에 대한 정의는 학자에 따라 다른데 인간 발달 단계 중 가장 어린 시기로 신생아기의 계속으로 출생 후 2년 미만까지로 정의할 수 있다. 생후 1개월까지는 신생아라고 부른다. 유아(early childhood)는 만 1세로부터 만 6세까지 시기로 볼 수 있고 적은 나이 아이라는 의미를 지닌 어린아이라 볼 수도 있다. 대한민국 영유아보육법(제14597호)은 영유아란 만 6세 미만의 취학 전 아동을 말하고 있다.

Ⅱ. 영유아 발달의 특징

생후 1개월부터 만 2세까지의 시기로 발달의 여러 영역에서 빠른 성장이 이루어지는 시기라 하였다. 누워있던 신생아가 운동능력이 발달하여 스스로 걷고 뛰어다닐 수 있게 되고 옹알이와 울음으로 표현하던 의사소통이 모방과 학습을 통한 점차적 언어의 발달로 타인과의 의사소통이 가능해 질 정도로 발달하게 된다. 부모 또는 주 양육자와 애착을 형성하여 생애에 걸쳐 대인관계를 형성하는 기초를 갖추고 다양한 경험을 통하여 인지의 발달도 이루어진다.

인간의 발달은 성장, 성숙, 학습의 세 가지 원리로 이루어지는데 발달에 있어 성장은 키가 자라고 몸무게가 늘어나는 크기에 대한 변화이고, 성숙은 법률적, 정치적, 사회적, 종교적, 성적, 정서적, 지능적 상황마다 다르게 정의되는데 현 장면에서는 자신이 처한 환경과 사회 문화에 따라 적절하게 행동하고 움직일지를 아는 것으로 정의 할 수 있다. 학습은 훈련이나 연습에 의한 발달적 변화로 직접 경험에 의하거나 또는 간접적인 경험을 통하여 이루어진다.

발달은 일정한 순서로, 일정한 방향으로, 연속적 과정이지만 일정하지 않은 속도로, 각 영역과 상호 밀접한 연관성을 가지고 진행되며 민감한 시기가 있다. 발달은 어릴 때 경험이 이후의 발달에 초석이 되는 기초성, 과업 성취가 가장 효과적인 적기성, 계속적으로 결손 되지 않고 바른 성취 경험이 이루어져야 하는 누적성, 한번 형성된 발달이나 결손된 부분은 수정되거나 보완되기 어려운 불가역성의 특징을 가지고 있다. 또 한 이 시기는 인간 발달에 있어 신체, 정서, 사회성, 언어, 인지의 기초를 마련하는 시기로 매우 중요하며 영아기 운동능력 발달은 생후 7개월을 전후하여 앉기를 할 수 있고, 10개월을 전후하여 길수 있고, 13~16개월을 전후하여 일어서기와 걷기를 시도하는 시기이기도 하다.

Ⅲ. 발달의 주요 이론

1. 피아제(Piaget) 인지발달 이론

인지발달이론에 대해 영아를 적극적 이며 능동적인 존재로서 지식을 스스로 구성할 수 있다고 본다. 영아발달이 객관적인 환경적 요인에 의해 결정된다고 보지 않고 그 환경적 요인들을 어떻게 받아들이고 처리해나가는가에 의한 주관적 경험내용에 의하여 결정된다고 보았다.

1920년대에 시작된 피아제의 인지 이론은 현대 인지 이론의 기초가 되고 있으며, 인지가 여러 단계를 거쳐서 발달하는 것으로 기억, 생각, 이해의 정신적 활동으로 유전과 환경의 계속된 상호작용 안에서 발달한다고 보았다.

피아제에 따르면 유기체가 행동하고 사고함에 있어 일관성 있게 결합. 조정. 재배열. 재결합하는 '조직' 하고 환경에 대하여 '적응'한다고 하였다. 여기서 조직이란 신체적 요소, 지각적 정보, 인지적 정보를 논리적이며 일관성 있게 인지구조 안으로 체제화하고 결합하는 과정을 말한다. 이것을 통하여 단순한 구조가 복잡하고 정교한 상위구조로 발달하게 되며 정신적 분야에서도 사고 과정의 효율성을 증대시켜 환경에 적응하는데 도움을 준다고 보았다. 적응이란 욕구를 충족하기 위하여 자기 자신, 환경을 수정하고 조정하는 것인데 동화와 조절을 통하여 달성되고 상호 보완적인 관계이다. 아동이 환경에 적응하기 위하여 자신의 인지구조를 환경에 맞게 수정해야 하는데 동화, 조절, 평형화의 방식으로 자신이나 환경을 수정해 나간다. 동화는 외부의 요소를 자신의 기존 도식에 통합하는 과정으로 문제 해결에 있어 인지구조에 일치시키는 방식이다. 조절은 외부 환경에서 요구하는 것에 따라 자신의 기존 도식이나 구조를 수정하는 과정으로 '사과'의 도식을 가진 아동이 '오렌지'를 보고 '사과'가 아니라는 것을 알게 되어 '오렌지' 도식을 형성하게 되는 것이 조절이다. 평형화는 인지구조의 균형을 유지하려고 하는 정신적 과정이다. 정적인 상태에서의 균형이 아니라 계속적으로 변화하며 균형을 유지하는 것이다. 환경에 적응하기 위해서 아동이 동화와 조절을 상호 보완적 관계로 만들면서 한쪽으로 치우치지 않게 인지구조의 균형을 유지시켜 주는 것이다.

* 피아제의 인지발달단계

피아제의 인지 발달 단계에서는 영유아기를 감각운동기와 전조작기에 속하는 시기로 볼 수 있다.

① 감각운동기(0~2세)

감각운동기의 영아는 진정한 의미의 사고능력은 없으며, 반사운동, 순환운동, 감각 및 운동을 통하여 외부를 이해하고 환경에 적응하여 나간다. 감각운동기 후기에 대상영속성의 개념을 얻게 되는데 눈앞에 있던 사물이 보이지 않더라도 존재하는 것을 인식하게 되는 능력으로 인지발달에 있어 매우 중요한 능력이다.

② 전조작기(2~7세)

전조작기 유아는 사고하는 것이 가능하나 논리와 체계성을 갖지 못하는 한계를 보이며 전 개념기와 직관적 사고기로 구분할 수 있다. 2~4세의 유아는 내적 표상을 상징이나 기호로 표현하는 상징적 사고가 주로 발달하는 전 개념기에 속한다. 이 시기에는 소꿉놀이나 병원놀이처럼 가상놀이, 그림 그리기 등의 활동을 하고, 움직이는 자동차는 살아있으며 그 대상에 대해 생명과 감정을 부여하는 물활론적 사고가 나타난다.
4~7세 사이에는 직관적 사고기로 사물의 여러 측면을 동시에 고려하지 못하기 때문에 한 가지 측면에 지배되는 내재적인 사고의 한계를 보이는데 다른 사람의 감정, 생각, 관점을 자신과 동일하다고 생각하는 중심화 현상이 나타난다.

③ 구체적 조작기(7~11세)

구체적 조작기의 아동은 여러 형태의 조작을 이용하여 체계적으로 사고

하고 문제를 해결할 수 있게 된다. 직접 경험할 수 있는 사상에 한하여 논리적으로 사고할 수 있다. 다른 사람의 입장과 관점을 고려할 수 있고 직관적인 사고에서 탈피하여 사물이나 현상에 대하여 다 측면에서 체계적으로 생각하는 가역적 사고를 할 수 있는데 길이, 무게, 부피와 같은 여러 형태의 보존개념을 획득하여 분류하고 서열화하는 능력이 발달한다.

④ 형식적 조작기(11세이상~)

형식적 조작기에는 추상적인 개념을 사용하여 논리적으로 사고하는 추상적 사고가 가능해지며, 가설 연역적 사고가 가능하여 문제를 해결하기 위한 가설을 설정하고 검증함으로 결론을 도출할 수 있으며 명제를 바탕으로 가설을 설정하여 논리적으로 추론하는 명제적 사고, 문제해결을 위한 모든 경우의 수를 논리와 체계적으로 사고하는 조합적 사고가 가능해진다.

2. 에릭슨(Erikson)의 심리사회적 발달 이론

에릭슨의 발달이론이 정신분석학적 접근을 기초로 하고 있지만 프로이드와는 다르게 영아발달에 있어서 사회적, 문화적 환경의 중요성을 강조하였다. 그리하여 심리사회적 이론이라고 한다.

에릭슨은 자아의 건강한 정체감형성을 강조하였고 심리사회적 위기를 통하여 발달이 이루어진다고 하였다. 에릭슨은 신체적인 성장과 문화적 영향에서 기인하는 위기를 제시하였고 이 위기를 극복 하였는가 극복하지 못하였는가에 따라서 정상적 성장에 영향을 미친다고 하였다.

에릭슨은 생애의 전 과정에 여덟 가지의 발달적 위기가 있다고 제시하였는데 영유아기는 신뢰감 vs 불신감, 자율성 vs 수치심, 주도성 vs 죄의식을 극복하는 위기의 단계에 있다.

* 에릭슨의 심리사회적 발달단계

에릭슨의 심리사회적 발달단계에서는 영유아기를 신뢰감 vs 불신감, 자율성 vs 수치심, 주도성 vs 죄의식을 획득할 수 있는 단계로 보았다.

① 신뢰감 vs 불신감(출생 후 ~ 18개월)

인생의 가장 주요한 시기로 일관적인 사랑이 신뢰감의 형성하고 타인을 신뢰하고 세상을 안전하게 생각하게 된다.

② 자율성 vs 수치심(18개월 ~ 3세)

목표지향적인 행동과 언어소통이 시작되고, 자율적인 활동을 원하며 사회적 양심에 대한 선택을 하고 사회적 기대에 실수를 하면 수치심이 생기게 된다.

③ 주도성 vs 죄의식(3~6세)

유아의 행동이 주도적이 되며 양심이 발달하고 부모나 양육자의 억압적인 태도에 대한 죄의식이 생성된다.

④ 근면성 vs 열등감(6~12세)

학령기에 해당하는 시기로 근면성과 성취감이 발달하고 또래와의 상호작용 및 학습의 기초적 기능을 습득한다.

⑤ 자아정체감 vs 자아정체감 혼란(청소년기)

자율적이고 능동적으로 살아가고 싶지만 부모의 보호가 필요한 시기로 자아정체감이 발달하고 역할에 대한 혼란이 생긴다.

⑥ 친밀감 vs 고립감(청년기)

직업과 결혼을 선택하며 타인과 친밀감 형성에 따라 고립감을 경험하기도 한다.

⑦ 생산성 vs 침체감(장년기)

중년기에 해당하는 이 시기는 다음의 세대를 이끌어 주고 돌봐주려는 일반적인 관심으로써 생산성을 확립하고 생산성을 획득하지 못하면 침제기에 빠진다.

⑧ 자아통합 vs 절망감(노년기)

자신에 대한 과거 모든 인생 경험을 수용하며 자아통합을 이루지만 후회와 무력감에 빠지게 되면 절망감을 경험하게 된다.

Ⅳ. 영유아기 심리운동 신체경험

도로시에이넌(2001, 8~9)에 따르면 한 개인의 발달에 중요한 영향을 미치는 영유아기는 매우 중요한 시기라고 한다. 왜냐하면 아이들은 약 5세가 되면 선생님을 통한 교육이 시작하게 되고 그 이전에 학습을 위한 기본적인 기능들을 부모로부터 습득하기 때문이다. 배움에 대한 즐거움을 알게 되고 그 속에서 행복감과 자신감을 가져본 아이는 학교에서 교육을 받는 것에 자신감을 가지고 어려운 문제에 봉착하여도 스스로에 대한 유능감으로 문제를 해결해 나갈 수 있을 것이다.

유아가 자신이 무엇인가 할 수 있다고 믿으면 무엇이든 배우려고 할 것이고 반대로 자신이 할 수 없다고 믿게 되면 어떤 것이든 하려 하지 않으려 할 것이다. 어떤 일을 시도 하는데 있어 실패하더라도 두려워하지 않고 새로운 시도를 할 수 있는 힘은 긍정적 자아존중감에 있다. 능력에 대한 평가가 아니라 있는 그대로의 자신의 존재가 인정받을 때 긍정적 자아존중감이 자랄 수 있다.

신생아가 태어났을 때 자신의 신체를 마음대로 움직일 수 없지만 부모(양육자)의 일관성 있는 돌봄과 안내를 통하여 점진적인 발달의 과제를 더 쉽게 습득할 수 있게 되는 것이다. 그러나 유아가 신체적 손상이나 환경의 결핍 등의 이유로 긍정적 자아존중감을 획득하지 못한 경우가 있다.

레나테 짐머는 심리운동에 대하여 “스스로 돕기”위한 보조이며, 운동기능 개선이나 운동장애 재활보다는 자아에 대한 지각, 즉 아동의 자아개념을 바꾸는데 그 목적을 두고 있다. 자기존중심을 강화시킴으로써 아동이 스스로 자신의 약점이나 단점에 직면하여 행동하도록 하고장애의 경우 완전 재활이 불가능하기에 아동이 자신의 장애를 딛고 이겨나가도록 하는 것이 목적이다. 성인은 아동의 이런 과정을 보조하며 자신의 가치판단을 보여주고, 또 아동의 행동과 관련해서는 이에 대한 칭찬이나 평가가 아닌, 행동 그 자체에 대해 세심한 언급을 해주어야 한다. 신체경험과 움직임 경험은 본 이론에서 아동의 세계적응에 대한 주요 매체로 간주될 뿐만 아니라, 아동의 정체성 발달의 바탕으로 중요시된다. 그러므로 심리운동의 주요과제는 긍정적 자아개념 발달에 기여하는 것이며(Zimmer 1993, 24), 특히 이때 아동과 교육자의 상호작용에 큰 비중이 주어진다고 하였다.

영유아기는 개인의 발달에 있어 매우 중요한 시기로 보는 것은 무리가 없다고 생각한다. 이 시기의 신체 경험, 물질 경험, 움직임의 경험, 사회경험은 자아지각의 변화를 도모하고 자신이 할 수 있는 것에 대한 유능감을 형성하게 하여 자기에 대한 긍정적인 자기상을 성립하게 된다.

그러나 유아가 신체적 손상이나 환경적인 결핍으로 긍정적인 자아상을 확립하지 못한 경우는 발달의 기초성, 적기성, 누적성, 불가역성의 결손으로 인하여 많은 어려움이 시사된다. 발달의 기초성은 인간이 발달함에 있어 기본적인 초석이 되는 것이고 발달의 적기성은 발달은 적합한 최적의 시기가 있다고 보는 것이다. 발달의 누적성은 기초성과 적기성에 의한 발달이 누적되어서 다음의 발달에 도약이 될 수 있는 것으로 본다. 발달의 불가역성은 발달 과정에서 어떠한 이유로 누수가 생긴 경우 그것을 수정하거나 바로 잡기가 어렵다고 본다.

따라서 영유아기 심리운동 신체경험은 자아지각의 변화를 도모하고 자신이 할 수 있는 것에 대한 유능감을 형성하여 자기에 대한 긍정적인 자아상을 성립할 수 있도록 움직임을 위한 기초 능력인 자아능력을 획득하는 것을 말한다.

V. 심리운동 신체경험 프로그램

프로그램 #1: 나는 스파이더맨

가. 목표 : 지시 따르기, 신체 자각

나. 준비물 : 색 끈, 강화물(젤리, 장난감 등)

다. 지원영역 : 신체 지남력, 신체 신장/확장

라. 놀이방법

끈을 벽이나 사물에 여러 방향으로 붙여 연결하여 공간 전체에 그물 모양으로 여러 개의 줄이 교차 되도록 설치한다. 곳곳의 위치에 강화물을 놓아둔다.

① 아동에게 획득할 장난감이나 먹이의 위치를 확인하게 하고 무엇을 선택할 것인지 언어로 표현하도록 한다. (어디에 있는 무엇: 사다리 위에 있는 젤리)

② 목표(강화물)를 향해 치료사의 지시를 들으며 이동한다. (엉금엉금 거북이처럼 기어서 천천히 가자, 토끼처럼 줄을 깡충깡충 넘어보자)

③ 목표물을 획득했으면 돌아올 때는 최대한 줄에 몸이 닿지 않도록 하여 돌아온다.

마. 기대효과

다양한 상황 속에서 신체의 평형을 유지하며 신체의 움직임을 인지하고 신체 신장/확장 및 신체 지남력 향상

바. 놀이 확장하기

중간 중간에 강화물을 여러 개 두어 힘들어하는 아동에게 동기부여 할 수 있고 잘되는 아동에게는 시간제한을 두어 더욱더 흥미롭게 활동할 수 있게 한다.

프로그램 #2: 바구니 자가용 타고

가. 목표 : 발성 의도를 높이기, 초기 발화 유도

나. 준비물 : 동그란 바구니, 상자 등

다. 지원영역 : 의사소통, 균형감각

라. 놀이방법

동그란 바구니에 영아를 태워 살살 움직여 준다. "빠방~비키세요! 00이 자동차가 나갑니다"와 같은 언어 자극을 주며 바구니 자동차를 운전한다.
영아는 치료사의 모델링을 보고 바구니에서 균형을 잡으며 놀이에 흥미를 갖게 되며 움직임을 통하여 발화 가능성을 높인다.

마. 기대효과

바구니 자동차를 타고 자신이 움직이는 것을 느끼며 자신에 대한 유능감을 형성하고 빠방~과 같은 의성 언어에 자극을 받아 모방학습 가능

바. 놀이 확장하기

푹신한 베개를 활용하여 자동차 놀이를 할 수 있다. 신체에 닿는 다양한 물질을 경험하고 의성 언어 자극을 준다.

프로그램 #3: 기어서 통과해요

가. 목표 : 신체지각 향상 및 신체 한계와 경계의 이해

나. 준비물 : 큰 상자

다. 지원영역 : 대근육 발달, 신체 한계와 경계

라. 놀이방법

커다란 상자를 터널 모양으로 바닥에 설치하여 영아가 통과할 수 있게 방향을 잡아 놓는다. 상자의 반대편에서 영아의 이름을 부르며 기다린다.

영아는 치료사의 말을 듣고 치료사를 향해 상자 터널을 기어서 통과한다. 기어서 오는 영아를 응원하며 지지한다. 터널을 기어서 통과한 영아를 안아준다.

마. 기대효과

터널을 통과하며 자신의 신체에 대한 지각을 높이고 대근육의 발달을 도모한다.

바. 놀이 확장하기

- 여러 개의 훌라후프로 터널 모양을 만들어 영아가 기어서 통과할 수 있게 한다.
- 종이상자 블록으로 길을 만들어 기어서 통과하게 한다.

프로그램 #4: 주머니에 쏘옥~

가. 목표 : 소근육 발달, 집중력 향상

나. 준비물 : 주머니 또는 통, 폼 클레이

다. 지원영역 : 소근육 발달지원, 수 감각, 자기 유능감

라. 놀이방법

주머니나 통을 준비하여 영아가 폼 클레이를 담아보는 활동을 한다. 치료사가 모델링 하여 주머니에 담는 모습을 모방할 수 있게 한다. 숫자를 세어가며 하나씩 하나씩 담는다.

마. 기대효과

손으로 주머니에 폼 클레이를 하나씩 집어넣는 활동으로 소근육 발달을 돕고 수에 대한 개념을 갖게 한다.

바. 놀이 확장하기

- 담았던 주머니에서 하나씩 하나씩 세어가며 꺼내며 확장하고 더 크거나 촉감이 다른 물건을 활용하여 아동의 촉감을 촉진하고 크기에 대한 개념을 형성한다.
- 폼 클레이의 색깔별로 담는 활동을 한다.
- 폼 클레이의 크기를 달리하여 담는 활동을 한다.

프로그램 #5: 배게 언덕 넘기

가. 목표 : 발성 의도를 높이고 걸음마 능력 향상

나. 준비물 : 베개 또는 매트리스

다. 지원영역 : 의사소통지원, 대근육 발달

라. 놀이방법

바닥에 베게로 언덕을 만들어 유아의 손을 잡고 장애물 언덕을 넘는 활동이다.

"영차, 영차"와 같은 응원의 소리를 들려주어 유아가 재미있게 언덕을 넘도록 한다.

마. 기대효과

언덕을 넘으며 행동에 대한 의태어를 말해주며 유아의 움직임을 통한 발성 의도를 높이고 대근육의 발달을 도모한다.

바. 놀이 확장하기

- 매트리스를 비스듬하게 설치하여 경사를 오를 수 있게 한다.
- 영아가 올라설 수 있는 높이로 책을 쌓아 밟고 넘을 수 있게 한다.

프로그램 #6: 냄비뚜겅 연주

가. 목표 : 대근육 발달 및 협응력 향상

나. 준비물 : 냄비, 뚜껑, 나무막대

다. 지원영역 : 청각주의력, 리듬감, 대근육

라. 놀이방법

냄비와 냄비 뚜껑을 늘여 놓고 탐색하도록 한다. 치료사가 나무막대로 두드려 소리를 내어 들려준다. 유아가 치료사를 모방하며 두드려 소리를 내어 본다. 점점 크게 점점 작게 소리를 내어본다. 음악에 맞추어 두드려 본다.

마. 기대효과

냄비를 두드려 소리를 듣고 리듬감을 익히고 점점 크게 점점 작게의 개념을 익혀 청각적 주의력 향상과 대근육의 발달을 촉진한다.

바. 놀이 확장하기

병에 서로 다른 양의 물을 담아두고 막대기로 두드렸을 때 음의 높낮이를 알 수 있게 하여 도레미파솔라시도를 인지할 수 있게 한다.

프로그램 #7: 점프 점프

가. 목표 : 몸의 움직임을 통한 균형감각 향상

나. 준비물 : 음악

다. 지원영역 : 리듬감각, 신체 협응력, 고유수용감각

라. 놀이방법

음악을 들려주고 음악에 맞추어 몸을 움직여 본다. '즐겁게 춤을 추다가 그대로 멈춰라'와 같은 음악을 들으며 활동하다가 '그대로 멈춰라' 부분에서 노래와 움직임을 멈춘 후 유아와 눈을 마주 보고 '하나 두울 셋' 소리와 함께 치료사가 점프하는 동작을 보여주어 유아의 점프를 유도한다. 음악을 들으며 신체를 움직여 신나게 활동한다.

마. 기대효과

유아가 음악을 들으며 자신의 몸이 움직이는 것을 경험하고, 자신의 신체에 대한 지각을 높이고 고유수용감각을 높일 수 있다.

바. 놀이 확장하기

트램플린을 설치하여 유아가 탐색하도록 돕고, 트램플린의 반동을 이용한 유아의 점프 활동을 촉진시킨다.

프로그램 #8: 징검다리 건너기

가. 목표 : 신체 자각을 통한 신체 지남력 향상

나. 준비물 : 신문지 또는 책

다. 지원영역 : 신체 지남력, 신체 자각

라. 놀이방법

바닥에 신문지나 책을 띄엄띄엄 놓아 징검다리를 만든다. 치료사가 징검다리를 건너는 모습을 보여주어 유아의 흥미를 높인다. 징검다리 바깥으로 떨어지지 않게 이끌어 징검다리를 건널 수 있게 돕는다.

마. 기대효과

유아가 신문지나 책으로 만든 징검다리를 건너며 자신의 몸이 움직이는 것을 경험하고, 자신의 신체에 대한 지각을 높이고 균형감각 및 거리감각을 높일 수 있다.

바. 놀이 확장하기

징검다리를 설치하고 건너는 활동이 잘 이루어졌다면 유아가 오를 수 있는 높이의 계단을 책이나 블록으로 만들어 넘게 한다.

프로그램 #9: 신체 본뜨기

가. 목표 : 근육 이완과 신체 자각

나. 준비물 : 종이컵, 음악

다. 지원영역 : 신체 자각, 신체상 확장

라. 놀이방법

유아가 컵을 자연스럽게 탐색하도록 한다. 음악을 들으며 편안하게 누워 자세를 취하게 한다. 유아의 신체 바깥으로 종이컵을 놓아 유아의 신체를 본뜬다.

마. 기대효과

유아가 편안하게 누워 근육을 이완하여 휴식을 취하는 시간에 컵을 사용하여 유아의 신체를 본뜸으로 유아가 자신의 신체에 대한 지각을 높일 수 있다.

바. 놀이 확장하기

유아가 커다란 전지에 누워 근육을 이완하고 휴식을 취하는 시간에 색연필이나 크레파스를 사용하여 몸의 외곽을 따라 선을 이어 신체의 본을 뜬다. 신체의 본에 다양한 색으로 칠하여 꾸며본다.

프로그램 #10: 스카프 놀이

가. 목표 : 시각감각 높이고 발화 유도

나. 준비물 : 스카프

다. 지원영역 : 의사소통지원, 시각감각 발달, 촉각감각 발달

라. 놀이방법

유아가 스카프를 자연스럽게 탐색하도록 한다. 치료사가 스카프를 높이 던져 올려 떨어지는 모습을 관찰한다. 유아가 치료사를 모방하여 스카프를 던져 올려 떨어지는 형태를 관찰하고 떨어지는 모습을 언어로 표현하도록 유도한다.

마. 기대효과

스카프가 던지고 떨어지는 모습을 관찰하며 신체 협응력을 기르고 시각감각, 촉각감각 발달을 촉진한다.

바. 놀이 확장하기

스카프를 휴지로 대체하여 활동할 수 있는데 오랫동안 떨어지지 않게 하는 활동으로 할 수 있다. 유아는 던져 올린 휴지가 바닥면에 닿지 않게 하기 위하여 입으로 바람을 불을 수 있고 손등으로 쳐서 바닥에 떨어지지 않게 할 수 있다.

프로그램 #11: 발등 밟고 걷기

가. 목표 : 신체의 균형감각을 높인다.

나. 준비물 : 없음

다. 지원영역 : 균형감각, 타인지각, 협동심, 방향지각

라. 놀이방법

유아와 양손을 맞잡고 서거나 유아의 어깨를 감싸 안는다. 치료사의 발등에 유아의 발을 올려 움직여 본다. 음악에 맞추어 움직이면서 유아와 치료사가 함께 움직이는 활동을 한다.

마. 기대효과

치료사와 함께 움직이므로 이동 방향에 대한 의사소통을 할 수 있고, 활동을 통하여 자신과 타인에 대한 지각을 높이고 협동심을 기를 수 있다.

바. 놀이 확장하기

① 출발선을 표시한다.

② 유아와 풍선을 가운데 두고 마주 안는다.

③ 정해진 장소로 풍선을 함께 옮기는 활동을 한다.

프로그램 #12: 김밥말이

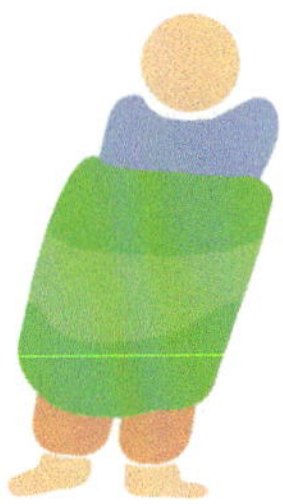

가. 목표 : 자신의 신체를 자각하고 안정감을 경험 한다.

나. 준비물 : 이불

다. 지원영역 : 회전감각, 안정감, 신체 자각

라. 놀이방법

넓은 이불을 펼쳐 놓고 유아가 자유롭게 탐색하는 시간을 갖는다. 유아가 이불 위에 누워 이불을 자신의 몸에 돌돌 마는 활동을 한다. 유아가 혼자 이불을 말기 어려우면 치료사가 아이와 이불을 김밥 말듯이 돌돌 굴린다.

마. 기대효과

자신의 신체를 이불에 돌돌 마는 활동을 통해 회전 감각과 신체에 대한 지각을 높이고 이불이 몸에 닿는 촉각적 감각을 통한 안정감을 경험한다.

바. 놀이 확장하기

① 이불을 펼쳐 놓는다.

② 유아가 이불을 자신의 몸에 돌돌 만다.

③ 이불을 몸에 말은 상태로 애벌레처럼 꿈틀꿈틀 기어가 목표물에 도착한다.

프로그램 #13: 이불그네

가. 목표 : 이불 그네를 타면서 신체의 균형감각을 익힌다.

나. 준비물 : 이불

다. 지원영역 : 의사소통, 신체 자각, 균형감각

라. 놀이방법

넓은 이불을 펼쳐 놓고 유아가 자유롭게 탐색하는 시간을 갖는다. 유아가 이불 위에 누우면 성인 2명이 이불을 맞잡고 천천히 흔들어 준다. 점점 빠르게 점점 느리게 흔들며 그네를 태운다.

마. 기대효과

이불에 누워 흔들리는 그네를 타며 자신의 신체에 대한 지각을 높이고 균형감각을 높인다. 유아의 표정과 언어적 반응을 살피며 속도를 조정하기에 의사소통 능력 향상

바. 놀이 확장하기

① 이불을 펼쳐 놓는다.

② 유아가 이불에 눕는다.

③ 이불을 들어 올렸다 내린다.

④ 유아의 신체가 공중에 뜨고 가라앉는 놀이를 한다.

프로그램 #14: 숫자 요가

가. 목표 : 숫자의 모양을 기억하고 근지구력을 높인다.

나. 준비물 : 매트

다. 지원영역 : 신체 한계와 경계, 신체 신장/확장에 대한 이해, 균형감각, 숫자 개념, 지구력

라. 놀이방법

매트를 펼쳐 놓고 몸을 이완하는 활동으로 시작한다. 숫자의 생긴 모양을 기억하여 주변에 숫자와 닮은 물건을 찾아본다. 신체로 숫자 모양을 만들어 보는 활동을 한다.

- 숫자 '1'은 매트에 바르게 서서 숫자 1 모양을 만든다.
- 숫자 '2'는 매트에 무릎을 대고 앉아 양팔을 귀 옆으로 지나게 하여 고개를 숙이고 등을 동그랗게 말아 숫자 2 모양을 만든다.
- 숫자 '3'은 매트에 엉덩이를 데고 한쪽 팔을 대각선 위로 한쪽 팔을 그 아래로 펼치고, 배에 힘을 주어 두 다리를 들어 올려 숫자 3 모양을 만든다.
- 숫자 '4'는 두 팔을 양옆에 딱 붙이고 나무 자세로 서서 한 쪽 다리를 반대쪽 무릎에 올리어 숫자 4 모양을 만든다.
- 숫자 '5'는 무릎을 반듯하게 구부리고 두 팔은 앞으로 쭉 펼쳐 숫자 5가 되도록 엉덩이를 뒤로 내민다.

마. 기대효과

숫자의 모양을 기억하며 닮은꼴을 찾아보는 활동을 통한 기억력 향상과 몸으로 숫자 모양을 만들어 보며 신체에 대한 지각을 높이고 대근육을 사용한 근지구력을 향상시킨다.

바. 놀이 확장하기

유아와 함께 할 수 있는 요가 동작을 표현해 본다. 다리를 곧게 펴고 양팔을 뻗어 귀 뒤로 지나게 하여 손바닥이 닿게 하는 나무 자세, 고양이가 기지개를 켜는 동작 등을 활용하여 유아의 신체 균형의 발달을 도모한다.

프로그램 #15: 컵 쌓기 놀이

가. 목표 : 소근육 발달 및 신체 협응력을 높인다.

나. 준비물 : 색 종이컵 10개

다. 지원영역 : 신체 협응력, 소근육, 민첩성

라. 놀이방법

유아가 종이컵을 탐색하는 시간을 갖는다. 여러 가지 색깔이 있는 종이컵을 차례로 쌓아 올린다. 색별로 다른 종이컵을 피라미드 모양으로 쌓는다. 시간을 측정하여 쌓는 속도를 점차 높여 성취 경험을 쌓는다.

마. 기대효과

종이컵의 여러 가지 색을 관찰하여 색에 대한 감각을 높이고, 피라미드 모양으로 쌓아 올리는 활동으로 신체 협응력을 높이고 손가락을 사용하는 활동으로 소근육의 발달을 촉진한다.

바. 놀이 확장하기

① 종이컵을 쌓는다.

② 색종이로 표창을 접어 만든다.

③ 표창을 종이컵(목표물)에 조준하여 던진다.

프로그램 #16: 숟가락으로 옮겨요

가. 목표 : 원하는 위치에 놓는 연습으로 시 지각 협응, 소근육 발달

나. 준비물 : 숟가락, 탁구공, 계란판

다. 지원영역 : 시 지각 협응, 소근육, 주의집중

라. 놀이방법

유아가 재료를 탐색하는 시간을 갖는다. 숟가락을 사용하여 동그란 공을 계란판 위에 담는 놀이이다.

- 탁구공을 여러 개 놓는다.
- 숟가락으로 공을 하나씩 들어 올린 후 계란판에 넣는다.

마. 기대효과

손으로 숟가락을 사용하여 공을 담아 이동시키는 활동을 통하여 소근육을 발달시키고 집중력의 향상을 도모한다.

바. 놀이 확장하기

① 계란 판에 숫자를 써넣는다.

② 공에 숫자를 써넣는다.

③ 숟가락으로 공을 들어 올린다.

④ 공의 숫자와 같은 숫자가 쓰인 계란 판으로 옮겨 담는다.

프로그램 #17: 공 떠오르기

가. 목표 : 폐활량을 높이고 입 주변 근육 기능 향상

나. 준비물 : 스티로폼 공, 빨대

다. 지원영역 : 심폐 지구력, 입 주변 근육, 명료한 발음

라. 놀이방법

- 유아가 재료를 탐색하는 시간을 갖는다.
- 빨대 끝부분에 구멍을 낸다.
- 종이를 깔때기 모양으로(바람이 통하게) 접어 빨대 구멍에 연결한다.
- 스티로폼 공을 종이 깔때기에 올린다.
- 입에 빨대를 데고 바람을 불어 스티로폼 공이 떠오르게 한다.

마. 기대효과

입으로 빨대에 바람을 불어 넣어 스티로폼 공이 떠오르는 활동을 통하여 폐활량을 높이고 입 주변 근육 발달을 높여 명료한 발음

바. 놀이 확장하기

① 비닐장갑의 손목 부분을 빨대와 연결해 붙여서 비닐장갑에 바람이 들어갈 수 있게 한다.

② 비닐장갑과 손가락 끝에 곤충 모양이나 숫자 등이 쓰인 종이를 붙인다.

③ 빨대에 바람을 불어 바람이 세지 않는지 확인한다.

④ 종이컵에 바닥에 구멍을 뚫는다.

⑤ 비닐장갑이 붙은 빨대를 종이컵과 연결하는데 비닐장갑이 종이컵 안으로 들어가는 모양으로 꽂는다.

⑥ 빨대를 입술에 대고 바람을 불어 넣어 비닐장갑이 펼쳐지는 모양을 확인한다.

⑦ 빨대에 바람을 내뱉고 들이마실 때 들락날락하는 곤충, 숫자를 본다.

(2) 아동기 프로그램

Ⅰ. 아동의 정의 및 개념

아동이란 유아기와 청소년기의 중간 단계이며 아기, 어린이, 소년, 소녀 등의 다양한 용어로 사용되며 보통 연령으로 구분된다. 일반적인 개념으로는 영유아나 초등학교를 다니며 신체적, 정신적으로 미성숙한 단계 즉, 신체적, 정신적으로 성장하는 과정에 있는 사람이라고 정의 된다.

주로 성인과 대비되는 개념으로 사용되며 우리나라의 경우 관련된 법률마다 연령 기준이 조금씩 다르다. 아동복지법에서는 18세 미만의 사람을 형법에서는 16세 미만을 아동으로 규정하고 있다. 또한 법의 종류에 따라서 규정하는 연령과 대상 아동의 호칭도 아동, 미성년, 청소년 등으로 다르다.

인간 발달에 관한 연구는 아동의 연령을 유아기, 학령전기, 아동기, 청소년기 등으로 구분한다. 발달적 관점에서는 신체적·사회적·정서적·지적 발달의 속도에 따라 아동기를 6세부터 12세까지로 정의하고 있다. 이런 아동기를 다시 아동 전기와 아동 후기로 구분하는데 아동 전기는 6~8세까지로 아동 후기는 9~12세까지이다.

[표1] 아동과 관련 연령의 정의

법령	개념	연령의 정의
유엔아동권리협약	아동	18세 미만
아동복지법	아동	18세 미만
입양특례법	아동	18세 미만
한부모가족지원법	아동	18세 미만
실종 아동 등의 보호 및 지원에 관한 법률	아동 등	18세 미만
청소년 기본법	청소년	9세이상 24세 이하
청소년보호법	청소년	19세 미만
민법	미성년	19세 미만
영유아보육법	영유아	6세 미만
소년법	소년	19세 미만

출처: 『아동복지론』 오정수, 정익중 저 「학지사」2018

Ⅱ. 영유아 발달의 특징

피아제의 인지발달 이론을 중심으로 보면 아동기는 구체적 조작기(7세~11세) 단계로서 사고에 급격한 진보가 일어나며 자기중심성을 탈피하게 되며 보존 개념도 획득한다. 사물들 간의 관계를 이해함으로써 물체를 분류하고 유목화(class inclusion)하고 나열할 수 있으며 대상들을 여러 가지 양적 차원에 따라 순서로 나열하는 서열화(seriation)가 가능하다. 원래 상태로 조작을 되돌릴 수 있는 가역성(reversibility)의 원리도 획득하며 이 시기의 아동은 새로운 인지구조를 가졌다 할지라도 여전히 지각의 한계를 벗어날 수 없다.

에릭슨의 심리사회이론을 중심으로 본다면 에릭슨은 기본적으로 정신분석학적 관점에 기반을 두지만 프로이드의 이론을 전 생애적으로 확장한 이론이며 생애 초기 성본능에 대한 초점을 상대적으로 축소하고 환경적, 사회문화적 결정요인을 더욱 강조하는 입장을 가졌다.

사람은 영아기의 '신뢰 대 불신'에서 시작하여 노년기의 '통합 대 절망'까지 일련의 8개의 심리사회적 갈등을 거치며 전 생애적으로 발달한다고 보고 있다. 인간의 성장과 발달이 정해진 순서에 따라 이루어진다고 강조함과 동시에 특정 발달 단계의 행동 특성은 그것이 나타날 수 있는 심리적 구조가 일정 정도 형성되었을 때 가능한 것이라고 주장한다. 따라서 각 발달단계는 질적으로 차이가 있는 행동특성에 따라 구분된다는 것이다. 인간은 일생동안 여러 단계의 심리사회적 위기를 경험하게 되는데 그 위기의 결과로 성격이 발달하는 것이라고 보는 주장이다.

아동기는 4단계(6~12세) 근면성 대 열등감의 단계로 볼 수 있고 아동이 초등학교에 다니는 시기로 프로이드(Freud)의 잠복기에 해당한다. 학교생활을 통하여 많은 지적 능력을 개발할 뿐만 아니라, 친구와의 접촉을 통해 사회의 가치관이나 규범을 학습하는 좋은 기회를 얻게 된다. 친구를 통하여 아동은 자신의 정체가 무엇인가를 발견하게 되고 자기의 존재 의미를 확립한다. 이 단계를 성공적으로 극복하면 개인적으로나 사회적으로 의미있는 목표를 추구하면서 적극적인 영향력을 발휘할 수 있다는 자신감을 갖게 되나 실패하면 열등감을 갖는다.

Ⅲ. 아동기 심리운동 신체경험

아동의 정의 및 개념, 아동기 특징을 고려 해 볼 때 아동기는 사물들 간의 관계 유목화(class inclusion), 서열화(seriation), 가역성(reversibility)을 획득해 가며 이 시기 아동은 지속적으로 새로운 인지구조를 가지며 지각의 한계를 경험하게 되며 많은 지적 능력을 개발하고 사회의 가치관이나 규범을 학습하는 기회를 얻게 된다. 또한 자신의 정체와 자기의 존재 의미를 확립하고 이 단계의 과업을 긍정적으로 획득하여 자기에 대한 자신감을 갖게 되고 부정적일 경우 열등감을 갖을 수 있는 시기이다.

따라서 아동기 심리운동 신체경험은 자아능력 향상을 위해서 아동들이 일상생활 활동을 통해 자신의 신체를 인식하고 신체기능들을 경험은 다양한 긍정적인 움직임을 통해 세분화된 지각 및 감각 체험을 하고 이로 인해 움직임을 통한 신체 도식 및 신체 이미지를 형성하게 되며 다양한 신체 표현의 가능성을 체험하게 되며 아동기 발달의 특성 및 발달과업을 긍정적이며 성공적으로 획득하게 하는 기본적인 자원이 될 수 있다.

Ⅳ. 심리운동 신체경험 프로그램

프로그램 #1: 징검다리 건너기

가. 목표 : 발성의도 높이기, 지시 따르기

나. 준비물 : 준비물: 후프

다. 지원영역 : 신체지남력, 고유수용성감각, 균형감각, 민첩성, 방향지각 지원

라. 놀이방법

작은 후프(링)를 5개~10개 정도 연결하여 길게 위치시킨다. 치료사는 지시를 내리고 아동이 숙지했는지 반복해서 말할 수 있도록 한다.

후프 속을 걸어서 징검다리를 건너갔다 온다. 그 후 한 발 뛰기, 두 발 뛰기로 점프하여 앞으로 나아간다.

후프 안에서는 한발 밖에서는 두 발로 뛰며 앞으로 나아간다.

마. 기대효과

신체의 방향성을 찾고 그 안에서 다양한 감각적 균형을 유지하며 조절 가능

바. 놀이 확장하기

- 후프를 벌집 모양으로 위치시켜 아동이 앞, 뒤, 오른쪽, 왼쪽 등 방향지각을 할 수 있도록 활용할 수 있다.
- 후프나 링이 없으면 동화책을 양면테이프로 붙여 미끄러지지 않게 하여 같은 방법으로 진행할 수 있다.

- (거북이처럼) 살금살금 건너기, (토끼처럼) 빨리 건너기 등 여러 방법으로 지시를 내려 아동이 의성어, 의태어를 익힐 수 있도록 하며 "~처럼"을 넣어 비유어를 표현할 수 있도록 한다.
- 주변에 물고기를 늘어뜨려 놓고 징검다리 위에서 떨어지지 않고 물고기를 잡는 활동을 할 수 있다.

프로그램 #2: 웅덩이 건너뛰기

가. 목표 : 신체 지남력 향상 및 신체 신장/확장에 대한 이해

나. 준비물 : 다양한 크기의 신문지

다. 지원영역 : 신체 한계와 경계, 신체 신장/확장에 대한 이해, 점프등 자기 능력 인식, 지구력 발달

라. 놀이방법

신문지(다양한 크기)를 바닥에 펼쳐 놓는다. 신문지는 소나기가 온 뒤 땅 위에 고인 웅덩이 역할을 한다. 아이들은 이러한 웅덩이 주변을 돌다가 웅덩이를 건너뛰기도 하고, 웅덩이 안으로 빠지기도 한다. 어떤 크기의 웅덩이를 건널지 스스로 결정할 수 있다. 나아가 가로나 세로로 건널지, 두 발로 동시에 건널지 아니면 한 발로 건너뛰기를 할지 결정한다.

마. 기대효과

아이들 본인이 스스로 능력에 대해 어떻게 생각하는지에 대한 이해

바. 놀이 확장하기

- 신문지를 지붕처럼 머리 위로 펼쳐 잡고 달리기한다.
- 신문지를 몸에 대고 떨어지지 않도록 하며 달린다.
- 두 장의 신문지를 가지고 한 장씩 앞으로 놓고 밟으며 전진한다.
- 신문지를 구겨서 공을 만들어 던지기 놀이한다.

프로그램 #3: 잠자는 드라큘라 깨우기

가. 목표 : 신체 표현을 통해 신체 도식의 발달

나. 준비물 : 없음

다. 지원영역 : 반사행동, 지구력, 신체 표현력 등

라. 놀이방법

매트를 체육관 벽이나 공간의 한구석에 놓는다. 한 아동이 매트 위에 누워서 잠자는 드라큘라 역할을 한다. 다른 아이들은 발소리를 내지 않고 조용히 드라큘라에게 접근하여 그를 만진다. 이런 동작은 신체의 긴장감을 준다: 잠자는 드라큘라를 깨우지 않고 만지게 되면 드라큘라의 마법적 힘이 사라지게 되고 대신 만진 사람이 드라큘라의 힘을 얻게 되어 드라큘라의 역할을 하게 된다. 그러나 아이들이 가까이 오기 전에 드라큘라가 잠에서 깨면 갑자기 일어나 아이들을 잡으러 달려온다. 드라큘라가 아이를 잡으면 잡힌 아이는 드라큘라의 조수가 되어 다음번에 아이들을 잡을 때 도와주어야 한다.

마. 기대효과

역할 놀이에 대한 흥미 유발 및 규칙 준수와 인내 학습

바. 놀이 확장하기

어린아이들에게 드라큘라의 존재가 공포의 대상이 인식되는 경우 드라큘라 대신 덜 위험한 그러나 긴장감을 주는 대상을 설정할 수도 있다. (용, 마녀 등)

프로그램 #4: 섬 오르기

가. 목표 : 공간을 파악하는 능력과 평형감각 향상

나. 준비물 : (40cmX40cm) 기의 정사각형 양탄자 조각, 최소한 그룹 아동수의 3배수만큼 준비. 색은 되도록 빨강, 파랑, 노랑, 초록이 좋음

다. 지원영역 : 평형감각, 하체 대근육, 공간 파악력, 자기 능력 인식 등

라. 놀이방법

정사각형 양탄자 조각을 공간에 흩트려 놓는다. 이 양탄자는 섬을 의미하며 한 사람만 살 수 있는 아주 작은 섬이다.

아이들은 섬을 "점령"하고 있으며 경우에 다라 다른 섬도 방문하게 된다. 섬 사이에는 강이 흐르고 있어서 섬 사이를 이동할 때 강물을 건너뛰어야 한다. (간격이 너무 넓을 경우는 섬 사이를 "수영"하며 건널 수 있게 한다) 섬사람들은 다른 섬을 방문할 때 주로 같은 색의 섬을 선호하여 빨간색 섬, 파란색 섬 등만 방문하게 된다.

마. 기대효과

역할 놀이에 대한 흥미 유발 및 점프 운동을 통한 하체 대근육 발달, 스스로 자기 능력을 인식하는 동시에 공간을 파악하는 능력의 향상

바. 놀이 확장하기

양탄자 조각을 나란히 배열하여 "도로"를 만들어 놓고 그 위를 뛰거나 건너는 활동

프로그램 #5: 요리사 훈련

가. 목표 : 시지각 협응과 공간지각능력 발달

나. 준비물 : 나무로 된 주걱, 풍선, 소프트볼, 경우에 따라 요술 줄

다. 지원영역 : 시각, 지각, 반사행동, 공간지각 능력 등

라. 놀이방법

나무로 된 주걱이 요리사의 도구이다. 주걱 위에 놓인 호박(풍선)을 떨어뜨리지 않고, 또는 사과(소프트 볼)를 운반할 수도 있다. 요리사는 체력 연습도 할 수 있는데 주걱 위에 풍선을 올려놓고 풍선이 떨어지지 않게 앉았다 일어서는 연습을 한다. 다른 요리사와 배드민턴을 치기도 하는데 주걱을 배드민턴 채로 사용한다. (이를 위해 놀이 공간에 약 180cm 길이의 끈을 묶어놓고 배드민턴을 친다. 양쪽에 아이들이 서서히 주걱을 가지고 풍선을 띄워 배드민턴을 친다.)

마. 기대효과

역할 놀이에 대한 흥미 유발 및 시지각 협응 발달

바. 놀이 확장하기

"주걱 하키" 놀이: 고무로 된 고리나, Frisbee 판을 공으로 삼아 주걱을 가지고 하키 놀이를 할 수 있다. (이때 됩틀 상자의 열린 윗부분을 옆으로 세워놓아 골대를 만든다.)

프로그램 #6: 마술 뱀

가. 목표 : 공간 파악 능력과 전환 능력 향상

나. 준비물 : 줄넘기 줄

다. 지원영역 : 공간지각능력, 지구력, 전환 능력, 반사행동

라. 놀이방법

교사는 줄넘기 줄의 한쪽 끝을 잡고 바닥 위에서 흔든다. 이때 줄넘기 줄의 다른 한쪽 끝이 마치 뱀처럼 빠르고 예상치 못할 방향으로 움직이게 된다 ("이 줄은 원래 마술에 걸린 뱀이란다"). 아동이 한 발로 뛸 때 뱀 꼬리를 밟게 되면, 이제 뱀은 아동의 것이다. 다시 다른 아이가 뱀 꼬리를 밟을 때까지 그 아동이 뱀을 움직인다.

이 놀이는 두 사람이 1조가 되어 할 수 있으며 뱀 꼬리를 밟으면 뱀 조련사가 바뀐다.

마. 기대효과

역할 놀이에 대한 흥미 유발 및 순발력 향상

바. 놀이 확장하기

줄넘기 줄 대신 색깔이 있는 끈을 사용하여 각자 밟아도 되는 색과 밟으면 안 되는 색이라는 조건을 부여할 수 있다.

프로그램 #7: 강 건너기

가. 목표 : 평형감각 발달과 신체 도식의 이해

나. 준비물 : 맥주잔 깔개

다. 지원영역 : 평형감각, 공간지각능력, 협응력, 하체 대근육 발달

라. 놀이방법

바닥에 두꺼운 종이로 된 맥주잔 깔개가 (다양한 간격으로) 많이 흐트러져 있다. 이 잔 깔개는 강가의 징검다리를 의미한다. 강을 건널 때 발을 적시지 않으려면 징검다리 돌 위로 하나씩 건너뛰면서 균형을 잡아야 한다. 때에 따라서는 돌을 예비로 가지고 다니며 간격이 너무 넓을 때 직접 돌을 놓아가며 건널 수 있다.

마. 기대효과

역할 놀이에 대한 흥미 유발 및 평형감각 및 공간 파악력 발달

바. 놀이 확장하기

- 잔 깔개를 "던지기 판"으로 사용할 수 있다. ("나는 잔 받침")
- 머리 정수리 위에 잔 깔개를 올려놓고 팔과 손으로 균형을 잡는다.
- 잔 깔개 위에 올라서서 체육관에서 썰매를 탄다.

프로그램 #8: 균형잡기

가. 목표 : 평형감각과 협응 능력 향상

나. 준비물 : 페찌 볼

다. 지원영역 : 평형감각, 시각, 지각 등

라. 놀이방법

페찌 볼을 하나씩 갖고 그 위에서 균형을 잡는다. 예를 들어앉거나, 누운 상태, 혹은 다른 위치에서 떨어지지 않게 균형을 잡는다. 배를 깔고 공 위에 누워 공 위로 구르기를 해볼 수 있다. 공끼리 서로 가깝게 연결하면 "버스"가 되고 버스 의자에 앉아 있다는 식의 연상 놀이하게 된다.

마. 기대효과

역할 놀이에 대한 흥미 유발 및 균형감각 향상, 스스로 놀이 방법 찾기

바. 놀이 확장하기

- 체육관 공간에서 공 굴리며 가기, 이때 다른 사람의 공을 건드리지 않는다.
- 오른손과 왼손을 번갈아 가며 공 튀기기, 공을 튀기며 공간 안에서 움직인다.
- 2명(교사와 아동도 가능) 서로 공을 튀겨 주고받는다.
- 바닥에 놓여있는 페찌 볼을 작은 공(테니스공 등)으로 맞추기 또한 이런 식으로 페찌 볼을 벽 쪽으로 이동시킨다.

프로그램 #9: 감각 컬링

가. 목표 : 거리감과 시각 외의 여러 가지의 신체적, 감각적 발달을 도움

나. 준비물 : 안대, 타이머

다. 지원영역 : 다양한 감각, 신체 도식

라. 놀이방법

2개의 팀으로 나누어 가위바위보로 선공과 후공을 정한다. 게임은 총 3세트로 진행되며 세트가 바뀔 때마다 선공과 후공이 변경된다. 순서는 한 팀에서 한 선수씩 번갈아 가면서 나오는 것으로 컬링과 기본적인 규정은 같다. 미리 목표를 눈을 뜨고 확인한 후 출발점에서 눈을 감고 제한 시간 30초 이내에 자신이 보았던 목표지점에 가깝게 도착한다. 서로 한 선수씩 번갈아 가며 목표로 도착을 하면 게임이 마무리되고 점수를 계산하여 승패를 가린다. 이때 절대로 모든 선수를 포함한 사람들이 소리를 내어서는 안 된다. 원하는 목표에 가깝게 선수가 많이 도착한 팀이 승리하는 게임이며 목표로 이동 중 상대팀 선수와 닿았을 경우 그 선수는 탈락한다. 같은 팀 선수가 닿았을 경우 닿은 선수는 원하는 방향으로 한 발자국 갈 수 있다. 두 팀이 동점이 되면 대표자 1명이 나와서 게임을 진행한다.

마. 기대효과

주요 사용하는 감각과 함께 자주 사용하지 않은 감각들을 사용 가능, 팀원끼리의 긍정적인 상호작용

바. 놀이 확장하기

게임을 진행하고 있는 상대 팀의 인원을 1명까지만 장애물로 이용한다. 이때 장애물에 닿은 사람들의 팀이 서로 다르다면 탈락이다.

프로그램 #10: 전략 줄다리기

가. 목표 : 심폐지구력과 전신 근육 발달

나. 준비물 : 줄 3개, 테이프, 안대

다. 지원영역 : 순발력, 심폐지구력, 사회성(협동심)

라. 놀이방법

각 팀 가운데에 줄 3개를 평행하게 위치시킨다. 각 팀이 서로의 반대편에 서서 출발 신호를 기다린다. 팀에 전략에 따라 3개의 줄에 배치 시킨 인원대로 출발 신호를 듣고 달려가서 자신의 영역으로 잡아당긴다. 단, 가운데 위치한 줄은 여자만 당길 수 있다. 최종적으로 상대편보다 많은 줄을 가져온 팀이 우승하게 된다. 단, 자신의 맡은 곳의 줄다리기가 끝난 후 다른 쪽에 도움을 주면 안 된다.

마. 기대효과

나와 주변 사람들의 능력에 대한 파악과 적용, 순발력 향상 등

바. 놀이 확장하기

자신의 맡은 곳의 줄다리기가 끝난 후 다른 쪽에 도움을 줄 수 있게 변형하거나 줄의 숫자를 늘린다. 각 팀에서 줄을 1개씩 정해서 조건을 부여한다. (이곳은 1명만, 이곳은 남녀가 같이 당겨야 한다. 줄다리기를 하기 전에 앉았다 일어났다 1번 하고 진행 등)

프로그램 #11: 바코드 게임

가. 목표 : 신체 도식 이해와 협동 유도

나. 준비물 : 없음

다. 지원영역 : 촉각, 시각, 협동 및 경쟁 등의 사회성

라. 놀이방법

조원들끼리 등을 모아 동그란 원상태를 만든 후 등을 맞댄 상태에서 팔짱을 낀다. 시작과 동시에 초를 세며 게임 진행 시 조원들은 절대 말을 하면 안 된다. 임무는 사방에 조원의 인원수대로 동그랗게 서 있는 사람들과 한 사람씩 하이 파이브를 하는 것이다. 만약 팔짱이 풀어진다면 처음부터 다시 하이 파이브 임무를 진행한다. 다음 임무를 진행할 사람은 바로 이전에 하이 파이브를 한 사람의 양옆을 제외한 다른 사람으로 한 방향으로 진행되는 것을 방지한다.

마. 기대효과

언어의 제외에서 상호 간의 소통을 가능할 수 있게 되는 것과 등과 팔이 붙어 있는 상태에서 하이 파이브를 하기 위한 효과적인 자세를 찾을 수 있도록 자기 신체를 잘 이해할 수 있는 능력 등

바. 놀이 확장하기

한 사람이 힘으로 끌고 가는 것을 방지하기 위해 하이 파이브를 한 사람은 하이 파이브를 한 후 파트너가 지시를 내리기 전까지 제자리에 멈춰있어야 한다.

프로그램 #12: 나는 전설이다

가. 목표 : 신체 도식 이해와 협동 유도

나. 준비물 : 없음

다. 지원영역 : 촉각, 시각, 협동 및 경쟁 등의 사회성

라. 놀이방법

우선 수비와 공격팀으로 나눈다. 공격팀 1명은 술래로 출발선에 있고 나머지 공격팀은 정해진 구간에 고르게 퍼져 있어야 한다. 수비팀이 뛸 수 있는 발 개수를 정해서 한 발 뛰기를 한다. (뛸 때 공격팀이 서 있는 곳과 멀리 떨어지는 것이 좋다) 술래는 수비팀이 뛴 발 개수보다 한 발 적게 뛴다. 술래는 뛴 후 미리 서 있던 공격팀과 신체의 한 부분을 접촉하며 연결한다. 연결된 공격팀은 술래의 역할을 부여받아 주변의 수비팀을 터치하여 잡는다. 이때 잡힌 수비팀은 공격팀이 되어 다른 수비팀을 터치하여 잡는다. 더 이상 잡을 사람이 없거나 잡을 수 없을 때 경기를 중단한다. 게임 종료 후 팀의 수가 더 많은 팀이 승리한다. (게임 중 공격팀에게 잡힌 수비팀은 공격팀이 된다) 공격팀은 자신이 좀비라고 생각하고 수비팀은 생존자라는 역할극을 바탕으로 진행한다.

마. 기대효과

역할 놀이에 대한 흥미 유발 및 협동과 경쟁 활동을 통한 사회성 발달

바. 놀이 확장하기

공격팀의 술래만 발 개수를 한 발 적게 뛰고 공격팀과 수비팀의 발 개수를 정하여 뛴다. 이때 공격팀이 먼저 뛰고 수비팀이 나중에 뛴다. (공격팀이 계속 이기거나 수비팀이 이기기 어려울 그것으로 생각할 때 적용)

프로그램 #13: 매트 맨

가. 목표 : 순발력 향상과 협동 유도

나. 준비물 : 매트

다. 지원영역 : 순발력, 협동 및 경쟁을 통한 사회성

라. 놀이방법

매트리스를 출발선에서 조금 떨어진 곳에 놓은 후 팀마다 한 줄로 서서 한 사람씩 출발한다. 달려가다가 뛰어서 도약한 후 앞에 준비되어있는 매트에 몸을 던져 매트가 밀리도록 한다. 밀리고 나면 돌아와 다음 사람과 터치한다. 다음 사람도 똑같이 이전 사람처럼 뛰어가 밀면 다시 돌아와서 터치한다. 이처럼 반복해서 매트가 결승선까지 더 빠르게 도착할 수 있도록 진행하면 된다.

마. 기대효과

순발력 향상과 팀원들과의 협동 및 경쟁을 통한 사회성 발달

바. 놀이 확장하기

- 매트 밀어내기

  큰 매트를 가운데 두고 양쪽에서 번갈아 가며 매트를 한 번씩 미는 것이다. 각각 4번씩 밀며 이때 한 번에 3~4명의 사람이 동시에 민다. 다 밀고 난 후 매트를 더 많이 밀어낸 팀이 이긴다. (매트가 더 가까운 팀이 패)

프로그램 #14: 낙하산 썰매

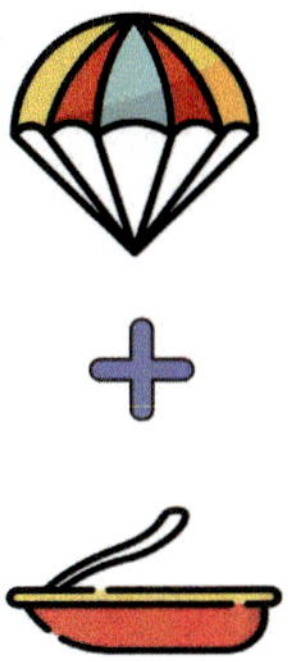

가. 목표 : 순발력 향상과 대근육 발달

나. 준비물 : 낙하산, 배구공

다. 지원영역 : 사회성, 심폐지구력, 순발력

라. 놀이방법

낙하산을 2번 접어서 활동을 시작한다. 1팀 당 인원을 3~4명 정도로 나눈 후에 순서를 정한다. 먼저 출발한 4명이 교대로 돌아가면서 썰매를 끌고 모두 다 썰매를 한 번씩 끌고 타봤다면 다음 사람 3명이 배구공을 전해 준다. 여기서 배구공을 떨어뜨릴 시 그 자리에 멈춘 후 공을 가져와야 한다. 썰매는 반드시 정해진 지점을 돌고 와야 하며 먼저 도착한 팀이 승리한다. 게임을 할 때는 타고 있는 사람이 산타, 끄는 사람이 루돌프, 대기 중인 사람이 난쟁이라고 생각하고 게임을 하면 더욱 재미있다.

마. 기대효과

역할 놀이에 대한 흥미 유발 및 규칙 준수와 순발력, 심폐지구력 향상

바. 놀이 확장하기

반환지점에 스포츠 스태킹을 배치한 후 스태킹을 3,2,1로 쌓고 그것을 반환점으로 삼아 스태킹 탑을 끼고 돌아온다. (반환점을 돌면서 쓰러트리면 다시 해야 한다.)

프로그램 #15: 고깔 탐험대

가. 목표 : 촉각 활성화 및 신체 도식 이해

나. 준비물 : 꼬깔콘, 미션포즈사진, 초시계, 스티커

다. 지원영역 : 촉각, 신체 표현력

라. 놀이방법

7인 1조로 팀을 구성하여 조별로 고깔을 착용할 주자를 정한다. 선택된 주자는 고깔을 착용하고 나머지 조원들은 정해진 부위에 스티커를 부착한다. 스티커를 부착한 뒤 정해진 위치에 기다리고 게임이 시작하며 선택된 주자는 조원들에게 붙어 있는 스티커를 찾는다. 모든 스티커를 뗀 후 조원 전체가 결승점에서 제시하는 동작을 취한다. 출발 지점부터 결승점까지 골인하는 시간을 측정하여 상대적으로 단시간에 들어온 팀이 승리하는 것으로 결정한다.

마. 기대효과

규칙의 준수와 촉각의 활성화, 신체 도식의 이해

바. 놀이 확장하기

고깔을 쓰는 주자를 상대 팀이 선정하거나 고깔을 쓴 사람의 수를 늘리기, 결승점에서 제시하는 동작을 외워서 하는 등 난이도를 조절하여 실행한다.

프로그램 #16: 꼬마버스 타요

가. 목표 : 신체 지남력의 발달과 협동 유도

나. 준비물 : 긴 줄이나 훌라후프, 신호등의 색을 표현할 수 있는 다양한 매개체, 다양한 장애물

다. 지원영역 : 신체 표현력, 신체 도식 및 신체 지남력, 사회성

라. 놀이방법

넓은 공간에 선으로 길을 표시한 후 다양한 장애물을 설치한다. 아이들을 일렬로 세운 후 제일 앞에 있는 아이에게 운전기사라는 역할을 부여한다. 지도자는 신호등의 색을 표현하는 매개체를 가지고 있으면서 아이들에게 신호를 제공한다. 활동하는 아동들은 기사와 손님이라는 역할에 대한 연기와 동시에 지도자가 제공하는 신호에 올바르게 반응하는 것, 서로서로 적당한 속도를 맞추는 것을 중심으로 활동한다.

마. 기대효과

역할 놀이에 대한 흥미 유발 및 다른 친구와 자신의 신체적 능력의 올바른 이해 및 적용

바. 놀이 확장하기

3명 이상, 혼자, 2명~3명 등 다양한 자동차의 종류를 만들어 내고 여러 팀이 동시에 활동하면서 더욱 다양한 역할극을 할 수 있도록 한다.

가. 목표 : 촉각의 활성화와 사회성 발달

나. 준비물 : 없음

다. 지원영역 : 사회성, 촉각, 지구력

라. 놀이방법

기본적인 술래잡기와 같은 규칙을 바탕으로 두 팀으로 나누어 진행하며 술래 편인 스파이를 시민 사이에 포함한다. 스파이는 지도자의 지목으로 결정, 마피아와 비슷한 형식으로 진행한다. 스파이에게는 미션이 주어지며 미션은 시민을 터치하는 것이다. 스파이가 터치한 시민은 그 자리에서 3초 정도 멈춰 있어야 하며 스파이의 터치 여부는 지도자가 보고 말해주는 것이다. 전부 다 잡히면 게임이 마무리되고 역할을 바꾸어서 다시 진행한 후 시간이 더 적게 걸린 팀이 승리한다. (여기서 스파이의 정체는 아무도 몰라야 한다.)

마. 기대효과

역할 놀이에 대한 흥미 유발 및 규칙 준수와 인내 학습

바. 놀이 확장하기

시민 편인 스파이도 추가로 넣어 진행하며 시민 편인 스파이가 시민을 터치하면 스파이의 능력을 무효로 해주는 기회를 주게 된다.

프로그램 #18: 토끼와 거북이

가. 목표 : 본인 신체의 크기와 공간적 넓이에 대한 이해

나. 준비물 : 빌리보

다. 지원영역 : 하체 대근육, 지구력, 신체 신장/확장 등

라. 놀이방법

토끼는 술래로 나머지는 거북이로 설정한 뒤 거북이에게 빌리보를 준다. 토끼는 양발점프로 거북이는 경보로 이동한다. 술래잡기와 같은 규칙이 바탕이나 차이점은 거북이는 빌리보 안에 몸을 숨기면 토끼의 터치를 막을 수 있다. 그러나 다 숨겨지지 않은 신체에 터치를 당하면 아웃이 된다.

마. 기대효과

역할 놀이에 대한 흥미 유발 및 규칙 준수와 본인 신체의 크기에 대한 이해

바. 놀이 확장하기

거북이가 술래가 되는 것으로 변형하여 토끼는 간이 되는 매개체를 숨길 수 있으며 숨긴 상태에서 잡힌다면 완전히 죽는 것이 아니라 일정한 공간에 있다가 시간이 지나고 나서 다시 활동을 할 수 있다. 그러나 거북이가 숨겨진 간을 찾는다면 바로 탈락하게 된다.

프로그램 #19: 흉내쟁이 카멜레온

가. 목표 : 신체 도식 이해와 신체 표현력 발달

나. 준비물 : 다양한 이미지 카드

다. 지원영역 : 기억력, 신체 표현력 등

라. 놀이방법

3~4명씩 짝을 지어서 한 그룹을 형성하고 총 두 그룹을 만든다. 1그룹 안에서 각자 다른 이미지 카드를 보여주고 1그룹에서 보여줬던 카드를 2그룹에도 각자 다르게 보여준다. 이렇게 되면 1그룹과 2그룹이 한 명씩 짝지어지는데 넓은 공간을 돌아다니며 자신의 흉내쟁이를 찾으면 된다. 게임이 시작하면 1분 동안은 이미지 카드의 팔 동작만 할 수 있도록 하고 1분이 지난 후 다리 동작을 할 수 있도록 해준다. 짝을 찾은 후 지도자에게 같이 동작을 보여주고 맞으면 성공이다.

마. 기대효과

짝과 함께하는 활동을 통한 사회성 발달 및 신체 표현력 향상

바. 놀이 확장하기

그룹을 하나 더 만들어서 3명이 같은 동작이 되도록 하거나 동작이 아닌 사물, 동물, 문장 등을 설명할 수 있는 카드를 사용하여 활동한다.

프로그램 #20: 낙엽을 잡아라!

가. 목표 : 신체 도식 이해와 시지각 협응력 향상

나. 준비물 : 실크 천

다. 지원영역 : 시각, 지각, 순발력 등

라. 놀이방법

각자 개인이 가진 실크 천을 최대한 펼쳐서 위로 던진 후 지도자가 다양한 신체 부위(얼굴, 어깨, 팔, 다리, 발 등)를 이야기하였을 때 그곳으로 받을 수 있게 한다.

위와 같이 던진 뒤 1바퀴를 돌고 받거나, 손뼉을 친 후 받는다. (손뼉을 칠 때는 잘한다면 숫자를 늘려가면서 진행)

마. 기대효과

역할 놀이에 대한 흥미 유발 및 규칙 준수와 인내 학습

바. 놀이 확장하기

아동과 지도자가 멀리 떨어져서 지도자가 던진 실크 천이 떨어지기 전에 달려와서 잡거나 지도자와 아동이 적당한 거리에 위치하여 마구잡이로 던지는 실크 천을 잡아내는 것이 있다. (이때 난이도를 조절하려면 실크 천의 개수를 늘리거나 던지는 타이밍을 빠르게 하면 된다.)

(3) 청소년기 프로그램

Ⅰ. 청소년의 정의 및 개념

청소년기의 정의는 크게 어원적 정의와 법적 정의로 구분 할 수 있다. 먼저 어원적 정의를 살펴보려 하는데 총 4가지로 나누어보면, 첫째 adolescent로 청소년기에 있는 연령층 집단을 말하며 심리학자 Hall의 저서 Adolescence를 통해 등장하였다. 라틴어 동사“adolescere”에서 유래하여 성장하다, 성숙에 이르다, 미숙한 상태를 벗어나는 과정을 의미한다. 둘째 puberty로 청소년기의 생리적 전이과정, 생식 기능의 발달 시기를 뜻한다. 개인의 생리적 출산이 가능하게 되는 시기이자 성장기 소년, 노소에게 나타나는 광범위한 신체적 변화 시기를 의미한다. 셋째 youth로 후기 산업사회가 시민들에게 높은 수준의 교육적 성취를 요구함으로써 창출된 새로운 인생주기를 뜻한다. 청소년들의 자율성, 책임성, 권익옹호, 참여, 시민성 강조하며 성인으로서의 전이과정, 사회적 관계망, 또래그룹과의 문화 양상에 근거한 시기적 특성을 상징하는 개념이다. 마지막 teenager로 1950대 소득 증가와 책임 감소에 따른 다양한 소비 형태를 중심으로 지칭되는 용어이다. 10대들의 소비성향, 패션, 음악, 영화 등의 대중문화 양상과 라이프스타일을 함축하여 상징하는 호칭한다. 우리나라의 경우에는 아동, 소년, 10대, 미성년자, 청춘기, 사춘기, 젊은이 등의 다양한 용어와 호칭들이 사용되고 심리발달적 접근에서 adolescent, 사회문화적 접근에서 youth가 주로 사용되고 있다.

법적 정의와 유사명칭에 대해 살펴보면, 청소년 기본법에는 청소년은 9세에서 24세 사이로 어린이에서 성인 단계로 가는 중간 단계를 의미한다. 보통 중학교와 고등학교 시기이며, 이 시기에는 어린이의 특징과 성인기의 특징을 부분적으로 가지고 있다. 공연법, 근로기준법, 직업안정법에는 18세 미만을 연소자로 명칭하고 있다. 소년법에서는 10~19세를 소년으로 명칭하고 있다. 아동복지법에서는

18세 미만을 아동으로 명칭하고 있으며 민법에서는 19세 미만을 미성년자로 명칭하고 있다. 참고로 UN(1985)에서는 15세부터 25세 사이를 청소년이라 한다.

다음은 청소년기의 사회적인 개념도 함께 살펴보려 한다. 사회적 관점에서 청소년은 청년과 소년의 중간 단계이자 성인 이전 단계(독립 이전 단계)이다. 우리나라는 중 · 고등학생을 일컫는다. 과거에는 결혼한 사람을 성인으로 기준하였는데, 현대에는 독립된 사람을 성인이라 한다. 이에 따라 청소년은 독립 이전의 시기를 말하며 과거에 비해 부모로부터 독립하는 시기가 늦어짐에 따라 현대사회에서는 청소년기가 길어지고 있으며 이에 따른 다양한 문제가 생기고 있다.

Ⅱ. 청소년 발달의 특징

청소년기의 발달적 특징 중 신체적 특성을 먼저 살펴보겠다. 첫째, 청소년시기에 남자는 안드로겐, 여자는 에스트로겐의 호르몬이 증가한다. 이로 인해 제2차 성징의 변화가 나타난다. 남자는 고환과 음경이 발달하고, 턱수염이 나며, 여자는 가슴의 발달과 함께 골반이 발달하게 되고, 월경이 규칙적으로 시작된다. 이러한 신체적 변화는 모두 개인차가 있으며, 심리적 발달에도 영향을 준다. 둘째, 최근에는 신체적 성장이 빨라지고 있어 남자는 12~13세, 여자는 10~11세를 시작으로 신적 급성장이 일어난다. 키와 몸무게, 근육, 골격, 얼굴, 생식기 등 전반에 걸쳐 급성장하게 된다. 이러한 신체적 급성장 대게 초등학교 고학년에 시작되며 현대사회에서는 더욱 빨라지고 있다.

다음으로 심리적 특성을 살펴보면, 인지적으로 Piaget(1969)에 의하면 청소년 시기는 형식적 조작기 단계로 청소년 초기(12~14세)에는 지적발달 속도가 매우 빨라지다가 17~18세에 최고조에 달한다. 청소년기에 나타나는 인지적 특성을 총 4가지로 나누어보았다. 첫째, 구체적인 사물이나 경험이 없이도 추상적인 개념을 이해 할 수 있다. 이러한 추상적 사고는 구체적이고 현실적인 세계와 추상적이고 이상적인 것에 대해 구별이 가능하고, 정치, 사회, 인간관계, 철학, 자기 이해 등에 대하여 관심을 갖고 생각하게 한다. 둘째, 다양한 가능성을 가지고 문제를 해결 할 수 있다. 이는 과학적 추리를 할 수 있다는 것이며, 이런 논리적인 사고로 자신의 미래에 대해 생각할 수 있다. 하지만 이러한 논리적 사고는 청소년들에게는 불안이나 혼란을 갖게 되는 원인이 되기도 한다. 셋째, 어떤 문제에 대하여 가능성 있는 모든 해결책을 가지고 바람직하게 문제를 해결할 수 있는 조합적 사고가 자란다. 마지막으로, 자신이 바라거나 꿈꾸는 기준을 가지고 사고한다. 이러한 이상주의 사고는 부모나 사회에 대한 모순을 발견하여 부정적인 사고를 갖게 되는 경향이 있다. 또한 현실적인 문제를 보지 못하거나 대처하는 못하는 원인이 되기도 한다.

정서적 특성을 보면, 청소년기는 매우 불안하고 예민하다. 신체적으로는 어린이가 아니지만 완벽한 성인도 될 수 없는 모호한 역할과 지적 성장의 차이로 인한 열등감, 진로문제, 이성문제로 인해 매우 불안정한 정서가 나타난다. 이러한 불안이 해결되지 않으면, 품행 장애 등과 같은 이상행동으로 나타날 경우가 많이 있다. 또한 청소년 시기에는 신체와 정서의 급변화로 인해 자기중심적으로 사고하는 경향이 매우 높다. 다른 사람들이 자신을 보고 있을 거라는 생각에 외모에 관심이 많아지며, 다른 사람들의 관심을 받기 위해 자신의 행동을 과대 포장하여 표현하는 경우가 많이 있다. 그리고 나만의 독특성을 다른 사람들이 이해하지 못할 거라는 생각을 하기도 한다. 이러한 자기중심적인 사고는 긍정적인 사회 작용으로 인해 점차 사라지게 된다. Erikson(1963)에 의하면 청소년 시기는 '내가 누구인지', '내가 무엇을 좋아하는지', '무엇을 해야 하는지'를 통해 자신의 정체성을 찾아가는 시기로 긍정적인 자아 정체감을 형성하기 위해서는 부모로부터 심리적 독립, 자기 이해를 위한 탐색의 노력, 긍정적인 자기이해가 필요하다.

청소년기의 사회적 특성을 살펴보면, 청소년기에는 친구관계를 매우 중요하게 생각하고 집중한다. 따라서 주변 친구에 대한 중요성이 매우 높아진다. 친구 관계를 통해서 심리적인 안정감을 갖게 되고, 자신이 누구인지 정체감을 형성하게 된다. 또한 친구의 행동을 모방하거나 자신의 행동 기준으로 삼기도 한다. 부모, 학교, 사회로부터 심리적으로 독립하기를 원한다. 청소년 시기에는 신체적, 심리적, 인지적인 변화로 인해 스스로 적응하는 시간이 필요함과 동시에 자율성을 추구하고자하는 욕구가 강해진다. 자율성의 욕구를 충족하기 위해서 부모로부터 심리적 독립을 원한다. 이러한 욕구가 부모와의 갈등의 원인이 된다.

피아제와 에릭슨의 이론으로 간단히 정리해보면, Piaget(1969)의 인지적 발달단계에 따라 청소년기는 추상적인 사고를 통해서 자신의 미래에 대하여 생각하고, 논리적이고 조합적 사고를 통해서 자신의 미래를 구체화하고 현실적인 문제를 고려하여 해결하고자 하는 능력을 갖게 된다. Erikson(1963)에 심리사회적 발달단계 관점으로 보면, 청소년기는 자아발달의 5단계로 자아정체감 대 역할혼란의 위기를 겪는 시기이다. 청소년시기에는 자신이 누구인지에 대한 탐색을 통해 정체감을 형성하게 된다. Erikson(1963)은 진로의 선택과 한 직업에서의 헌신이 정체감 형성에 중요한 영향을 미친다고 하였다.

Ⅲ. 청소년기 심리운동 신체경험

우리나라의 청소년은 대부분의 시간을 학교와 학원 교육 공간에서 보내게 된다. 대학 진학을 위한 입시 준비에 올인 하기 때문이다. 우리 사회에서는 지속적으로 이러한 현상에 문제를 제기해 왔고, 교육과정을 개정하면서 대학수학능력시험이 서서히 바뀌어 가고 있다. 하지만 여전히 우리나라의 청소년은 과도한 경쟁위주의 입시구조로 인해 많은 스트레스를 경험하게 되고 삶의 질이 낮아지고 있다(조성회, 박소연, 2015). 입시를 준비에 중점을 두는 교육 현장에서는 학교 운동장이라는 공간의 중요성이 점점 떨어지는 듯하다. 특히 수도권 지역은 과도한 인구 밀집으로 인해 다양한 사회 문제가 발생되고 있다. 그 중 하나로 주차 공간의 부족이다. 자연스레 학교 내에서도 운동장을 주차 공간으로 사용하는 곳도 있고 아예 다른 공간으로 사용하기도 한다. 또한 1997년 고등학교 이하 각 급 학교 설립과 운영 규정에 의해 학교 운동장 설치가 탄력적으로 가능해짐에 따라, 학교 공간 정화 및 정보화사업 확보 등의 이유로 학교운동장은 축소되었고, 급기야 일부지역에서는 운동장 없는 학교마저 생기게 되었다(정진욱, 황예선, 오수일, 2010). 가뜩이나 대부분의 시간을 공부하는 데에 사용할 수밖에 없어 신체활동이 부족한 우리나라의 청소년은, 그들의 유일한 신체활동 공간인 운동장마저 빼앗기고 있는 듯하다.

또한 한국청소년정책연구원의 "2009 한국 아동 청소년 온라인 게임 및 가족 여가활동 실태조사" 보고서에 따르면 하루 2시간 이상 4시간미만 게임을 한다고 답한 청소년은 평일에 10.9%, 공휴일이나 일요일에는 23.3%에 달했다. 10여년이 넘게 흐른 지금은, 학습하는 시간 이외에 게임뿐만 아니라 각종 영상매체를 시청하거나 소셜미디어 활동에 많은 시간을 사용한다. 이러한 점을 볼 때 신체 활동을 하기에 문화&환경적으로 열악한 상황에 처해있다.

2019년 겨울, 전 세계를 강타한 코로나 바이러스는 2022년 현재에도 여전히 지속되고 있다. 바이러스의 전염을 막기 위한 여러 조치 중 하나가 바로 "단절"이었다. 사람들과 직접적인 소통의 기회가 줄어들고 만남의 장이 축소되었으며 개인주의 문화는 더욱 강화 되었다. 이러한 점은 청소년에게도 영향을 미쳤는데, 학교 수업이 온라인 수업으로 대체 되어 자연스레 또래와의 직접적인 상호작용과 소통의 기회가 줄어들었다. 청소년들은 이제 학교 수업보다는 줌이라는 매체를 통한 온라인 수업에 익숙하다. 바이러스를 막기 위한 국가적 통제뿐만 아니라, 청소년기에 필연적으로 부딪치게 되는 부모의 사회적&심리적 통제의 경험으로 인해 청소년들은 사회적인 불안을 경험하게 되고 통제의 수준이 높을수록 그 불안도 크다는 것이 청소년 연구의 결과로 나타났다(최은경, 2017). 최근에 심각한 문제로 대두되고 있는 청소년 자살에 청소년의 낮은 자아 존중감과 이로 인해 발생하는 우울감이 영향을 미치고 있으며, 청소년의 낮은 자아 존중감과 우울감은 청소년들의 신체활동에 영향을 받는다.

현재 우리나라 청소년은 발달상의 특성과 더불어 입시 위주의 교육 과정, 바이러스의 위기가 가져온 시대적 상황 속에서 신체적, 심리적, 정서적인 문제를 다각도로 겪고 있다. 청소년들에게 규칙적인 신체활동을 제공하면, 정신건강에 긍정적인 영향을 미치므로 청소년의 자아 존중감은 높아지고 우울감이 낮아진다고 연구 되었다(이학권, 지준철, 2018). 심리운동을 통한 움직임 동작들은 풍부하고 긍정적인 정서조절 능력을 만들 수 있으며, 문제해결의 가능성을 찾도록 자극하며 새로운 경험과 정보를 뇌 신경 연결망 속으로 통합하고 정착시켜 인간의 지적능력들을 일깨우고 활성화 시킴으로써 학습과 밀접한 관련이 있는 사고를 촉진시킨다(김성운, 김우철, 김한철, 2017). 때문에 학습 문제를 겪고 있는 청소년들에게도 도움이 될 것으로 보인다. 심리운동 프로그램에 참여하는 이들은 움직임을 통해 자기를 전달하게 되고, 의사소통과 상호작용을 통해 놀이를 변화 시키며 스스로 역할과 규칙을 만들며 즐거움을 찾아간다. 이러한 과정 속에서 자신과 타인에 대한 이해와 객관적 평가가 증진되며, 의사소통능력과 사회성이 발달되고 집단 내에서 자신을 조절하는 능력을 함양하게 된다(김미연, 2018). 또한 심리운동이 청소년 스스로의 자발적 동기와 자기결정력을 강조한 내부로부터의 중재를 시도하기 때문에, 일반 체육을 통한 접근과는 차별화 된다(김일명, 2017) 이에 따라 청소년기 심리운동 신체경험은 청소년의 다양한 문제로 야기되는 부정적인 감정과 에너지를 표출하여 해소시켜주고, 긍정적인 자기개념을 가질 수 있도록 도움을 주는 적절한 수단이라고 생각한다.

프로그램 #1: 콩주머니를 옮겨라

가. 목표 : 신체지남력 향상

나. 준비물 : 콩주머니

다. 지원영역 : 신체운동감각, 신체조절

라. 놀이방법

신체의 다양한 부위를 사용하여 콩주머니를 떨어뜨리지 않고 목표지점에 빨리 옮긴다.

처음에는 무릎 사이에 콩주머니를 놓아 떨어뜨리지 않게 잡고 가본다. 점점 난이도를 올려서 허벅지, 어깨 위, 머리 위로 콩주머니를 올려두고 목표지점까지 이동하여 바구니 안에 콩주머니를 옮겨본다.

마. 기대효과

콩주머니가 신체 위에 올려져 있는 것을 느끼며 동시에 신체지남력을 자극한다.

바. 놀이 확장하기

콩주머니 외에 다양한 물건을 사용해본다. 예를 들어 청소년들이 주로 가지고 다니는 필통을 옮겨도 된다. 목표지점을 그림과 같이 평탄하게 하거나 바구니를 써본다. 물건을 잡은 상태에서 앞으로 가는 대신에, 뒤로 가거나 옆으로 가게 함으로써 신체 위치 감각을 다양하게 자극해본다.

프로그램 #2: 줄 피하기 놀이

가. 목표 : 신체지남력과 사회성 향상

나. 준비물 : 줄

다. 지원영역 : 신체운동감각, 대소근육, 사회성

라. 놀이방법

줄을 돌리는 사람 1명과 피하는 사람 1명으로 또는 여러 명으로 놀이가 가능하다. 줄을 피하는 사람은 재빠르게 줄이 발에 닿지 않게끔 두 발로 점프하여 피해 본다. 줄을 피하는 사람끼리 손 또는 다양한 물건을 잡고 함께 피해 본다.

마. 기대효과

신체운동감각과 대근육을 자극하며 순발력을 기른다, 또한 주의집중력 개선하고 사회성을 기른다.

바. 놀이 확장하기

줄을 피하는 사람은 처음에는 두 발로 피해보고, 나중에는 한발 또는 다른 무언가를 잡은 상태에서 함으로써 대소근육을 더 자극하며 신체의 위치 감각을 다양하게 자극한다. 피하는 방법 또한 자유롭게 설정이 가능하다. 예를 들어 꼬마야 꼬마야 노래에 맞춰 만세를 하면서, 뒤로 돌면서, 땅을 짚어보는 것이다.

프로그램 #3: 짐볼과 한 몸 되어 달리기

가. 목표 : 신체지남력과 사회성 향상

나. 준비물 : 짐볼 또는 큰 공

다. 지원영역 : 신체운동감각, 고유수용감각, 사회성

라. 놀이방법

두 사람은 한 팀이 되어 짐볼을 두 손으로 잡고 정해진 목표지점까지 짐볼을 떨어뜨리지 않고 옮겨 본다. 참가자 인원은 짐볼의 경우 3명 정도까지는 적당하며 공의 크기에 따라 인원을 적절하게 조절 할 수 있다. 처음에는 두 손으로 해보고 성공 경험을 한 뒤에 등, 배, 한 손으로 잡고 옮겨 본다.

마. 기대효과

신체지남력과 고유수용감각을 자극하며 사회성을 기른다.

바. 놀이 확장하기

심리운동사가 호루라기 또는 상황에 맞게 신호를 주면, 참가자들은 짐볼을 옮기는 도중에 짐볼을 잡고 있는 부위를 바꾸어본다. 또는 한 사람은 눈을 감게 하며 함께 협동하며 짐볼을 옮겨보게 한다. 청각, 위치감각을 다양하게 자극할 수 있다.

프로그램 ##4: 신발 던지기 놀이

가. 목표 : 신체지남력 향상

나. 준비물 : 신발 또는 실내화

다. 지원영역 : 신체지남력, 고유수용감각, 협응력

라. 놀이방법

참가자는 자신의 신발을 발에 살짝 걸치게 두어 시작 지점에 선다. 그리고 신발을 자신이 할 수 있는 한 멀리 보내본다. 처음에는 멀리 보내는 것을 시작으로 목표지점을 정한 뒤 그 지점에 최대한 가깝게 자신의 신발을 두도록 해본다.

마. 기대효과

신체지남력, 고유수용감각 자극, 신체 조절하기

바. 놀이 확장하기

신발을 발에 걸쳐 두지 않고, 자신의 앞에 가지런히 둔다. 심리운동사가 오른손을 들면 오른쪽 발에 신발을 걸쳐 멀리 보낸다. 또는 반대로 설정하여 심리운동사가 오른손을 들면 왼쪽 발에 신발을 걸쳐 멀리 보낸다. 이로써 주의집중력을 더욱 끌어올려 놀이의 난이도를 높여 볼 수 있다.

프로그램 #5: 터널 공 옮기기

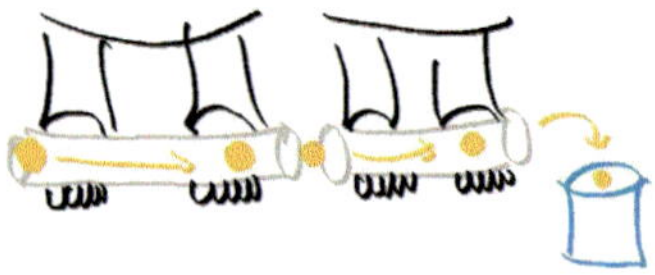

가. 목표 : 신체지남력, 사회성 향상

나. 준비물 : 파일, 탁구공

다. 지원영역 : 신체지남력, 소근육, 신체협응 및 사회성

라. 놀이방법

각자 파일을 말아서 손으로 터널을 만든다. 만든 터널을 서로 이어서 붙인다. 터널 안에 탁구공을 넣고 함께 터널 안으로 공을 움직이게 하여 바구니 안에 골인 시키는 놀이이다. 터널 사이에 빈틈이 없도록 해야 하고 협동심이 많이 필요한 놀이이다.

마. 기대효과

신체지남력과 소근육을 자극하고 사회성을 함양한다.

바. 놀이 확장하기

심리운동사가 중간에 호루라기를 불면 방향을 바꾸어 반대쪽 바구니 안에 공을 집어넣어야 한다. 청각적 자극을 처리하며 빠르게 판단해서 공을 옮겨야 하고 팀원들 간의 협동심 또한 더욱 필요하다. 호루라기 소리에 따라 방향을 수시로 바꾸게 하면 더 높은 수준의 협응력이 필요하다.

프로그램 #6: 키질 놀이

가. 목표 : 신체지남력 향상

나. 준비물 : 계란판, 호두나 호두크기의 공 또는 물체

다. 지원영역 : 신체운동감각, 소근육, 고유수용감각

라. 놀이방법

처음에는 계란판 한 줄에 각각 호두알을 하나씩 둔다. 그리고 두 손으로 계란판을 잡고 키질을 하듯이 판을 위로 올려 호두알이 떠 있는 상태에서 빠르게 계란판을 뒤집어 돌려 그대로 호두알을 받는다. 수준에 맞추어서 호두알의 개수를 늘리거나 줄여본다.

마. 기대효과

신체운동감각과 협응력, 소근육 조절과 고유수용감각을 자극한다.

바. 놀이 확장하기

정해진 지점을 세우고 천천히 걸어가면서 같은 방법으로 호두알을 받아본다. 이를 통해 신체의 방향을 조절하고 위치 감각을 자극한다.

프로그램 #7: 연필을 던져라

가. 목표 : 고유수용감각, 신체지남력 촉진

나. 준비물 : 바구니, 연필

다. 지원영역 : 신체지남력, 고유수용감각, 소근육

라. 놀이방법

참가자는 시작 지점에 서서 연필을 손으로 잡고 정해진 지점에 놓인 바구니 안에 던지는 놀이이다. 전통 놀이인 투호와 비슷한 놀이이다. 연필이 아니더라도 청소년들이 자주 쓰는 물건을 사용해도 좋다.

마. 기대효과

고유수용감각과 신체지남력을 향상시킨다.

바. 놀이 확장하기

한발로 서서 또는 흔들리는 밸런스 보드 위에 서서 연필을 던짐으로써 신체의 위치 감각을 더욱 자극하고 균형 감각 또한 자극한다.

프로그램 #8: 과녁판을 양말로 맞춰라

가. 목표 : 고유수용감각, 신체지남력 촉진

나. 준비물 : 양말, 과녁판

다. 지원영역 : 신체지남력, 고유수용감각, 소근육

라. 놀이방법

참가자는 시작 지점에 서서 양말을 바닥에 있는 과녁판에 던진다. 과녁판에는 점수가 써져 있고 큰 점수를 내는 사람이 이긴다. 한 사람당 던질 수 있는 기회나 양말의 개 수, 시간에 제한을 두어 극적인 재미를 유발하면 좋다. 양말이 없다면 다른 물체를 이용해도 좋으나 잘 굴러가지 않는 물체를 권장한다.

마. 기대효과

신체운동감각과 지남력을 촉진하며 고유수용감각을 키운다.

바. 놀이 확장하기

한 발로 서서 또는 흔들리는 밸런스 보드 위에 서서 양말을 던짐으로써 신체의 위치 감각을 더욱 자극하고 균형감각 또한 자극한다.

프로그램 #9: 늦게 내는 가위바위보

가. 목표 : 주의력 및 소근육 자극

나. 준비물 : 없음

다. 지원영역 : 주의력, 소근육, 신체운동감각

라. 놀이방법

두 명이 마주 보고 앉거나 서서, 상대방이 내민 손의 모양을 보고 미리 정해 둔 순서에 맞게 가위, 바위, 보 중에 하나를 내야 하는 놀이이다. 예를 들면 놀이 시작 전에 무승부-승리-패배 순서로 가위, 바위, 보를 맞춰서 내는 것이다. 처음에 상대방이 가위를 내밀었다면, 첫 번째 순서였던 무승부를 만들어야 하므로 가위를 똑같이 내면 된다.

마. 기대효과

주의력을 키우고 신체운동감각을 촉진한다.

바. 놀이 확장하기

상대방이 손을 내밀 때 다른 모양을 말해보며 청각적인 정보도 처리할 수 있도록 해본다. 예를 들어 상대방이 가위를 내는데 "보"라고 말하는 것이다. 이때 보를 내는 것이 아니라 상대방의 손 모양을 보고 빠르게 판단하여 순서에 맞게 손 모양을 내야 한다.

프로그램 #10: 데칼코마니

가. 목표 : 정서 조율 및 사회성 함양

나. 준비물 : 없음

다. 지원영역 : 정서 및 사회성

라. 놀이방법

보이지 않는 거울을 사이에 두었다 생각하고 두 사람은 서로 마주 보고 선다. 행동, 몸짓, 표정을 만들 사람과 따라할 사람을 정한다. 한 사람이 행동, 몸짓, 표정을 자유롭게 만들면 상대방은 마치 데칼코마니처럼 그대로 따라하는 놀이이다. 본격적인 심리운동 프로그램 전 구성원간 친밀감을 높이고 긴장을 풀어주는 준비 활동을 활용해본다.

마. 기대효과

상대방의 행동, 몸짓, 표정을 모방함으로써 정서적 조율을 하고 사회성을 함양한다.

바. 놀이 확장하기

표현자의 행동, 몸짓, 표정을 따라할 때 모방자는 표현자의 행동이나 표정 등에서 어떤 감정이 드러나는지 보고 이야기해본다.

프로그램 #11: 닭싸움 변형

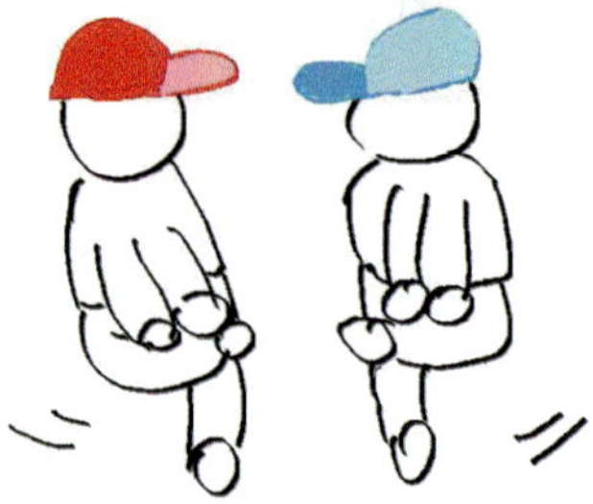

가. 목표 : 대근육 자극 및 신체지남력 향상

나. 준비물 : 모자

다. 지원영역 : 균형감각, 신체운동감각

라. 놀이방법

닭싸움 자세를 취한 두 사람은 정해진 규격의 공간에서 서로를 밀어내는 것이 아니라 상대방이 쓴 모자를 먼저 빼앗는 사람이 이긴다. 잡고 있는 발이 바닥에 닿거나 규격을 벗어나면 지게 된다.

마. 기대효과

한쪽 다리로 서서 이동해야 하므로 균형감각과 신체운동감각을 자극하며, 신체를 조절하는 능력을 키운다.

바. 놀이 확장하기

심리운동사의 호루라기 소리에 따라 하던 것을 멈추고 얼음으로 5초간 변신해야 한다. 청각적 자극을 처리하면서 동시에 잠시 멈추어야 하는 시간을 통해 신체의 협응력과 균형감각을 더욱 자극한다.

프로그램 #12: 풍선 지뢰를 피해라

가. 목표 : 신체지남력 촉진

나. 준비물 : 풍선

다. 지원영역 : 신체운동감각, 고유수용감각, 균형감각

라. 놀이방법

술래를 한 명 정하고 잡기놀이를 하는데, 사용하는 공간에 맞게 시작할 때는 풍선을 조금만 둔다. 이때 도망자들은 풍선을 건들거나 풍선에 닿으면 술래가 되며, 술래와 손을 잡고 다른 사람들을 잡으러 다닌다. 풍선 개 수를 적절한 난이도로 올려서 공간 안에 둔다. 술래가 점점 많아 질 경우 그룹을 쪼개어 다니게 한다.

마. 기대효과

풍선과 술래를 피해 도망감으로써 신체운동감각, 균형감각을 자극하고 키운다.

바. 놀이 확장하기

심리운동사는 부채를 이용해 풍선을 이리저리 움직이게 함으로써 참여자들로 하여금 보다 높은 수준의 민첩성과 순발력을 발휘하도록 한다.

프로그램 #13: 풍선 터뜨리기 놀이

가. 목표 : 신체지남력 향상 및 사회성 함양

나. 준비물 : 풍선

다. 지원영역 : 신체운동감각, 촉각, 사회성

라. 놀이방법

인원에 제한은 없으며 팀을 상황에 맞게 나눈다. 각 팀은 동시에 풍선을 터뜨리면 돌아다닌다. 풍선을 터뜨릴 때 손, 발, 엉덩이 등 신체의 다양한 부위를 모두 사용하도록 한다. 시간에 제한을 두고 많이 터뜨리는 팀이 이기게 된다.

마. 기대효과

촉각을 자극하고, 시각운동능력을 협응시킨다. 팀으로 하는 놀이를 통해 협동심을 기른다.

바. 놀이 확장하기

심리운동사가 색깔을 말해주면서 그 순서에 맞게 풍선을 터뜨리게 해본다. 청각적 자극을 동시에 처리하며 협응 능력을 더욱 조절한다.

프로그램 #14: 꼬리잡기 변형

가. 목표 : 신체운동감각 자극 및 사회성 함양

나. 준비물 : 꼬리에 둘 물체, 마커판

다. 지원영역 : 신체지남력, 사회성

라. 놀이방법

꼬리잡기 대형으로 팀을 나누어 마주 보게 선다. 맨 뒤 꼬리에게는 풍선 또는 상황에 맞는 물체를 매달거나 붙여둔다. 시작과 동시에 상대방의 꼬리 뒤에 있는 물체를 맨 앞사람이 떼어내면 이긴다. 꼬리 뒤에 물체를 붙이기 어렵다면 모자를 쓰게 하거나 옷 등을 허리에 둘러 묶어 모자나 옷을 떼어내도 좋다.

마. 기대효과

너와 나의 경계를 확인함과 동시에 서로 의지하는 경험을 가진다, 신체운동감각을 자극한다.

바. 놀이 확장하기

바닥에 마커판을 몇 개 두고 심리운동사가 호루라기를 불면 팀원 모두가 한 번씩 밟고 지나가게 하거나 큰 훌라후프를 동시에 지나가게 하여 청각적 자극을 동시에 처리함으로써 더 높은 수준의 집중력, 협응력이 요구된다.

프로그램 #15: 사방 줄다리기

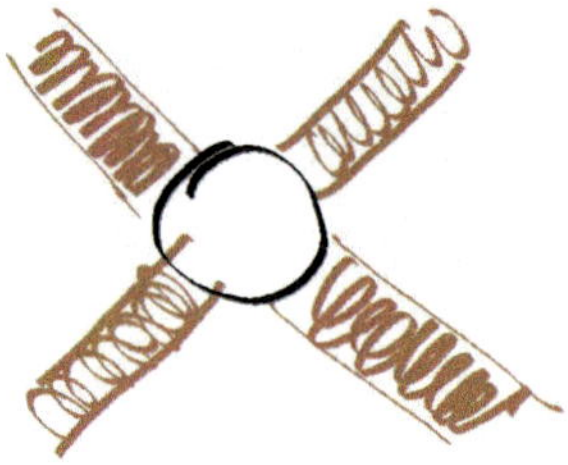

가. 목표 : 신체운동감각 자극 및 사회성 함양

나. 준비물 : 줄, 고리

다. 지원영역 : 신체운동감각, 사회성

라. 놀이방법

팀을 3~4개로 나눈 뒤에, 큰 고리에 줄을 팀 개수에 맞게 묶어서 고정한다. 3~4개 팀의 구성원 모두 동시에 서서 줄을 잡는다. 시작 소리에 맞춰 힘을 주어 줄을 당기고 제한된 시간 안에 고리를 가장 가깝게 당긴 팀이 이긴다. 인원이 많이 필요한 놀이이므로 단체 놀이로 활용해본다.

마. 기대효과

신체운동감각과 대소근육을 자극하고 팀원이 하나가 되어 함께 활동함으로써 협동심을 키운다.

바. 놀이 확장하기

한 팀씩 순서를 정한 뒤 심리운동사가 호루라기를 불면 참가하는 팀의 구성원 모두 동시에 한손을 떼고 힘을 버티다가 다시 호루라기를 불면 두 손으로 잡아 줄을 당겨 본다.

프로그램 #16: 짐볼 릴레이

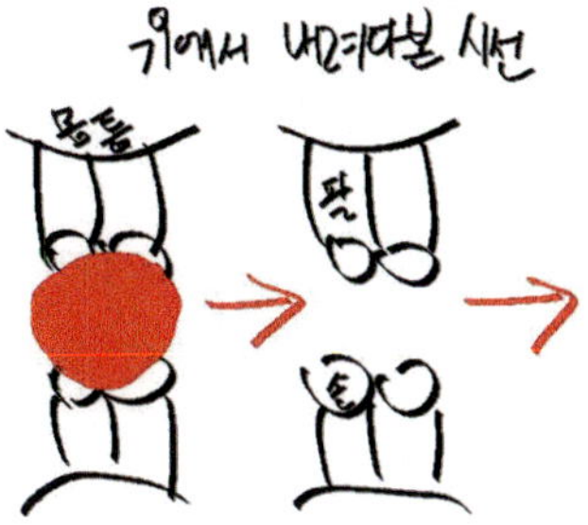

가. 목표 : 신체운동감각, 대소근육 자극, 사회성 함양

나. 준비물 : 짐볼

다. 지원영역 : 신체지남력, 사회성

라. 놀이방법

두 명씩 한 줄로 선 뒤에 서로 마주보게 한다. 이런 대형으로 여러 명이 옆에 쭉 서본다. 그 후에 짐볼을 들고 처음부터 끝에 있는 사람에게 짐볼을 전달한다. 짐볼이 없다면 다른 공이나 물체를 이용해도 좋으나 큰 사이즈의 공을 권장한다.

마. 기대효과

신체운동감각과 대소근육을 자극하고 함께 하는 놀이를 통해 사회성을 함양한다.

바. 놀이 확장하기

심리운동사가 호루라기를 불면 짐볼을 시작점으로 다시 보내거나 한발을 들고 서서 해본다. 청각적 자극을 동시에 처리하고 균형감각과 위치감각을 더욱 자극한다.

프로그램 #17: 지압판 달리기 대결

가. 목표 : 촉각, 신체운동감각 자극

나. 준비물 : 지압판

다. 지원영역 :신체운동감각, 대근육

라. 놀이방법

바닥에 지압판을 깔아서 개인 대결 또는 팀 대결로 달리기 시합을 해 본다. 지압판의 촉각 자극을 최대한 경험하고 버티면서 빠르게 먼저 도착해보도록 한다.

마. 기대효과

촉각과 신체운동감각을 자극하고 촉진하며, 대근육의 힘을 키운다.

바. 놀이 확장하기

달리고 있을 때 심리운동사가 호루라기를 한번 불면 옆으로, 두 번 불면 뒤로, 세 번 불면 앞으로 달리는 규칙을 세워 청각적 자극을 동시에 처리하면서 신체의 다양한 위치 감각과 전신을 골고루 자극한다.

프로그램 #18: 협동 제기차기

가. 목표 : 신체지남력, 고유수용감각 촉진, 사회성 함양

나. 준비물 : 큰 천이나 파라슈트

다. 지원영역 : 신체운동감각, 고유수용감각, 사회성

라. 놀이방법

큰 천이나 파라슈트 도구를 활용하여 그 위에 가벼운 공을 올린다. 제기차기처럼 제기를 위로 계속 올려 차듯이, 다 같이 천 끝을 잡고 공을 위로 올려서 다시 파라슈트로 받아본다. 공이 떨어지지 않도록 주의를 기울인다.

마. 기대효과

신체운동감각과 고유수용감각을 촉진하고 협동심을 발휘 함으로써 사회성을 함양한다.

바. 놀이 확장하기

팀원 모두 정해진 지점까지 걸어가면서 해본다. 이를 통해 신체의 다양한 위치 감각과 전신을 골고루 자극한다.

프로그램 #19: 자루 술래잡기/릴레이 달리기

가. 목표 : 신체지남력, 균형감각 자극

나. 준비물 : 자루

다. 지원영역 : 신체운동감각, 균형감각

라. 놀이방법

자루 안에 참가자는 들어간 상태에서 참가자는 자신의 자루를 잡고 함께 술래잡기를 하는 놀이이다. 자루 릴레이 달리기로 변형도 가능하다. 정해진 지점까지 자루를 잡고 달려가고 다시 시작점으로 돌아와 다음 사람과 터치하며 릴레이 달리기를 한다.

마. 기대효과

신체운동감각과 균형감각, 대근육을 자극한다.

바. 놀이 확장하기

자루 릴레이 달리기를 할 때 심리운동사가 호루라기를 한번 불면 잠시 얼음으로 변신하여 5초간 정지하고 움직이지 말아야 한다. 호루라기 소리라는 청각적 자극을 동시에 처리하며 신체를 조절해보도록 한다.

프로그램 #20: 2인 3각 술래잡기/ 릴레이 달리기

가. 목표 : 신체지남력 향상, 사회성 함양

나. 준비물 : 줄

다. 지원영역 : 신체협응력, 민첩성, 순발력, 사회성

라. 놀이방법

두 명은 한 팀이 되어 서로의 발목을 묶는다. 이 상태에서 술래잡기를 실시한다. 술래 또한 두 명이 한 팀이 되어 이동해야 하고 잡힌 팀이 술래가 된다. 정해진 지점까지 2인 3각으로 달려간 후 다시 시작점으로 돌아오며 릴레이 달리기를 해 본다.

마. 기대효과

신체운동감각과 균형감각을 자극한다. 서로 한 팀이 됨으로써 너와 나의 신체 경계를 구분하고 동시에 의지하는 경험을 가진다.

바. 놀이 확장하기

달리기 시에 심리운동사가 호루라기를 한번 불면 옆으로, 두 번 불면 뒤로 가게 한다. 청각적 자극을 동시에 처리하며 신체의 다양한 위치감각을 자극한다. 호루라기가 없다면, 박수 소리를 이용해도 좋다.

달리는 중간에 여러 방해물을 두어 넘어가게 함으로써 신체균형감각도 자극해본다. 또는 한 명은 눈을 감고 가게 함으로써 상대방을 더욱 의지하는 경험을 가져본다.

(4) 노년기 프로그램

Ⅰ. 노년기의 정의 및 개념

노년기의 나이를 몇 살부터 규정하는 지에 대한 견해는 다양하다.

'고용상 연령차별금지 및 고령자고용촉진에 관한 법률'에서는 55세, '국민연금법'에서는 노령연금수급권자를 60세로, 그리고 '고령인구의 비율구성'은 65세를 기준으로 노년기의 시작점을 규정하고 있다.

사람이 나이가 들면서 신체적. 정신적으로 기능이 감퇴하면서 노화가 이루어지는데 신체의 노화와 심리적인 고독을 겪으면서 사회적 참여의 기회를 상실하는 65세 이상의 사람을 노인이라고 부른다(류인권, 2012).

Ⅱ. 노년기 변화와 특징

1. 신체적 변화

1) 노화

나이가 들어 생물의 성질이나 기능이 쇠퇴하는 것을 노화라고 한다. 흰머리가 생기고 주름이 생기며 치아의 상실이 생기고 시력의 저하과 청각기능이 약화된다.

2) 노인성 질환

사람이 나이가 들면서 각종 기능이 약화되거나 질병에 어려움을 겪게 되는 경우가 많다. 특히 뇌기능 장애로 지적능력이 상실되어 어려움을 겪는 치매와 도파민계 신경이 파괴되어 평형유지가 힘든 파킨슨병에 시달리는 경우가 많다.

2. 인지의 변화

1) 지능의 변화(Schaie의 종단연구)

연령에 따라 지적능력의 변화가 이루어지고 있고 그 변화의 차이는 개인에 따라 차이가 크다. 유동성 지능은 25세 이후로 감소를 보이지만 결정성 지능은 학습의 정도에 따라 70대 후반 부터 점진적 감소가 이루어진다고 한다.

2) 기억력의 변화

단기기억과 장기기억이 감퇴 되면서 기억력에 변화가 일어난다. 나이가 들면서 깜박깜박 잊는 현상이 생길 때 노인들은 치매가 아닌가 걱정이 되고 스트레스를 받는다.

3. 심리사회적 특징

1) Erikson(에릭슨)의 노년기의 발달과업 인 통합성 대 절망

(1) 사람은 나이가 들어 노년기에 들어서면 자신이 살아온 삶을 되돌아보게 된다. 그 순간에 자신이 살아온 삶이 의미가 있었다고 인식한다면 만족이라는 긍정적 감정을 느끼게 된다. 그리고 남은 삶은 아무런 동요가 없이 평온하게 살게 되고 죽음조차도 유연하게 받아들일 수 있게 되는데 이러한 삶을 통합을 이루는 삶이라고 한다.

(2) 만약에 통합성을 이루지 못한 삶을 살게 되었다면, 인생을 헛살았다는 느낌을 갖게되고 절망감, 우울감을 경험하고 죽음에 대해 불안감을 느끼게 된다.

(3) 통합을 이루기 위해서는 자신이 살아온 삶을 인정하고 수용한다. 실패보다는 성공에 비중을 두고 적극적인 삶을 산다. 남은 삶도 활동적이고 창조적이며 적극적인 삶을 살도록 도전해야 한다.

(4) Peck은 에릭슨의 통합성을 이루기 위한 발달과업을 다음과 같이 제시하

였다.

① '자신의 역할에 대한 재정의' 은퇴 후 자존감이 추락하지 않도록, 다른 역할을 찾아 그 안에서 자신의 가치와 의미를 찾으며 자신에 대한 재 정립이 필요하다.

② '신체초월 대 신체몰두'

감퇴하는 신체를 바라보며 절망감에 빠지지 않도록 타인과 친밀한 관계를 맺고 관심을 기울일 수 있는 활동을 찾는다.

③ '자아초월 대 자아몰두'

불가피한 죽음을 수용하고 건설적으로 직면하기 위해 젊은 세대의 안녕과 행복에 기여함으로써 죽음을 넘어선 미래를 찾는다.

Ⅲ. 노년기 심리운동 신체경험

1. 노년기 심리운동의 개념

노화. 은퇴. 상실을 경험하면서 자존감이 낮아지고 부정적인 감정에 노출된 노인들에게 건강한 노화를 돕고 통합적인 사고를 통해 높은 자존감을 가지고 편한하게 남은 생을 살아가도록 돕는다.

2. 이론적 배경

1) 노인의 기대수명이 길어졌다.

① 2000년에 고령화 사회에 진입. 65세 이상의 고령인구 비율 14.3% 2026년 초고령화 사회 도달 예측. 65세 이상 고령인구 비율 20.8%(통계청, 2010)

② 노년기가 인생의 1/3가량에 해당 될 만큼 길어졌고, 기대수명이 길어졌다.

③ 인지적 향상 훈련은 노인들의 감퇴 된 인지능력을 증가시키고 심지어 이전의 성취를 능가하게 만들었다(Schaie & Wills, 1996).

이러한 특징을 가지고 있는 노인들은 신체적. 인지적 기능을 유지하며 큰 병치레 없이 행복하게 노년기를 보내다가 생을 마감하는 것이 노인들의 바램이다. 노인의 성공적인 노화와 노인들의 바램을 이루기 위해 심리운동을 통해 신체적 기능과 인지적 기능에 도움을 주는 프로그램을 진행한다.

2) 에릭슨의 노년기의 발달과업 인 통합성 대 절망

Erikson은 노년기의 발달단계에서 '통합성 대 절망'의 심리사회 위기를 경험한다고 하였다. 이 이론의 의미는 노인들이 자신이 살아온 삶을 되돌아 보면서 느끼는 감정인데, 자존감이 높은 사람은 자신의 살아온 삶이 비록 실패가 있어도 그 자체를 인정하고 수용하면서 '잘 살았다. 나의 최선의 선택이었다' 라는 긍정적이 의미를 부여하기 때문에 통합을 이루게 되고, 남은 삶도 긍정적인 생각을 가지고 행복을 선택하게 된다. 이렇게 통합을 이루는 사람은 죽음에 대해서도 두려워하지 않고 편안하게 받아들일 수 있는 사람이다.

3) 노인의 자존감

노인의 자아존중감은 노화에 의해서도 부정적인 영향을 받으며, 노인에 있어서 기억력 상실, 시력과 청력의 감소, 신체적인 변화들로 부정적인 자아개념을 가지게 되고 심리에도 영향을 미쳐서 불안, 초조, 자신감의 저하를 가져올 뿐만 아니라 심지어는 자살로 연결되기도 한다(김양순, 2003).

자아존중감은 인간이 자신의 삶을 자기답게 살아갈 수 있는 힘이고 행복한 삶을 선택해서 살아갈 수 있는 힘이다. 신체적. 인지적. 사회적으로 노화.상실을 겪고 주변의 친구들의 죽음을 보면서 외로움, 불안, 두려움등 부정적인 정서를 느끼면서 자존감이 낮아진 노인들에게 자존감을 높여주어 편안하고 행복하게 삶을 마무리할 수 있도록 돕는다.

3. 노인 심리운동 신체경험의 중점요인

노년기의 특성을 고려한 노인 중심의 심리운동의 원리(키파드 연구소, 2018).

첫째, 노인의 신체적, 심리적 특성을 고려하여 단순하고 움직임에 부담감을 느끼지 않는 심리운동으로 구성한다.

둘째, 노인들이 자신의 살아온 삶이 의미가 있었음을 재인식시킴으로써 자존감을 세워주고 긍정적인 자아개념을 가지게 하여 남은 삶을 편안하게 살아 갈 수 있도록 심리운동을 구성한다.

예를 든다면, '과거 회상'을 하면서 가슴에 묻어두었던 부정적인 정서들을 정화하고, 사건.사고들에 긍정적인 의미를 재정의 함으로써 자존감을 향상시킨다. 또, '행복했던 순간'들을 떠 올려보면서 과거에 느꼈던 긍정적인 감정을 재경험하게 함으로써 긍정적인 정서를 갖도록 한다. '성공했던 경험'을 나누면서 성취감을 느끼게 함으로써 자신의 삶이 의미있고 가치 있었음을 인식하도록 한다.

셋째, 노인이 두려워하는 치매예방을 위한 인지적능력 향상을 위한 프로그램을 진행한다. 종이접기, 색칠하기 등 만들기에 중점을 두고 옛 추억을 기억하는 놀이나 노래나 게임을 진행한다.

Ⅳ. 심리운동 신체경험 프로그램

프로그램 #1: 산책하기

가. 목표 : 유산소 운동으로 건강에 도움주기, 긍정적 자아통합

나. 준비물 : 모자, 물, 손수건

다. 지원영역 : 정서영역, 사회성영역

라. 방법

· 복장 준비하기

· 산책 코스 의논해서 정하기

· 규칙 알려주기

마. 기대효과

친밀감. 긍정정서 함양

바. 확장하기

· 네잎크로바 찾기

· 찾은 개수 세보기

· 네잎크로바의 의미알기

· 네잎클로바에 얽힌 이야기 나누기

· 행운이라고 느꼈던 삶의 경험을 이야기 하기

프로그램 #2: 회상활동-나의 살던 고향은

가. 목표 : 긍정적 자아통합

나. 준비물 : 4절도화지, 크레파스, 잡지, 풀, 가위

다. 지원영역 : 정서영역

라. 방법

· 눈을 감고 '고향의 봄' 노래를 듣는다.

· 떠오른 기억을 도화지에 그리거나 잡지에서 오려 붙인다.

· 돌아 가면서 이야기를 나눈다.

마. 기대효과

긍정적인 정서 함양. 긍정적 자아 통합

바. 확장하기

· 가장 행복했던 순간을 떠올려 보고 나누기

프로그램 #3: 오재미 던지기

가. 목표 : 신체기능 향상

나. 준비물 : 오재미, 통

다. 지원영역 : 정서영역, 신체영역, 사회성 영역

라. 방법

· 팀을 나눈다.

· 통안에 오재미를 던져서 넣는다.

· 어느 팀이 많이 넣는지로 승부를 결정한다.

마. 기대효과

신체적인 기능이 향상. 친밀감형성. 긍정적인 정서 함양. 긍정적 자아 통합

바. 확장하기

· 두명씩 짝을 이루어 오재미 놀이

· 오재미 줍기

프로그램 #4: 꽃밭 가꾸기

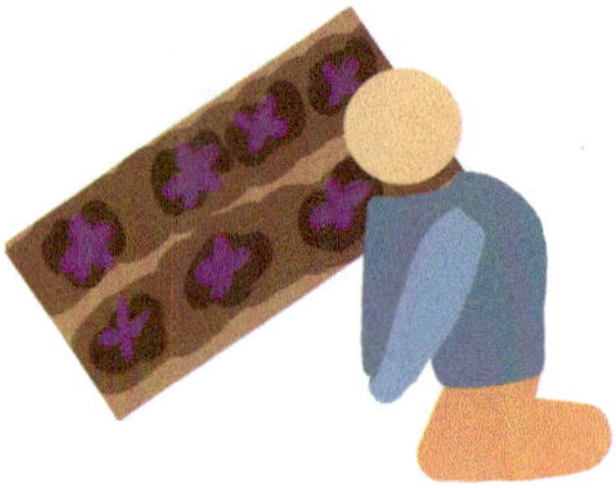

가. 목표 : 긍정적 자아통합

나. 준비물 : 호미, 꽃씨, 화분

다. 지원영역 : 정서영역, 사회성영역

라. 방법

· 자신이 가지고 있는 꽃씨에 대해서 이야기를 나눈다 (꽃말).

· 꽃과 관련된 경험담을 나눈다.

· 꽃밭에 꽃씨를 뿌리거나 꽃모종을 심는다.

· 푯말을 세운다.

· 꽃이 자라는 것을 관찰하고 지켜본다.

마. 기대효과

꽃이 자라는 것을 바라보며 희망을 가지기

바. 확장하기

· 화분가꾸기

프로그램 #5: 윷놀이

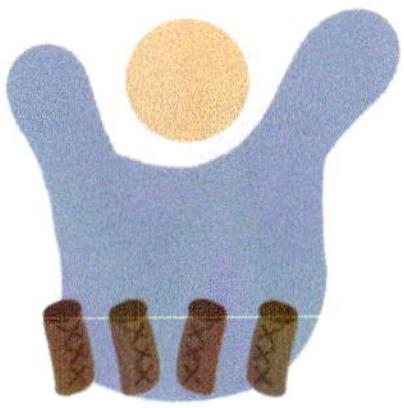

가. 목표 : 긍정적 자아통합

나. 준비물 : 윷, 윷판, 말

다. 지원영역 : 정서영역, 인지영역, 사회성 영역

라. 방법

· 편을 가른다.

· 놀이를 한다.

· 느낀점을 나눈다.

마. 기대효과

긍정적인 정서 함양, 긍정적 자아 통합, 사회성 향상

바. 확장하기

· 주사위 놀이

프로그램 #6: 구슬로 반지 만들기

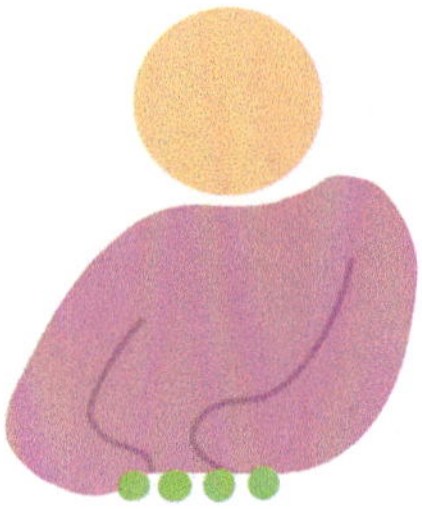

가. 목표 : 소근육운동으로 치매예방

나. 준비물 : 다양한 구슬, 바늘, 실

다. 지원영역 : 인지영역, 사회성영역

라. 방법

· 반지에 얽힌 경험 나누기

· 바늘에 실을 걸어 구슬로 반지를 만들기

· 반지를 만드는 과정에 대해서 이야기 나누기

· 반지를 누구에게 선물하고 싶은지

마. 기대효과

뇌기능 향상, 대인관계능력 향상

바. 확장하기

· 구슬치기

· 구슬로 목걸이 만들기

프로그램 #7: 지점토 공예

가. 목표 : 치매예방

나. 준비물 : 색도화지, 지점토

다. 지원영역 : 인지영역, 사회성영역

라. 방법

· 근황을 나눈다.

· 음악을 듣는다.

· 음악을 들으면서 떠오른 것들을 만든다.

· 작품에 대해서 이야기를 나눈다.

마. 기대효과

치매예방, 친밀한 관계형성, 긍정적 자아 통합

바. 확장하기

· 지점토로 선물만들기(나, 집단원)

프로그램 #8: 수건 돌리기

가. 목표 : 신체기능향상, 긍정적 자아통합

나. 준비물 : 수건 2개

다. 지원영역 : 긍정적 정서지원, 사회성지원

라. 방법

· 둥글게 둘러 앉는다.

· 노래를 부른다.

· 사회자가 '스톱'을 외치면 수건을 가진 자가 술래가 된다.

· 술래는 주사위를 던져 주사위에 적혀있는 질문사항에 답을 한다.

마. 기대효과

긍정적인 정서 함양, 긍정적 자아 통합, 친밀감형성

바. 확장하기

· 조개껍질 묶어

프로그램 #9: 퍼즐맞추기

가. 목표 : 긍정적 자아통합

나. 준비물 : 퍼즐 그림과 조각

다. 지원영역 : 긍정적 정서지원

라. 방법

· 각각 퍼즐그림을 선택한다.

· 퍼즐을 맞춘다.

· 먼저 완성한 사람에게 상을 준다.

마. 기대효과

신체기능 향상, 소근육운동으로 치매 예방

바. 확장하기

· 퍼즐그림 색칠해서 완성하기

프로그램 #10: 무궁화 꽃이 피었습니다

가. 목표 : 긍정적 자아통합

나. 준비물 : 적당한 크기의 장소

다. 지원영역 : 신체영역, 사회성영역

라. 방법

· 규칙을 설명한다.

· 술래를 정한다.

· 진행을 한다.

마. 기대효과

긍정적인 정서 함양, 긍정적 자아 통합, 신체기능 향상

바. 확장하기

· 얼음땡

프로그램 #11: 풍선으로 배구하기

가. 목표 : 긍정적 자아통합

나. 준비물 : 풍선, 적당한 장소

다. 지원영역 : 신체영역

라. 방법

· 팀을 나눈다.

· 게임을 한다.

· 이긴팀에게 상을 준다.

마. 기대효과

긍정적인 정서 함양, 신체기능 향상, 친밀감

바. 확장하기

· 풍선터트리기

프로그램 #12: 종이컵으로 꽃만들기

가. 목표 : 긍정적 자아통합

나. 준비물 : 컵2개씩, 싸인펜, 크레파스, 풀, 가위, 색종이, 스티커

다. 지원영역 : 정서영역, 인지영역

라. 방법

· 컵으로 꽃을 만든다.

· 전지 위에 컵꽃으로 꽃밭을 꾸민다.

· 꽃밭에 둘러 앉아 이야기를 나눈다.

마. 기대효과

긍정적인 정서 함양, 긍정적 자아 통합, 관계형성

바. 확장하기

· 만다라 그리기

프로그램 #13: 노래에 맞춰 춤추기(강강술래)

가. 목표 : 긍정적 자아통합, 신체기능 향상

나. 준비물 : 적당한 크기의 장소

다. 지원영역 : 긍정적 정서지원

라. 방법

· 손을 잡고 둥글게 원을 만든다.

· 노래를 들으면서 춤을 춘다.

· 둘러앉아서 과정에 대해 이야기를 나눈다.

마. 기대효과

신체기능 향상, 관계능력향상

바. 확장하기

· 음악에 맞춰 자유롭게 춤추기

프로그램 #14: 송편만들기

가. 목표 : 긍정적 자아통합, 신체기능 향상

나. 준비물 : 다양한색의 지점토, 일회용 접시

다. 지원영역 : 긍정적 정서지원, 신체영역

라. 방법

· 추석에 대한 경험담을 나눈다.

· '고향의 봄' 노래를 들으면서 송편을 만든다.

· 접시에 예쁘게 장식한다.

· 전지위에 송편상차림을 한다.

· 둘러 앉아 이야기를 나눈다.

마. 기대효과

긍정적인 정서 함양, 긍정적 자아 통합

바. 확장하기

· 밥상차리기

프로그램 #15: 실뜨기

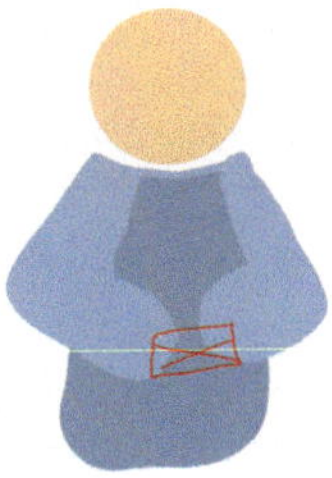

가. 목표 : 긍정적 자아통합, 신체기능 향상

나. 준비물 : 실뭉치

다. 지원영역 : 정서지원, 인지영역

라. 방법

· 사회자가 실을 손에 감고 근황을 이야기 한다.

· 누군가에게 실뭉치를 굴린다.

· 실을 받은 사람은 실을 손에 걸고 근황을 이야기 한다.

· 모든 사람이 이야기가 끝나면 가위로 자신이 원하는 만큼 실을 자른다.

· 둘씩 짝을 이루어 자신이 가지고 있는 실을 이어서 실뜨기를 한다.

마. 기대효과

긍정적인 정서 함양, 긍정적 자아 통합

바. 확장하기

· 뜨개질

프로그램 #16: 사진첩 만들기

가. 목표 : 긍정적 자아통합

나. 준비물 : 좋아하는 사진 10장, 색도화지, 가위, 풀, 펀치, 실

다. 지원영역 : 긍정적 정서지원, 인지영역

라. 방법

· 각각의 사진을 색도화지에 꾸민다.

· 색도화지에 꾸민 사진을 펀치로 뚫어 실로 연결한다.

· 예쁘게 장식한다.

· 집단원의 사진을 전지 위에 꾸민다.

· 둘러 앉아 이야기를 나눈다.

마. 기대효과

긍정적인 정서 함양, 긍정적 자아 통합, 친밀감 형성

바. 확장하기

· 사진전시회

프로그램 #17: 동화그리기

가. 목표 : 긍정적 자아통합

나. 준비물 : 도화지, 크레파스

다. 지원영역 : 긍정적 정서지원

라. 방법

· 음악을 듣는다.

· 떠오르는 장면을 도화지에 그린다.

· 그림을 보고 동화를 꾸미고 뒷면에 쓴다.

· 집단원에게 나의 동화를 읽어준다.

· 느낌을 나눈다.

마. 기대효과

긍정적인 정서 함양, 긍정적 자아 통합

바. 확장하기

· 자유화를 그리기

가. 목표 : 긍정적 자아통합, 신체기능 향상

나. 준비물 : 공기돌

다. 지원영역 : 정서영역, 신체영역

라. 방법

· 규칙에 대해 설명한다.

· 둘씩 짝을 짓는다.

· 5개의 공기돌로 1개, 2개, 3개, 4개, 5개를 순서대로 채서 받는다.

· 이기는 자에게 보상물을 준다.

마. 기대효과

긍정적인 정서 함양, 긍정적 자아 통합, 신체기능 향상

바. 확장하기

· 공기돌을 많이 흩어 놓고 많이 따가는 자가 이기는 공기놀이

(5) 자폐성 장애 아동 프로그램

Ⅰ. 자폐성 장애 아동의 정의 및 특성

대다수의 자폐성 장애아동은 지적장애로 40~60%는 IQ 50 이하이며, 20~30% 만이 IQ 70 이상이다. IQ가 높거나 낮은 거와는 상관없이 주요 증상은 비슷하다. 하지만 IQ가 낮은 자폐 장애 아동이 사회적 발달에서 더 심한 손상을 보이고 있으며, 상동행동과 자해행동 등 행동적 문제를 더 많이 보이고 있다. 지능 저하는 영아기 때부터 뚜렷하게 보일 수 있다. 자폐성 장애아동들은 추상적 사고가 결핍되어 있고 정보를 배열하고 처리하지 못하는 것이 흔하다. 상대적으로 운동과 감각운동 기술에서 뛰어나지만 상징적 정보와 언어 능력은 취약하고 볼수 있다. 그리고 지능 저하가 심할수록 청소년기에 간질 발생 위험이 높아진다.

자폐성 장애아동의 부적응 행동을 살펴보면 담음과 같다. 부적응 행동이란 욕구를 충족하는데 있어 신체적·지적·사회경제적 원인으로 제한을 받게 되고, 그로 인한 욕구 불만 상태에서 사회에 적응하지 못하고 갈등을 만들어 원만한 인간관계를 형성하지 못 하는 행동이라 할 수 있다.

일반적으로 자폐성(자폐 스펙트럼)장애 아동들에게 나타나는 부적응행동은 인지적 수준의 문제가 없는 품행 장애(conduct disorder)나 성격장애(personality disorder) 아동들에게 나타나는 부적응행동과 다르며, 외적으로 동일한 부적응행동일 지라도 품행 장애 아동에게는 반사회적이며 의도적인 동기가 내포되어 있고, 성격장애 아동들은 심리적 문제에 기반하여 나타나는 행동이다. 반면 자폐성 장애 아동에게 나타나는 부적응행동은 전반적 발달 장애를 포함하고 있어 아동들의 인지 발달과 학습 등에 문제를 나타내어 적절한 적응행동을 배우지 못해 부적응행동이 나타날 수 있으며, 사회적응능력이 전반적으로 결여되어 나타나는 등 다양한 원인이 있다. 이런 다양한 특성 중 공통된 네 가지 요인으로 나눌 수 있다.

첫째, 사회적 요인이다. 자폐성 장애의 대표적 특징 중 하나는 아동이 사회적 능력의 지체를 보인다. 이러한 사회적 능력의 지체는 과거에는 특성을 이탈, 격리, 회피하려는 특성에 인한 것으로 간주한 반면, 최근에는 이런 사회적 기술을 습득할 인지 능력의 결여로 인한 것으로 해석하고 있다. 이 주장을 근거로 사회적 능력에 기본이 되는 사회 규범에 대한 이해와 인간관계 및 상호작용 기술, 타인의 생각과 감정을 이해하는 능력을 교육함으로 사회적 능력의 결여를 극복할 수 있게 된다.

둘째, 의사소통의 요인이다. 자폐성 장애 아동들이 나타내는 의사소통의 문제는 단순히 언어 능력의 결핍에서 기인하는 것이 아니다. 사회적 능력의 결여와 의사소통의 결여는 상호 관련되어 영향을 미친다. 단순 언어장애는 언어사용 상의 장애는 있으나 타인가 관계를 맺는 데는 문제가 없을 수 있다. 반면, 사회적 능력의 장애를 갖는 경우 언어나 의사소통 지체를 동시에 동반하는 경우도 있고, 외적으론 큰 문제를 나타내지 않지만 말의 논리성이나 합리성 및 일관성에서 문제를 보이면서 의사소통의 문제를 야기하게 된다.

셋째, 미성숙이다. 영아기에 나타나는 미성숙한 행동은 부적절한 행동으로 분류되지 않는다. 하지만 성장함에 따라 인지능력의 발달에 따른 대체행동 습득이 지체되어 나타나는 아동의 미성숙한 행동은 문제 행동으로 분류된다. 자폐성 장애 아동들은 사회성숙도와 정신 연령이 일반아동에 비해 낮기 때문에 자폐성 장애 아동은 미성숙한 행동을 많이 보이며 이는 사회적 관계 형성에 문제로 작용하게 된다.

넷째, 놀이 기술의 결핍이다. 아동에게 놀이란 발달의 기본으로 심리적 안정과 스트레스를 해소하는 중요한 요소가 된다. 또한 살아가는데 필요한 적응력을 길러주고 생활의 활력을 주는 놀이 기술은 매우 중요시 되지만 자폐성 장애 아동에게는 극히 제한적이다. 이러한 놀이기술이 부족함에 따라 상동행동과 같은 자기자극 행동이 대체 행동으로 나타나게 된다.

또한 자폐성 장애 아동에게 흔하게 보이는 행동 양상은 혼란행동, 공격행동, 파손행동, 자기자극 행동, 자해행동, 지시불이행, 반사적 반복행동, 부적절한 언어 사용, 취식부조, 수면부조 등의 부적응행동이 나타난다.

Ⅱ. 자폐성 장애 아동의 심리운동 신체경험

심리운동과 관련된 자폐성 장애아동의 선행연구들은 다양하게 이루어지고 있다. 문제 행동에 관한 연구에서는 다음과 같다. 자폐장애 아동들은 대부분 타인과의 관계 형성에 관심이 없으며, 자신이 표현하고 싶은 욕구를 기능적 언어로 표현할 수 없기 때문에 자기자극 행동, 자해 행동 등 문제 행동을 나타낸다. 이로 인하여 학습이나 일상생활에 참여할 수 있는 기회를 뺏기게 되며, 이러한 문제 행동은 교우관계, 학교 및 사회생활 등의 적응 문제에도 영향을 미치게 되어 학교 교육에서 많은 좌절을 겪게 될 뿐만 아니라 나아가 장기적인 사회 부적응으로 이어져 학교 졸업 후에도 취업에 영향을 미친다.

문제 행동은 자기-자극 행동이라고 부르기도 하며 문제 행동은 자폐를 진단하고 설명하는 중요한 행동 특성으로 여겨지고 있다. 문제 행동은 학습능률을 저하시키며 일상생활이나 나아가 사회적응에 어려움을 겪게 하는 요인이 된다.

자폐성 장애학생과 운동 수행 능력에 대한 선행연구를 살펴보면, 평형성 활동이 자폐성 장애아동에 정적 평형성, 동적 평형성, 이동 기술에 유의한 향상이 있었다는 보고(최범권, 김권일, 2005)와 놀이 지향적 감각 운동이 자폐장애 학생의 운동 수행 능력의 향상을 가져왔다고 보고(서연태, 정기천, 2009)가 있었다. 이창섭 등(2003)은 자폐 아동의 기본 운동교육 프로그램이 지각운동 능력의 발달에 효과가 있다고 보고하고 있다.

위와 같이 심리운동은 많은 연구가 진행 되어 지고 있으며 심리운동의 관심이 높아지고 있다. "심리운동(Psychomotorik)"이란 말은 심리적 원동력에 의한 인간 움직임 활동의 총체를 의미하며, 유럽 특히 독일어권에서는 인간의 신체성을 주요 매개 로 하여 인간의 심리적 측면에 긍정적 영향을 미치는 교육 및 치료 콘셉트로 사용되고 있다.

수학적 도형으로 영역을 구분해 본다면 체육, 물리치료, 작업치료와 심리치료 간의 교집합 부분을 심리운동의 활동 영역에 해당 된다. 심리운동의 내용 체계는 신체경험, 물질경험, 사회경험으로 되어 있으며 또한 아동중심, 체험중심, 활동중심, 주관적 의미부여, 유희적 놀이, 자율결정권, 창의성 등 7가지의 실천 원칙으로 구성되어 있다. 그리고 심리운동은 "감각지각 이나 인식"도 그 주된 내용으로 하되, "감수성 훈련"만이 목적이 아니다. 나아가 Bodywork에서는 목적 달성을 위한 도구, 수단 역할 밖에 못하는 인간의 "신체 및 움직임 경험"이 심리운동에서는 매체이자, 동시에 콘셉트의 주요 구성요소일 정도로 신체 및 그 움직임에 대한 비중이 더해진다.

심리운동의 창시자인 키파드(Kiphard)는 심리운동이란 "전인적, 인본적이며 발달에 적합하고, 아동에 적합한 운동교육"으로서 "아동들의 욕구를 간과하기 쉬운 '능력주의'와 '업적주의' 및 아동들의 단점, 이상행동, 부족함 만을 보는 '결점지향'에서 벗어나 '체험중심' 및 '개인성 중심'으로 나아가고 아동들이 놀이를 통해 자유롭게 행동하며 스스로 표현함으로써 전인적인 발달을 이루어가는 신체활동"이라고 정의하였다.

이처럼 심리운동에서는 신체의 운동성 발달 및 그 치료 재활도 중요하고, 물리적-사회적 주변 세계와의 신체 체험을 통해 자신의 감성적, 인지적, 심리적 변화도 꾀하는 것이 심리운동의 핵심이라 할 수 있다.

또한 심리운동을 적용하여 자폐 학생의 운동 수행능력 향상이 있었다고 보고 있다.

주의집중 행동에 관한 연구를 보면 다음과 같다. 수업 참여 행동은 교육적으로 의도된 활동에 대해 아동들이 스스로 전념하는 노력의 질로 정의 할 수 있으며, 또한 사회적 맥락과 활동 형태, 교재, 물리적 환경 등 환경 안의 다양한 요소와 상호작용하면서 적절한 행동을 보여주는 것을 의미한다.

자폐성 장애 아동 또한 수업 참여에 있어 성공적으로 참여 행동을 증진 시키려면 적절한 학업기술 습득능력과 학급에서 바람직한 행동능력이 필요하다. 하지만, 자폐성 장애 아동은 다른 장애 집단과 비교하여 독특한 특성을 나타내고 있다. 첫째, 자폐성 장애 아동의 자기자극 행동은 주로 상동적 행동인 몸 흔들기, 손뼉치기 등 환경과 기능적인 관계를 유지하는데 어려움이 있는 상동적 패턴을 이루게 된다. 많은 자폐성 장애 아동은 수업시간의 대부분을 비생산적인 활동을 하며 보내며, 이러한 행동들은 더 나아가 사회적 수용 및 통합뿐만 아니라 학습 저하를 초래하게 된다. 둘째, 학습 환경 내에서 자폐성 장애 아동은 이들이 사용할 수 있는 일부의 몇 가지의 단서에만 집중하고 반응하는 성향이 있다. 이러한 과잉적 선택성은 학습에 있어 선택적으로 주의집중 하는 것을 어렵게 하게 되어 특히 변별학습에 있어 곤란을 느끼게 된다. 이러한 비생산적인 경향성은 새로운 행동을 습득 하는데 있어 저해 요인이 된다. 셋째, 상대방과 또래와의 교감이 부족하기에 학습에 대한 질문과 피드백에 있어 원활한 사회적 의사소통이 결여되어 있고, 사회적 또는 정서적 교류가 부족하여 타인과의 즐거움을 표현하거나 이목을 끄는데 있어서 매우 수동적이다. 자폐성 장애 아동은 어떤 형태의 의사소통도 잘 이루어지지 않는다고 할 수 있는데 여기에는 언어성 의사소통이나 비언어성 의사소통 모두를 포함하고 있다. 언어발달이 매우 늦어지고 말이 시작되어도 그 억양과 소리의 고저가 비정상적이어서 특이한 형태로 반복되는 수가 많고 자기가 들었던 것 혹은 읽었던 문장들의 반복이거나 특이한 양상을 많이 보이며 인칭대명사에 사용에 큰 혼란을 겪는다. 자폐성 장애 아동들은 이러한 사회성 영역과 의사소통 영역에서 발달과 행동 문제로 인하여 수업 환경 적응에 어려움을 겪고 있다. 특히 자폐성 장애 아동의 언어와 의사소통장애에 대한 교육은 사회성 결핍과 인지적 결함이라는 이들의 특성 때문에 수업참여 행동을 증진 시키기 위해서는 가능한 한 조기에 기능적인 교육으로 이루어져야 한다. 이러한 특성들은 수업 참여에 있어 부정적인 영향이 미치게 되므로 성공적인 수업 참여에 필요한 적절한 학업기술과 학급 안에서의 바람직한 행동 능력들을 향상 시키기 위하여 구체적인 기술을 교수하거나 자폐성 학생들의 강점, 흥미, 학습 스타일을 고려하여 학습동기를 유발할 수 있는 다양한 교수전략을 고안하여 자폐 범주성 아동들의 수업 참여행동을 증가시키는 것이 필요하다. 그 외의 다수의 연구에서 심리운동이 자폐 아동의 심리운동이 주의집중행동을 증가시켰음을 보고하였다.

그러므로 자폐성 장애 아동의 심리운동은 아동의 발달과정에 요구되는 과제를 수행하는데 필요한 요소는 세 가지로 구성된다. 첫째, 신체경험은 움직임을 통해 자신의 신체를 지각하고 다양한 신체 표현을 통해 신체도식을 갖게 되고, 이것은 자신감 및 포괄적인 자아능력의 바탕이 된다. 둘째, 물질적 경험은 물리적 현상에 대한 경험을 바탕으로 물질의 기능과 속성을 인식하고 응용 가능성을 인지하게 된다. 다양한 사물을 제공하여 다루게 함으로써 순응과 조정, 지배를 경험하게 되며, 나아가 움직임을 통한 탐색, 탐구, 실험적 태도를 가지게 되어 발달에 영향을 준다. 셋째, 사회경험은 집단 활동을 통해 타인을 인식하고 수행 과제를 협동적으로 해결함으로써 상호간의 조화를 이루게 된다. 과제 수행을 통해 규칙에 대한 개념을 갖게 되고 자아 효능감 및 자신감을 향상 시킬 수 있다, 또한 경쟁 활동 속에서 좌절을 경험하고 이를 통해 참을성을 기를 수 있게 된다.

따라서 자폐성 장애 아동의 심리운동 신체경험은 신체경험의 중요성은 자신의 바른 신체개념 및 자아개념을 통한 긍정적 자아를 갖게 되는데 있다. 신체를 통한 정보습득은 타인과 신체의 직·간접적으로 상호 연관된 상황 속에서 자기 자신, 즉 자기 신체에 대한 정보를 얻게 된다. 자기 신체를 통해 습득한 정보는 자기 신체에 대해 지각하고 가치판단을 하게 되고, 이것을 자아개념이라 한다.

이러한 자아개념은 자아를 인식하면서 자기 신뢰감, 자신감, 자아존중감을 인식하게 되고, 능력개념을 통해 자기 능력에 대해 자각하고 정보를 취득하여 평가하게 된다. 또한 신체개념을 통해 자기 신체에 대해 인지하게 되고, 자기평가를 통해 이상적·현실적·사회적 자아를 형성하게 된다.

자폐성 장애 아동은 신체경험을 통한 신체개념의 형성과 동시에 감각 발달로 이어진다. 감각 발달은 개별 감각을 통한 자극 작용에 의한 것으로, 신체 표면에서 지각하고, 신체 내부의 지각, 청각, 시각을 통해 자극 작용이 통합하게 된다. 자극작용의 통합은 신체 오리엔테이션과 공간 오리엔테이션을 통해 작용하게 되며, 이를 통해 신체개념이 형성되고 자아정체성을 갖게 됨으로써 자폐성 장애 아동은 심리운동 신체경험을 통해 사회적 상호작용 및 사회성 기능의 획득하게 된다.

프로그램 #1: 날 따라해봐요 이렇게~

가. 목표 : 신체지각, 신체모방, 집중력 강화

나. 준비물 : 없음

다. 지원영역 : 신체개념형성, 주의집중, 언어표현

라. 방법

날 따라 해봐요 이렇게~」 노래를 들어본다. (알면 따라불러도 좋다.) 노래에 따라 흔들흔들 신나게 움직여본다. 치료사가 "이렇게~" 부분에서 특정 신체모양으로 멈춘다. (ex. 두 팔벌려 서기)
대상자들이 치료사를 보고 그대로 모양을 따라한다. 「날 따라 해봐요 이렇게~」 노래를 들어본다. (알면 따라불러도 좋다.) 노래에 따라 흔들흔들 신나게 움직여본다. 치료사가 "이렇게~" 부분에서 특정 신체모양으로 멈추면(ex. 두 팔벌려 서기) 대상자들이 치료사를 보고 그대로 모양을 따라한다.

마. 기대효과

타인의 신체에 대한 긍정적 인식 및 상호감정에 대해 이해한다.

바. 확장하기

치료사가 보여주었던 부분을 서로 돌아가며 멈추고 따라해본다. 이때 멈춘 동작에서 치료사가 행동지시(ex. 손을 흔들어봐요)를 했을 때 그 행동을 표현할 수 있다.

프로그램 #2: 엉금엉금 기어 가자

가. 목표 : 운동수행능력, 운동모방, 언어, 지시 따르기

나. 준비물 : 줄, 동요(악어떼)

다. 지원영역 : 감각발달, 운동수행능력, 운동모방, 언어표현

라. 방법

동요 「악어떼」를 들으며 함께 따라서 불러본다. 대상자들은 일렬로 서서 앞사람의 어깨에 손을 얹은 후 동요를 들으며 앞사람을 따라 치료실을 탐험한다. 치료사는 중간에 줄을 달아놓아 대상자들이 그 밑으로 지나가도록 한다. 그리고 줄의 간격을 넓거나 좁게 변경하여 대상자들이 알맞게 지나가도록 한다.

마. 기대효과

자연스럽게 타인과 접촉하고 협동하며 협동적인 놀이에 몰두하여 사회성 향상에 긍정적 영향을 준다.

바. 확장하기

하나의 줄이 아닌 두 개의 줄을 나란히 놓아 난이도를 높여서 활동할 수 있다.

프로그램 #3: 거미가 줄을 타고 올라 갑니다

가. 목표 : 신체개념, 상호작용, 감각발달, 자기표현, 언어표현

나. 준비물 : 동요(거미가 줄을 타고 올라갑니다), 리본끈

다. 지원영역 : 신체지각 및 신체개념, 신체감각발달, 자기표현, 언어표현

라. 방법

동요 「거미가 줄을 타고 올라갑니다」를 들으며 따라서 불러본다. 2인 1조로 나누어 짝을 마주 보고 앉은 다음 짝꿍의 팔 또는 다리에 리본을 감는다. 동요를 틀어주면 리본을 조금씩 풀어나간다. 치료사가 음악을 멈추고 어디? 라고 질문하면 리본이 신체의 어느 부분에서 멈췄는지 말한다. 리본이 다 풀리면 역할을 바꾸어서 해본다.

마. 기대효과

2인이 상호 공감적인 경험을 통해 타인에 대한 대인지각 능력이 향상 될 수 있다.

바. 확장하기

타인의 신체접촉에 민감한 아동이나 청소년일 경우 포스트잇을 활용하여 자신의 신체부위 곳곳에 붙여보고 하나씩 떼어가면서 어느 부분인지 말해볼 수 있다.

프로그램 #4: 무엇 일까요

가. 목표 : 언어행동향상, 인지발달, 집중력 향상

나. 준비물 : 글자카드, 그림카드, 동요(즐겁게 춤을 추다가~)

다. 지원영역 : 언어표현, 주의집중, 인지, 사회성

라. 방법

치료사가 벽에 글자카드와 그림카드를 붙여놓는다. 동요 「즐겁게~ 춤을 추다가~」를 들으며 치료실을 둥글게 둥글게 돈다. 그대로 멈춰라! 치료사가 지시한 후 글자를 말하면 그 글자를 찾아본다. 그대로 멈춰라! 치료사가 지시한 후 사물을 말하면 그 사물 그림을 찾아본다.

마. 기대효과

사물과 문자에 대한 자유롭게 인지적 학습의 효과를 볼 수 있다.

바. 확장하기

글자를 찾은 후 글자를 조합해서 단어를 만든 후 그 단어에 맞는 그림카드를 찾아낸다.

프로그램 #5: 다리를 건너요

가. 목표 : 운동수행능력, 평형, 의사소통, 감각발달

나. 준비물 : 컵받침 또는 칼라매트

다. 지원영역 : 운동수행능력, 주의집중, 언어, 감각발달

라. 방법

대상자에게 컵 받침 또는 칼라매트를 10개씩 나눠준다. 치료사는 출발하는 지점과 도착하는 지점을 정해서 표시를 해준다. 대상자는 자신에게 있는 받침(칼라매트)를 앞으로 걸어가기 전에 바닥에 놓고 밟고 지나간다. 도착지점까지 자신이 놓은 받침만 밟고 지나간다.

마. 기대효과

흥미로운 놀이를 통해 자신의 신체도식 능력과 신체 사이즈 등을 자연스럽게 인식하게 된다.

바. 확장하기

대상자들에게 나눠준 받침이 아닌 다른 받침을 이용해서 중간에 장애물을 설정하여 피해서 가도록 한다.

프로그램 #6: 움직임 빙고

가. 목표 : 신체개념형성, 언어행동향상, 집중력 향상, 상호작용, 인지

나. 준비물 : 숫자 스티커

다. 지원영역 : 신체개념, 의사소통, 주의집중, 사회성, 인지

라. 방법

2인 1조로 팀을 나눈 후 각 팀에 1부터 20까지의 숫자 스티커를 두 개씩 나눠 준다. 자신의 짝꿍과 마주 앉아 한 명씩 자기의 짝꿍 얼굴, 팔 등에 스티커를 붙인다. 치료사는 몇 개의 스티커를 떼면 이기는지대상자들의 의견을 취합한다. 스티커를 다 붙인 후 치료사가 신체의 한 부위(ex. 코)를 말하면 스티커가 붙어 있는지 확인하고 붙어 있으면 그 스티커를 뗀다. 만약, 12개로 지정을 했다면 자신의 짝꿍에게 12개의 스티커를 떼어낸 사람이 "빙고!"라고 외치면 승리한다.

마. 기대효과

신체의 명칭에 대해 명명하고 인식할 수 있게 되고 그에 따른 신체지식이 습득되게 된다.

바. 확장하기

숫자외 다른 사물이나 흥미를 줄 수 있는 스티커를 사용하여 다양한 사물에 대해 익혀 볼 수 있다.

프로그램 #7: 귀! 코! 눈!

가. 목표 : 신체지각, 집중력, 언어표현

나. 준비물 : 동요(머리 어깨 무릎 발~)

다. 지원영역 : 신체개념, 언어표현, 주의집중력

라. 방법

동요「머리 어깨 무릎 발」노래를 듣고 따라부른다. 동요를 들으면서 가사를 따라서 신체부위(ex. 머리)를 짚는다. 치료사가 노래 끝에서 특정신체부위(ex. 발가락)를 말하면 대상자들은 자신의 신체를 손으로 짚는다.

마. 기대효과

신체명칭에 대한 신체지식을 음악과 율동을 활용하여 자연스럽게 습득할 수 있다.

바. 확장하기

치료사가 아닌 대상자 중에 한 명이 나와서 신체부위를 말하면 다른 대상자들이 자신의 신체를 손으로 짚는다.

프로그램 #8: 여우야 여우야 뭐하니!

가. 목표 : 언어행동향상, 인지, 사회성 향상

나. 준비물 : 없음

다. 지원영역 : 인지, 의사소통, 사회성

라. 방법

치료사와 대상자들과 둥글게 둘러앉아 오늘하루 무엇을 했는지 이야기를 나눠본다. 밥 먹기, 세수하기, 이빨닦기 등의 오늘 한 일을 몸으로 표현한다. 대상자 중 한 명을 여우로 정하고 나머지는 토끼가 된다.

토끼는 "여우야 여우야 뭐하~니?" 하며 여우한테 다가간다. 여우는 "이빨닦는다~", "세수한다~" 등의 대답을 한다. 여우가 "밥 먹는다~" 하고 했을 때, "죽었니? 살았니?"라고 다시 물어보면 여우는 둘 중 하나를 대답한다. 여우가 "살았다~"라고 대답하면 토끼는 도망가고 여우는 토끼를 잡는다. 잡힌 토끼는 다음 차례에 여우가 된다.

마. 기대효과

자연스러운 대화에 대한 표현 언어를 경험하고 청각적 집중력을 향상 시킬 수 있다.

바. 확장하기

동물의 종류를 바꿔서 할 수 있다.

가. 목표 : 운동수행능력, 집중력 향상, 언어표현

나. 준비물 : 색깔 천

다. 지원영역 : 인지능력, 운동수행능력, 주의집중력

라. 방법

여러가지 색의 천을 앞에 놓는다. 자신이 좋아하는 색깔 앞에 선 후 천의 색깔을 크게 말하고 천을 짚는다.

천을 만져보고 어떤 느낌인지 무엇이 생각나는지 말해본다. 색깔 천을 머리 위로 날린 뒤 바닥에 떨어지지 않게 두 손으로 받는다.

마. 기대효과

눈 손 협응과 시지각 능력을 향상 시키며 선택적 집중력을 향상 시킬 수 있다.

바. 확장하기

색깔 천을 입으로 불어서 땅에 떨어지지 않게 한다. 치료사가 천을 날려주고 색을 말해주는 천을 두 손으로 받는다.

프로그램 #10: 너한번 나한번

가. 목표 : 주고받기 상호작용 능력 향상, 집중력 향상

나. 준비물 : 비눗방울

다. 지원영역 : 시지각, 상호작용, 눈 손 협응 능력

라. 방법

비눗방울을 준비하고 대상자에 대해 지금부터 비눗방울을 부는데 서로 순서를 번갈아 가며 한다는 이야기를 해 준다.

가위바위보를 통해 누가 먼저 할지 순서를 정하고 순서가 정해지면 한 명은 높은 언덕 매트에 올라가 불고 다른 한 사람은 그 비눗방울을 손으로 잡아 본다.

혼자서 하지 않도록 반드시 순서를 번갈아 갈 수 있도록 너 한번, 나 한번을 외치며 번갈아 놀이한다.

마. 기대효과

비눗방울을 통해 흥미로운 매개를 활용하여 자연스럽게 주고받기를 통해 상호작용 능력을 향상 시킬 수 있다.

바. 확장하기

비눗방울 외 뽕망치를 이용하여 서로 주고받는 놀이를 진행하면서 다양한 상황을 적용 해 본다.

(6) 의사소통성장애 아동 프로그램

Ⅰ. 의사소통장애 아동의 정의 및 특성

구어, 문어, 기타 상징체계를 이해하거나 사용 하는 데에 손상을 입은 것으로 여기에는 언어의 형식, 내용, 의사소통에 있어서의 언어기능이 포함된다. 또한 의사소통장애는 보통 언어장애와 말장애로 구분되어지며 현재는 언어장애, 말장애라는 이분법적 정의에서 의사소통장애로 통칭하기도 한다. 의사소통은 어느 하나만의 영향을 받는 것이 아니며 어려움을 주는 요인이 무엇인지 알아야 중재가 가능하나 의사소통장애를 가진 모든 대상자들이 임상적인 치료를 하는 말장애나 언어장애를 보이는 것은 아니다.

의사소통장애를 분류할 때의 기준은 증상, 원인, 연령이 있으며 가장 전통적인 방법은 증상을 중심으로 분류하는 것이다. 증상을 중심으로 분류하였을 때 의사소통장애는 말장애와 언어장애로 분류될 수 있으며 말장애는 조음음운장애, 유창성장애, 음성장애, 운동말장애가 해당되고 언어장애는 발달과정에 있는 아동들이 대상이 되는 언어발달장애, 단순 언어 장애 혹은 어른의 경우 실어증이 해당된다. 원인을 중심으로 의사소통장애를 분류할 때는 의사소통장애를 동반하게 한 기저의 문제로 분류를 하는데 이는 동일한 사람이 다양한 언어, 말 문제를 복합적으로 가질 경우 증상에 따른 분류보다 더 도움이 되는 분류 방법이라고 할 수 있다. 마지막으로 연령에 따라서 분류가 가능한데 아동과 성인에게서 주로 나타나는 의사소통장애가 다르므로 기준으로서의 성립이 가능하다. 아동에게서 주로 나타나는 언어장애는 조음음운발달을 포함하는 넓은 의미의 언어발달장애가 해당되며 성인 언어장애는 뇌손상으로 인한 신경, 말, 언어장애를 대표하는 말로 사용된다.

말장애란 '말'은 호흡기관, 발성기관, 조음기관을 통한 언어의 외형적 표현을 의미하며 말장애는 말 소리를 산출하고 말의 흐름을 유지하거나 목소리를 조절하는데 어려움을 보이는 장애를 의미한다. 한 가지 이상이 중복되어 나타나기도 하며 언어장애의 유형들과 함께 나타나기도 한다. 말장애의 여러 유형은 다음과 같다.

조음·음운장애란 호흡기관, 발성기관 혹은 조음기관의 손상 등으로 인하여 말소리 산출이 잘못된 장애나 주변 기관은 정상적이지만 뇌손상으로 인하여 말소리를 만들지 못하는 장애이다. 조음·음운 장애는 의사소통장애 중 가장 흔한 장애로, 구개열로 인해 입천장으로 통하여 구강과 비강사이가 뚫려 콧소리가 많이 나는 현상을 포함한다. 특히 조음장애는 정보의 음이 정확하지 않을 때, 정보의 의미를 전달받지 못하거나 의미를 왜곡하게 된다.

조음장애의 원인으로는 기능적 요인과 기질적 요인을 들 수 있다. 기능적 요인으로는 입술, 치아, 혀, 구강 근육 등의 구조적 이상 또는 운동이상과 같은 구조적 요인 또는 운동이상과 같은 구조적 요인과 음을 변별하고 이해하는 데 문제가 되는 감각적 요인이 있다. 기질적 요인으로는 청력이상이나 정신지체 및 혀, 구개, 비인강의 선천적 또는 후천적 이상 등이 있다. 이러한 요인이 원인이 되어 음을 조음하여 발성할 때 생략, 대치, 왜곡, 추가 등이 일어난다. 또한 신경이나 뇌 손상 등이 원인이 되어 발성을 방해하여 음절에 이상이 야기된다. 음운 장애는 지적장애나 언어 발달 장애로 인한 상위 언어 지식의 형성에 원인이 있으며 말소리를 조직화하고 사용하는 규칙 체계를 습득하지 못한 것이라고 할 수 있다.

즉, 조음·음운 장애를 원인적인 측면에서 보며 조음장애는 입술, 혀, 연구개 등과 같은 조음기관의 적절한 위치 잡기, 시간 맞추기, 힘 및 속도의 조절, 이러한 동작들의 동시 협응 등의 문제에 기인한 부정확한 소리의 산출 때문에 발생 된다. 그리고 설소대단축증, 구개파열, 마비말 장애, 뇌성마비 등의 해부학적 또는 신경 생리적인 문제로 발생 된다. 음운 장애는 언어의 구성요소인 음운체계에 대한 지식의 부재로 발생되며 언어장애와 동반하여 발생되는 경우가 많다. 그러나 이러한 원인 중에는 밝혀질 수 있는 것도 있지만 그렇지 않은 것도 있다.

음성장애란 성대에 이상이 생겨서 원천적으로 말소리 산출이 어려운 경우나 성대를 과도하게 사용하거나 남용함으로써 말소리가 비정상적으로 나오는 경우를 말한다. 음성이란 성대가 진동하여 산출되는 소리로 호흡기관, 발성기관, 공명조음기관이 작용하여 만들어지는 것으로 나이와 맞지 않는 비정상적인 목소리 사용을 보이며 이를 그냥 지나친다면 성장하며 비정상성이 심각한 의사소통 상의 문제로 나타날 수 있음을 반드시 인식해야 한다. 즉, 음성장애란 음도, 강도, 음질, 유동성이 성별, 나이, 문화, 체구에 적절하지 못한 경우를 일컫는다. 예를 들어 음도는 남자는 저음으로 여자는 남성에 비해 고음으로 나야 하며 음질은 소리가 맑고 투명하여 소음이 나지 않는 소리를 내야 한다. 또한 유동성은 음도나 강도가 상황에 따라서 자유자재로 변할 수 있어야 한다.

유창성장애란 언어의 유창성은 음성언어의 음절이 일정 시간에 표현되는 개수를 시간당 비율로 나타내는 방법으로 정의될 수 있다. 대화를 할 때 자연스럽지 않은 시기와 리듬이 적절하지 않은 패턴으로 나타나는 구어장애를 유창성장애라고 하며 일반적으로 말더듬과 같은 의미로 사용되고 말의 강도 이상 또한 포함된다. 이는 유창성장애의 대부분이 말더듬이기 때문이다. 유창성에 문제가 되는 경우는 긴장, 흥분, 소심, 스트레스 등과 같은 내적 요인과 익숙하지 않은 환경과 상황 등에서 느껴지는 불안과 같은 외적 요인이 있다.

말더듬의 요인은 유전적 원인과 환경적 원인으로 나누어지는데 말더듬의 유전적 원인은 기능상의 문제, 환경적 원인은 말더듬을 흉내 내거나 긴장 혹은 실패에서 오는 스트레스로 인한 경우로 간주한다. 환경적 원인으로 인한 말더듬은 거의 자연스럽게 치료가 가능하지만 말더듬 문제가 계속된다면 유전과 환경의 영향을 둘 다 받고 있을 확률이 높다.

비음공명장애란 비음의 생성은 연구개의 움직임과 관계가 있으며 연구개는 상하로 움직이면서 구강과 비강을 연결하는 통로의 판막을 폐쇄시킨다. 일시적 또는 만성적인 비음공명장애는 표도선이 그 원인이 되기도 하며 편도선이 병적으로 너무 비대해지면 구강 입구를 막아서 비음이 강해진다. 비음공명장애는 과대비성과 과소비성으로 구분한다. 즉, 비음공명장애는 공명기관의 구조적 또는 신경학적 결함이나 기능적 원인에 의해 정상적인 공명을 달성하지 못하는 경우에 생기는 장애를 의미한다. 과대비성과 과소비성에 대해 추가적으로 설명하자면 과대비성은 구개파열이 주원인이며 무성음이 유성음으로 파열음(ㅍ, ㅂ, ㅌ, ㄷ, ㅋ, ㄱ)은 콧소리를 내게 된다. 이러한 이유로 음의 명료도가 현저하게 저하된다. 과소비성은 어음명료도에는 큰 영향을 미치지 않지만 코가 막힌 소리를 내기 때문에 음질에 문제가 있다. 성대의 진동을 비강으로 전달하는 기능의 문제로 종양이 비강으로 가는 기류의 이동을 막거나 연구개가 잘 펴지지 않아서 성대의 움직임과 비강을 열고 막는 협응이 용이하지 않아 과소비성이 발생한다. 과대비성과 과소비성은 수술로 거의 완벽하게 치료되므로 교육적 중재보다는 심리적 요인에 관심을 가져야한다.

대분류에서 언어장애(language disorder)란 중추신경인 뇌 손상 또는 뇌의 불완전 발달에서 연유한 장애로 내용 전달, 사회적 상호작용이 어렵다. 즉 언어장애란 언어의 구성요소에 장애가 나타나는 것으로 여기서 언어는 듣기와 말하기, 읽기와 쓰기, 기술적인 대화, 사회적 상호작용을 모두 포함한다. 예를 들어 말은 내용을 알아들을 수 있는 음성적 입력을 의미하나 언어는 내용의 형성과 해석 모두와 관련되어 있다는 것이다. 아동기 언어장애 관련 범주적용인은 중추적 요인, 말초적 요인, 환경적·정서적 요인, 복합요인이 있다.

[표1] 아동기 언어장애와 관련된 범주적 요인

중추적 요인	말초적 요인	환경적·정서적 요인	복합요인
• 단순언어장애 • 정신지체 • 자폐증 • 주의력결핍 및 과잉행동장애 • 후천적 뇌손상 • 기타	• 청각장애 • 시각장애 • 지체장애	• 학대와 남용 • 행동적, 정서적 발달 문제	-

출처: Nelson(1993)

언어장애 분류를 보면 언어장애는 분류하는 사람들에 따라서 여러 가지 형태로 분류된다. 미국 연설 언어청각협회(American Speech- Language -Hearing Association: ASHA)에서는 언어의 구성요소에 따라 음운론, 형태론, 구문론, 의미론, 화용론의 다섯 가지 요소들에서의 장애로 분류한다. 또한 정상적인 언어발달과 비교함으로써 언어장애를 분류하기도 하며 여기서는 구어(말소리)의 결여, 질적으로 다른 언어, 지연된 언어, 중단된 언어발달이 가장 일반적인 유형의 언어장애이다.

사회적 의사소통장애란 DSM-5(APA, 2013)의 의사소통장애의 하위 영역으로 새롭게 등재된 영역으로 구어 및 비구어 의사소통을 사회적으로 사용하는 것에 지속적인 어려움을 보이는 경우를 뜻한다. 이는 지능이나 기본적인 언어발달은 정상 범주에 해당하면서 화용 언어의 저하를 보인다는 점에서 과거 언어치료 학계에서 화용언어장애(Pragmatic language impairment)fh 진단을 내리던 경우와 매우 유사하다고 할 수 있다. 임상 기관에서 사회적 의사소통장애로 진단되는 경우는 크게 두 가지로 나누어 볼 수 있는데, 하나는 수용언어와 표현언어는 정상범주에 속하지만 화용언어가 떨어지면서 사회성이 부족한 경우이며, 다른 하나는 어려서 언어장애로 진단되어 치료를 받아 왔으나 화용언어의 문제가 남아 사회적 의사소통장애로 진행되는 경우이다. 국내에서 사회적 의사소통장애로 진단되는 경우는 대부분 후자의 경우이다.

사회적 의사소통장애의 특성은 앞서 설명했듯이 과거에는 사회적 의사소통장애를 화용 언어장애 또는 의미 언어장애라고 하였으며 진단은 DSM-5의 진단 기준을 따르며 신경 발달 장애에 의한 의사소통장애로 분류한다. 사회적 의사소통장애는 상대방의 기분 혹은 표정을 읽어내는 능력이 부족하며 비언어성 학습장애와 일부 증상이 유사한 것이 특징이다. 사회적 의사소통장애는 자폐성 장애와 아스퍼거장애 등과 유사하지만 두 장애에서 보이는 다른 증상 없이 사회적 상황에서 의사소통의 문제만 보이므로 따로 분리하게 되었다. 자폐성 장애와의 차이점은 제한적이고 반복적인 행동이나 흥미, 활동 여부뿐만 아니라 사회적 부적응 기준에도 있는 것을 볼 수 있다.

전체적인 개념에서의 의사소통장애의 원인으로은 의사소통장애는 두뇌 및 신경 손상, 구개파열 등의 구강기관 이상, 입과 얼굴의 기형 등 이미 밝혀진 생물학적 원인도 있지만 많은 경우가 그 원인이 정확하게 밝혀지고 있지 않아 수많은 요소들을 고려해야 한다. 말이나 언어에서의 결함은 서로 관련된 수많은 요소들의 상호작용에 의해서 영향을 받기 때문에(Shames & Wigg, 1986), 단적으로 원인을 정의하기는 힘들다. 그러나 말이나 언어 행동에 영향을 미치는 요인들을 분석이 가능하며 신체적 상태(신체기관의 기능), 상황에 따른 정신적 부담(스트레스), 환경적 요인이 여기에 해당한다. 그러나 이렇게 광범위한 원인이 있지만 실제적인 장애 원인에 관한 것은 각각의 원인을 따로 탐색해 보아야 한다.

신체적 요인에서 보면 신체적인 상태는 인간의 행동에 심각하고도 지속적인 영향을 미친다. 신체적 상태가 환경적인 요소나 상황적인 스트레스와 분리되어서 독립적으로 영향을 미치지는 않으며 종합적으로 함께 작용한다. 신체적 원인은 중추신경계나 말초신경계에 손상을 가져오는 질병이나 사고에 의한 것으로 출산 전, 출산 후 또는 아동기나 성인기 등 모든 시기에 걸쳐서 발생할 수 있다.(Lahey,1988) 신체적 손상을 입게 되면 그 시기와는 관계없이 정상적인 말을 위해서 필요한 움직임을 정확하게 할 수 없게 되며 감각장애나 환경과의 제한된 시각적, 청각적 상호작용을 보이기도 한다.(Shames & Wiig, 1986) 일반적으로 청각장애, 뇌성마비, 시각장애가 이에 해당한다.

상황적 요인 상황에 따른 정신적 부담감(스트레스)은 장애의 경중에 따라서 그 정도가 달라지므로 말과 언어장애의 정도를 진단하고 분류할 때는 다양한 상황에서의 상호작용 유형과 정도를 충분히 관찰해야 한다. 특히 가장 바람직한 결과를 도출해내기 위해서는 아동이 속한 지역사회 전반에 걸쳐 광범위한 관찰을 하여 그 결과에 따른 교수 계획이 수립되어야 하지만 상황적인 장애로 인한 언어장애는 심리적인 문제가 동반되는 경우가 다수이므로 언어적인 측면에서의 접근만으로는 해결이 불가하다. (박순길, 박현옥, 조정연, 2014)

환경적 요인은 신생아들의 울음이나 옹알이 등과 같은 의사소통적 시도에 부모들이 적절히 반응해 주지 못하거나 환경 내의 가까운 가족들과의 언어적 의사소통이 없을 때 구강 기관을 움직이는 기술이나 다양성이 지체되는 경향을 보이며 좀 더 조직화된 의사소통 능력의 발달과 말이나 언어의 습득이 지체될 가능성이 있다. 새로운 소리를 습득하여 산출하는 시기에 성인의 긍정적인 비언어적 표현이나 모방을 통한 강화가 없을 경우 소리가 사라질 수 있다. 아동기 전반에 걸친 환경적 요소들은 적절한 말과 언어기술을 통한 의사소통 능력의 발달에 영향을 준다.

의사소통장애의 지적 특성은 일반적으로 말이나 언어에 문제를 보이는 의사소통장애를 지닌 아동들은 지적 능력이나 성취도 평가에서 평균보다 낮은 점수를 보이곤 한다.(Kelly & Rice, 1986; Shames & Wigg, 1986). 그러나 의사소통장애를 가졌다면 정신지체, 학습장애, 기타 장애를 복합적으로 지니고 있으므로 순수하게 의사소통장애가 지적 능력에 영향을 미친다고는 할 수 없다. 의사소통장애는 단어 인지력이나 독해력, 연산 능력 등과 같이 교과목학습에 필요한 기술 습득에 방해가 되어 교과목 성취에 어려움을 겪는다. 순수 언어장애는 비장애인과 동일 수준이 될 수 있도록 조기 발견과 조기 중재가 중요하다.

사회·정서적 특성은 말이나 언어에 장애가 있다면 흔히 상대방으로부터 거절 당하거나 창피를 당하거나 열등감을 경험하며 심하게는 벌을 받는 경험까지 하며 낮은 자존감을 형성한다. 순수 조음·음운 장애는 다른 부분에는 장애가 없지만 소심하거나 내성적인 경우가 다수이나 교육이나 치료의 효과가 빨리 나타나고 실제 교육 및 치료 기간도 길지 않아 교육이나 치료를 통해 정서적인 측면의 긍정적 발전을 이룬다면 극복할 수 있다. 의사소통장애 아동들이 겪는 부정적인 경험들은 그들로 하여금 좌절감과 분노, 적대감이나 위축 행동을 보이게 하며 대부분 상호작용을 어려워하고 대인관계에 부정적이다.

Ⅱ. 자폐성 장애 아동의 심리운동 신체경험

의사소통장애를 위한 심리운동은 한 마디로 자신에 대한 긍정적인 신체상을 가질 수 있도록 도움을 주는 활동이라고 할 수 있다. 의사소통장애를 가진 대상자들은 말과 언어로 인한 실패 경험 또는 다른 사람들과의 상호작용에 대한 어려움, 대인관계 기피 등으로 소심하고 위축되어 있거나 반항적이고 적대감을 보이기도 한다. 따라서 신체에 대한 부정적인 인식이 깊고 대인관계의 위축으로 대화를 할 수 있는 기회가 줄어 말을 더 적게 하므로 발달이 지체가 된다. 따라서 발화를 위한 수용적인 환경을 보다 효과적으로 만들어 줄 수 있으며 교사나 또래들이 중요한 모델의 역할을 수행할 수 있도록 만들어 주는 것이 심리운동이라고 보며 자신감과 자존감을 높여 긍정적인 신체상을 얻음과 동시에 자신의 감정을 신체로 표출하여 만족감을 줄 수 있는 활동이라고 본다.

Ⅲ. 심리운동 신체경험 프로그램

프로그램 #1: 흉내쟁이 작가

가. 목표 : 신체 표현 발달 및 올바른 문맥과 구문 형태 습득

나. 준비물 : 단어 카드

다. 지원영역 : 신체상, 신체 표현

라. 놀이 방법

팀을 2개로 나눈 후 한 팀은 몸으로 단어 카드에 적힌 명사 혹은 동사를 설명하고 다른 팀은 그 단어를 맞춰서 그 단어를 획득한다. 획득한 단어 카드를 나열한 후 조사에 해당하는 단어 카드를 자유롭게 선택한 후 문법적, 의미상으로 타당한 문장을 만들어서 더 많은 문장을 만들어 낸 팀이 승리하는 규칙으로 진행한다.

마. 기대효과

긍정적 신체상 형성 및 자발적인 신체 표현을 통한 감정의 표출

바. 놀이 확장하기

단어들을 이용한 이야기 만들기

프로그램 #2: 내 마음대로 패션쇼

가. 목표 : 신체 표현 발달 및 긍정적인 신체상 획득

나. 준비물 : 집게, 색종이, 스티커 등 꾸밀 수 있는 모든 것들

다. 지원영역 : 신체상, 신체 표현

라. 놀이 방법

활동에 참여하는 사람들과 하나의 주제를 선정한 후 주제에 맞도록 자기 신체 또는 옷 위에 스티커, 집게, 리본 등 다양한 재료를 가지고 꾸민다. 다 꾸민 사람들은 런웨이를 만들어 그 위를 마치 모델이 된 것처럼 당당하고 멋있는 걸음걸이로 걸어가 포즈를 취한다. 주변에 있는 사람들은 런웨이를 걸어가는 사람에게 긍정적인 말과 박수, 환호성과 같은 비언어적인 표현을 다양하게 해주면서 활동을 진행한다. 이는 모든 사람이 다 걸어갈 때까지 반복해서 진행한다.

마. 기대효과

긍정적 신체상 형성 및 자발적인 신체 표현을 통한 감정의 표출, 모방을 통한 발화

바. 놀이 확장하기

내가 아닌 다른 사람을 꾸며주는 디자이너가 되어보기

프로그램 #3: 빨대 골프

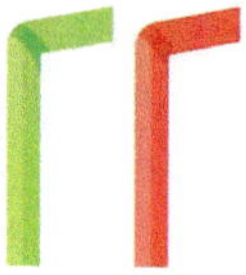

가. 목표 : 부는 호흡 습득 및 구강 자극

나. 준비물 : 빨대, 테이프, 종이컵, 탁구공

다. 지원영역 : 신체 조절, 자기 능력 인식

라. 놀이 방법

종이컵을 책상 끝에 붙여 도착지점을 만든 후 여분의 빨대를 이용하여 자유롭게 공이 지나갈 길을 만든다. 탁구공을 종이컵 반대에 있는 빨대로 만든 길의 끝, 즉 시작 지점에 놓고 다른 빨대로 불면서 공을 종이컵에 골인시킨다. 이때 손을 사용하거나 길을 이탈할 시 처음 시작 지점으로 돌아와서 다시 시작해야 한다.

마. 기대효과

부는 호흡 습득 및 구강 자극

바. 놀이 확장하기

코스를 다양하게 짜서 레이싱처럼 경쟁 활동하거나 탁구공보다 조금 더 무겁고 큰 공을 사용하여 2명이 불어서 골인시키기

프로그램 #4: 탁구공 공중부양

가. 목표 : 부는 호흡 습득 및 구강 자극

나. 준비물 : 종이, 빨대, 스티로폼 공

다. 지원영역 : 신체 조절, 자기 능력 인식

라. 놀이 방법

종이를 잘라 연잎 모양으로 만든 후 그 종이를 말아 고깔 형태로 고정한다. 뾰족한 부분에 빨대가 딱 맞게 들어갈 수 있을 정도로 조그만 구멍을 내어 빨대의 짧을 쪽을 안쪽으로 넣는다. 고깔에 넣은 빨대를 단단하게 고정한 후 가운데에 스티로폼 공을 넣은 후 긴 쪽의 빨대를 불어 공을 띄운다. 더 오래 공을 띄운 사람이 승리, 더 높이 띄운 사람이 승리 등 경쟁 활동을 추가하여 놀이의 규칙을 부여하는 방법으로 다양하게 활동을 진행한다.

마. 기대효과

부는 호흡 습득 및 구강 자극

바. 놀이 확장하기

- 세게 불어서 공을 주고받기 혹은 여러 개 띄워 보기
- 더 무거운 탁구공을 불어서 띄우기

프로그램 #5: 인간 보드게임

가. 목표 : 신체 표현 향상 및 언어 모방을 통한 단어 습득

나. 준비물 : 단어 카드, 원 마커 or 컵 받침

다. 지원영역 : 신체 조절, 자기 능력 인식, 단어 인지 및 단어 발화

라. 놀이 방법

원 마커 혹은 컵 받침을 이용하여 한 줄로 징검다리를 만든다. 2명씩 짝지어 1명은 보드게임의 말, 단어를 맞추는 역할을 나머지 1명은 도착지점, 단어를 설명하는 역할을 맡는다. 말의 역할을 맡은 사람은 설명하는 사람의 동작을 보고 단어를 맞추면 그 단어를 1글자씩 말하며 원 마커 또는 컵 받침을 글자당 1칸씩 밟고 이동한다. 같은 방법으로 반복하여 설명하는 사람이 서 있는 곳까지 다다르면 게임을 종료한다.

마. 기대효과

신체 표현 향상 및 언어 모방을 통한 단어 습득을 통한 발화 안정화

바. 놀이 확장하기

윷놀이처럼 맵을 다양하게 만들어서 진행하거나 간단한 단어가 아닌 문장을 사용하여 문장을 읽고 안에 들어갈 수 있는 단어를 유추해서 말하기 등 다양성을 부여한다. 맵 중간에 미션을 통해 말을 모방할 수 있는 요소 혹은 신체적인 표현이 필요한 요소들을 제공하는 방법도 활용할 수 있다.

프로그램 #6: 세탁기 놀이

가. 목표 : 신체 표현 향상 및 언어 모방을 통한 단어 습득

나. 준비물 : 없음

다. 지원영역 : 신체 조절, 자기 능력 인식, 단어 인지 및 단어 발화

라. 놀이 방법

팀을 2개로 나누어 한 팀은 빨래의 역할을 다른 한 팀은 세탁기의 역할을 맡는다. 세탁의 과정에 대해 함께 생각하여 상황을 부여하고 상황에 따라 활동을 진행한다. 우선 빨래가 된 팀을 세탁기 팀이 손을 잡고 둘러싸고 빈틈없이 감싸 안은 후 세탁기가 빨래할 때 나는 소리를 입으로 내면서 세탁이 되는 과정을 표현한다. 예를 들어 물이 차고 세제를 넣고 세탁기가 돌아가는 일련의 과정을 소리나 행동으로 다양하게 표현하는 것이다. 한 사이클을 다 표현했을 때 역할을 바꿔 다시 진행한 후 활동에 관한 이야기를 나누며 마무리한다.

마. 기대효과

신체 표현 향상 및 언어 모방을 통한 음성상징어(의태어, 의성어)를 포함한 단어 습득을 통한 발화 안정화

바. 놀이 확장하기

세탁기가 아닌 다른 기계를 표현하거나 사람마다 다른 의성어와 의태어를 사용하도록 유도한다. 기계라면 들어보았던 과정을 설명하는 기계 음성에 대한 간단한 문장도 가능하면 사용할 수 있도록 유도한다.

프로그램 #7: 타잔 놀이

가. 목표 : 발화습득 및 음성적 표현 확대

나. 준비물 : 로프, 매트 등

다. 지원영역 : 신체 조절, 자기 능력 인식, 발화

라. 놀이 방법

로프를 다양한 방식으로 천장에 묶어놓은 후 그 밑에 안전을 위해 매트를 설치한다. 타잔이 사는 정글 숲이라는 상황을 부여하여 역할극처럼 활동을 진행한다. 로프를 1개씩 잡아당기거나 매달리면서 건너가는 모습을 연기하는 동시에 타잔이 내는 소리인 “아아아”와 같은 의미는 없지만 부르는 소리를 각자 자신의 마음대로 만들어서 활동을 진행한다. 더 나아가 소리의 장단(長短), 소리의 크고 작음 등 다양한 규칙을 정하여 간단한 소리로 의사소통을 할 수 있도록 활동을 진행한다.

마. 기대효과

신체 표현 향상 및 언어 모방을 통한 음성상징어(의태어, 의성어)를 포함한 단어 습득을 통한 발화 안정화

바. 놀이 확장하기

다양한 동물들을 등장시켜 동물의 울음소리를 흉내 내면서 활동을 진행한다. 예를 들어 고릴라, 원숭이, 사자 등의 울음소리와 행동을 묘사하며 활동하는 것을 말한다.

프로그램 #8: 메아리 놀이

가. 목표 : 언어 모방을 통한 단어 습득

나. 준비물 : 없음

다. 지원영역 : 신체 조절, 자기 능력 인식, 단어 인지 및 발화

라. 놀이 방법

2명이 서로 마주 보고 선 후 한 사람은 본인이 말하고 싶은 단어를 크게 말한다. 앞에 마주 보고 있는 사람은 메아리처럼 그 단어를 3번 반복해서 말하는데 이때 단어를 말하는 소리의 크기는 점점 작게 말해야 한다. 단어는 한 글자, 두 글자, 세 글자 등등 점점 글자 수를 늘려 말을 해야 하며 장소가 좁다면 헤드폰, 이어폰, 귀마개 등 소리를 조금 방해할 수 있는 도구를 활용해도 좋다. 위와 같이 역할을 바꿔가며 진행하며 활동을 마친 후 단어에 대해 자신이 좋아하는 이유를 나누며 마무리한다.

마. 기대효과

모방을 통한 단어 습득과 발화 안정화

바. 놀이 확장하기

단어에서 문장으로 변형시키며 소리의 크기, 서 있는 거리도 다양하게 변경한다.

프로그램 #9: 선착장 배 주차 시뮬레이션

가. 목표 : 부는 호흡 습득 및 구강 자극

나. 준비물 : 부부젤라, 안대

다. 지원영역 : 신체 조절, 자기 능력 인식

라. 놀이 방법

운전자 1명, 배 1명의 역할을 주어 한 팀을 이룬다. 운전자에게는 부부젤라를 배는 안대를 제공한 후 안대를 착용한 배는 운전자와 자유롭게 돌아다니면서 부부젤라를 부는 방법에 따른 본인들만의 사인을 정하면서 적응할 시간을 가진다. 예를 들어 길게 불면 출발, 빠르고 짧게 끊어서 불면 위험 신호 등 본인들만의 사인을 정하는 것이다. 게임 진행은 한 팀씩 순서대로 하며 게임이 시작되면 지도자가 무작위로 도착지점을 선정한다. 운전자는 사인에 따라 배를 움직이며 올바른 위치에 주차했을 때 부부젤라를 연속으로 2번 불며 도착을 알림으로 활동을 마무리한다. 시간 초를 재어 가장 먼저 도착지점에 주차한 팀이 승리라는 경쟁 활동을 추가하여 다양하게 놀이를 진행한다.

마. 기대효과

부는 호흡 습득 및 구강 자극

바. 놀이 확장하기

본인들만의 사인을 부부젤라와 행동을 섞거나 모든 사인을 말로 하여 수행하는 팀이 아닌 다른 팀이 말이 들리지 않게 부부젤라를 불면서 방해하는 등으로 변형한다.

(7) 지적성장애 아동 프로그램

Ⅰ. 지적장애 아동의 정의 및 특성

지적장애의 정의로는 미국 지적장애 및 발달장애협회(American Association on Intellectual and Developmental Disabilities:AAIDD)의 정의가 많이 사용된다. AAIDD는 그 명칭을 변경한 것으로, 2010년 11번째 매뉴얼인 지적장애: 정의, 분류 및 지원체계를 발행하면서 장애명도 과거의 정신지체(mental retradation)에서 지적장애(intellectual disability)로 변경하였다.

「장애인 복지법」 시행령 제2조 별표 1의 장애인의 종류와 기준(2013년 4월 22일 일부 개정)에서는 정신지체를 '지적장애인(知的障礙人)'이라는 용어로 소개하고 있다. 이 법에 따르면 지적장애인은 정신 발육이 항구적으로 지체되어 지적 능력의 발달이 불충분하거나 불완전하고 자신의 일을 처리하는 것과 사회생활에 적응하는 것이 상당히 곤란한 사람이다.

법적 분류로는「장애인 복지법 시행규칙」(2013년 부분 개정)에서는 지능지수에 따라 '지적장애'를 세 가지 등급으로 구분하고 있다.

[표] 「장애인복지법 시행규칙」 (2013년 부분 개정)

분류	정　　의
1급	지능지수가 35 미만인 사람으로서 일상생활과 사회생활에 적응하는 것이 현저하게 곤란하여 일생 동안 다른 사람의 보호가 필요한 사람
2급	지능지수가 35 이상 50 미만인 사람으로서 일상생활의 단순한 행동을 훈련 시킬 수 있고, 어느 정도의 감독과 도움을 받으면 복잡하지 아니하고 특수기술이 필요하지 아니한 직업을 가질 수 있는 사람
3급	지능지수가 50 이상 70 이하인 사람으로서 교육을 통한 사회적. 직업적 재활이 가능한 사람

지적 기능과 적응기능의 수준에 따른 분류로는 지적 기능과 적응기능은 지적 장애를 분류하는 주요 준거이다.

정도	IQ 범위	정상분포곡선 절사점	적응적 제한성의 범위
경도	IQ 50~55에서 70~75	-2표준편차	두 가지 이상의 영역
중등도	IQ 35~40에서 50~55	-3표준편차	두 가지 이상의 영역
중도	IQ 20~25에서 35~40	-4표준편차	모든 영역
최중도	IQ 20~25이하	-5표준편차	모든 영역

출처: Jacobson & Mulick (Eds.) (1996). p 14

정상분포곡선과 지능의 절사점

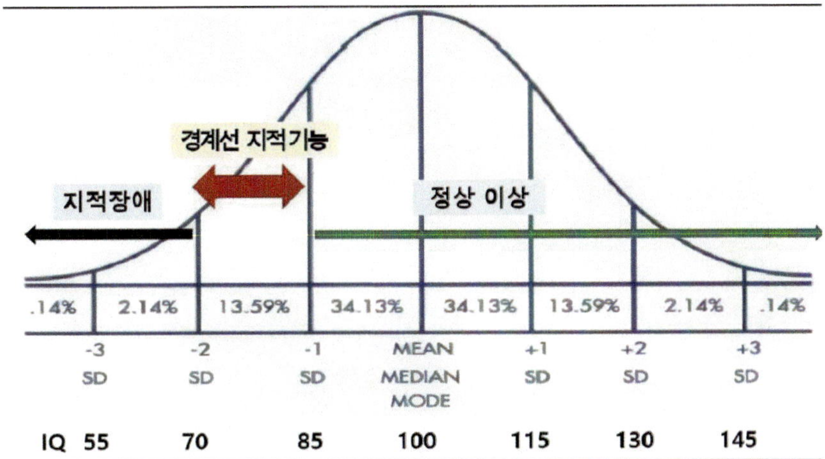

필요한 지원 유형에 따른 분류를 보면 간헐적 지원이란 필요한 때 단기적인 지원을 제공하는 것을 의미한다. 제한적 지원: 일정한 시간에 걸쳐 지원하는 것으로 고용훈련, 학령기에서 성인기로의 전환적 지원 등과 같이 정해진 기간 동안 제공되는 일관적인 지원을 의미한다.

광범위한 지원이란 몇몇 환경(예:가정, 직장)에서의 시간 제한 없는 정기적인 지원을 의미한다. 전반적 지원이란 생애 전반에 걸처 모든 환경에서 제공되는 일관되고 강도 높은 지원을 의미한다.

지적장애아동의 특징으로는 인지능력과 학업 성취 면에서는 지적장애 아동은 그 정도에서는 차이가 있지만 주의력과 기억력의 결함을 지니고 있다. 엉뚱한 곳에 주의를 기울이거나 주의집중 시간이 짧고, 단기기억력도 일반 아동보다 부족하다. 단기기억에서 장기기억으로 옮기어 저장할 수 있도록 반복 학습과 여러 가지 기억증진 프로그램을 사용하여야 한다. 일반적으로 지적장애 아동은 학습 속도가 느리며, 교수자료를 사용할 때 구체적이고 의미 있는 것일수록 더 효과적으로 학습하는 것으로 알려져 있다. 모방학습 능력이 부족하기 때문에 세부적이고 직접적인 교수가 필요하다. 또 한 지적장애 아동은 학습 동기가 낮기 때문에 동기유발이 어렵고 실패의 경험이 누적되어 하고자 해도 안 된다는 생각을 갖게 되어 학습된 무기력의 상태가 되는 경우도 많다. 지적장애 아동은 초인지적인 능력이 부족하여 자기조절 능력에도 결함을 보이는 경우가 빈번하기에 아동의 능력에 적당한 과제를 제공하고 성공의 경험을 쌓게 하여야 한다.

언어 및 사회성 발달면에서는 지적장애 아동은 언어 발달에 있어 지체되고 일반적이지 않은 패턴을 보이는 것이 다반사이다. 정확하게 발음하지 못하는 조음의 문제와 발달 속도가 일반 아동에 비해 지체되는 것이다. 심한 언어발달의 지체가 있을 때 보완대체 의사소통 체계를 사용하기도 하는데 자기표현과 주변환경을 충분히 통제할 수 없을 때는 문제 행동이 나타나기도 하기 때문에 적절한 지원이 필요하다.

다른 사람과 상호작용을 어떻게 해야 하는지 몰라서 친구를 잘 사귀지 못하고 다른 친구들과 자신이 다르다는 것을 인식하여서 자아개념이 빈약하게 형성되고 다양한 문제를 보이며 사회성 발달에 부정적인 영향을 미친다. 그러하기에 통합환경을 제공하여 어렸을 때부터 일반 아동과 함께 지내며 긍정적 상호작용의 기회를 만들어 주어 사회성 발달에 도움을 주어야 한다.

지적장애아동의 발생 원인으로 다운증후군은 21번 염색체의 이상(2개가 아닌 3개)으로 발생한다. 지적장애의 다운증훈군은 비교적 출현율이 높은 약5~6%에 달한다. 이 증후군의 아동은 신체 및 건강상의 문제도 함께 지니고 있는 경우가 많으며 시각장애, 호흡기 질환, 백혈병의 발병율이 높다.

페닐케톤뇨증은 유전자의 단백질 대사 이상으로 발생하며 페닐알라니을 티로신으로 바꾸는 신진대사를 할 수 없어 페닐알라닌이 축적되어 두뇌의 비정상적인 발달을 초래하게 되어 장애를 일으킨다. 신생아 때 선별검사 하여 PKU 여부를 알아내고 페닐알라닌 성분을 조절하는 식이요법이 필요하다.

약체 X 증후군은 23번 성염색체의 X염색체 이상으로 발생하고 남아에게 더 많일 발생한다. 이들은 외모상으로 특성을 보이는데 머리가 크고 얼굴이 좁고 길며, 이마와 턱이 튀어나옥, 코가 넓고, 손이 크며 손가락 끝이 가늘어지지 않는 신체적 특성을 나타낸다.

프라더-윌리 증후군은 아버지로부터 전해지는 유전적일 결함이로 15번 염색체의 일부가 소실되어 발생한다. 신생아 때는 근육에 힘이 없고 먹는 것도 힘들지만, 점점 지나치게 음식에 집착하여 음식 섭취를 조절하여 고도 비만의 위험을 낮추어야 한다. 성장 호르몬의 이상으로 키가 작고, 심장, 척추 측만 등의 신체적 문제, 수면 중 호흡 정지되는 수면장애가 나타난다.

윌리엄스 증후군은 7번 유전자의 결손을 초래하고 경도 및 중등도 수준의 지적장애를 동반하고, 심장질환이 흔하고 요정처럼 보이는 외모(치켜올라간 코, 작은 턱)를 보인다. 복통, 변비, 탈장이 잦고 잠을 잘 자지 않고, 혈중 칼슘이 올라간다. 과도한 친밀감을 보이고 지나치게 활동적이고 산만하여 친구를 사귀기 어렵다. 어휘와 언어능력을 좋으나 글을 읽고 쓰는 능력이나 시공간적 능력, 수학능력은 떨어진다.

두뇌손상면에서는 임산모의 풍진, 매독 등의 질병을 앓았을 때 두뇌 손상을 일으키기도 한다. 풍진이나 에이즈는 소두증을 초래한다. 뇌척수액이 순환되지 않아 뇌실에 축척되면 대두증을 유발한다. 대두증을 빨리 치료하지 않으면 뇌염, 뇌막염, 지적장애를 초래한다.

지적 장애는 유해한 환경으로 발생하기도 하는데, 약물남용, 영양실조, 방사선 노출, 조산이나 출생시 뇌손상 등이 있다.

Ⅱ. 자폐성 장애 아동의 심리운동 신체경험

지적장애아동 심리운동의 방향 및 필요성면에서 볼 대 언어와 인지는 서로 긴밀한 관계에 있다. 아동은 언어를 통해 사고를 발달해가면서 일상에서 겪는 문제들을 해결하고 타인과 의사소통을 한다. 원활한 의사소통을 위해서는 인지발달과 언어 발달이 매우 중요한 역할을 한다. 언어는 아동이 일상에서 직면하게 되는 여러 상황과 문제들을 해결할 때 유용한 수단이 된다. 아동은 언어적인 표현이 가능해짐에 따라 정신적 표상이 가능해지게 되어 사회적인 대화가 시작되고, 기본적 생산능력이 높은 인지 과정으로 발달한다. 언어 발달이 인지발달과 연관되어 있다는 이론에 근거할 때 아동이 언어를 매개로 하여 사고, 기억, 추리, 문제해결 등의 인지 기술을 표현하고, 언어를 통해 인지발달의 역이 확대되고 발달하는 것으로 이해한다.

지적장애아동의 심리운동이란 많은 실패의 경험과 그로 인한 주위의 피드백으로 인하여 자아념이 축소 형성되어서 아동 자신에 대한 유능감이 낮을 수 있다. 여러 상황에서 영향력이 미칠 수 없거나 자신이 하는 행동이 효과적이지 않아서 그 상황에 대한 통제를 할 수 없는 것을 많은 순간 경험하였기 때문에 무기력감을 반복적으로 느끼게 된다. 학습된 무기력은 인지적, 동기적, 정서적 측면에서도 영향을 끼치게 된다. 인지적 결핍, 동기적 결핍, 정서적 결핍 증상은 통제 가능한 상황에도 통제 불가능한 것으로 지각하게 되고, 도전할 만한 상황에도 전혀 시도조차 하지 않게 되고, 상황에 회피하고 자포자기 하는 양상으로 나타날 수 있다.

이들에게 적절한 신체경험, 물질경험, 사회경험을 통한 심리운동을 제공하여 성취감을 반복적으로 경험하도록 하는 것이 중요하다. 장애 아동이 자신에 대한 자아개념을 확장시키고 유능감을 향상 시킬수 있게 하는 심리운동은 인지적 발달에도 상당한 영향이 있을 것이므로 지적장애 아동에게 상당히 효과적으로 적용될수 있을것으로 생각된다.

Ⅲ. 심리운동 신체경험 프로그램

프로그램 #1: 공 다리 건너기

가. 목표 : 신체협응 및 신체지남력

나. 준비물 : 작은 공 여러개, 색테이프, 양면테이프, 자루

다. 지원영역 : 평형감각, 대.소근육

라. 놀이 방법

바닥에 색 테이프를 이용하여 직선 모양, S자 모양, 톱니 모양 등으로 붙여 이동 방향을 표시한다. 표시한 선 위에 공을 양면테이프를 사용하여 띄엄띄엄 붙인다. 아동은 자루 안에 들어가 표시 선 모양대로 점프하며 이동하며 공을 하나씩 때어 자루 속에 담는다.

마. 기대효과

자루 속에서 신체의 중심을 잡아 이동하기 때문에 평형감각, 대근육, 소근육을 강화시킬 수 있다.

바. 놀이 확장하기

- 자루에 담긴 공을 점프로 이동하며 하나씩 꺼내어 놓는 활동을 한다.
- 같은 색 공만 주워 담기 활동을 한다.

프로그램 #2: 풍선 기차

가. 목표 : 타인지각, 신뢰감

나. 준비물 : 풍선 아동수 만큼

다. 지원영역 : 의사소통지원, 촉감

라. 놀이 방법

아동의 수와 같은 수의 풍선에 바람을 넣는다. 일렬로 선 아동은 풍선을 하나씩 안고 앞사람과 밀착하여 풍선을 떨어트리지 않게 한다. 풍선 기차가 되어 속도나 반환점 돌아오기 등의 지시에 따라 이리저리 이동한다.

마. 기대효과

일렬로 밀착하여 풍선의 말랑한 느낌을 느끼며 하나가 된 듯 이동하며 서로에 대한 신뢰감을 높일 수 있다.

바. 놀이 확장하기

- 풍선을 사이에 두고 아동 2명이 서로를 껴안아 풍선을 터뜨리는 활동을 한다.
- 두 사람의 몸에 하나의 풍선을 밀착하여 떨어지지 않게 반환점 돌아오기를 한다.

프로그램 #3: 스윙 호스로 소곤소곤

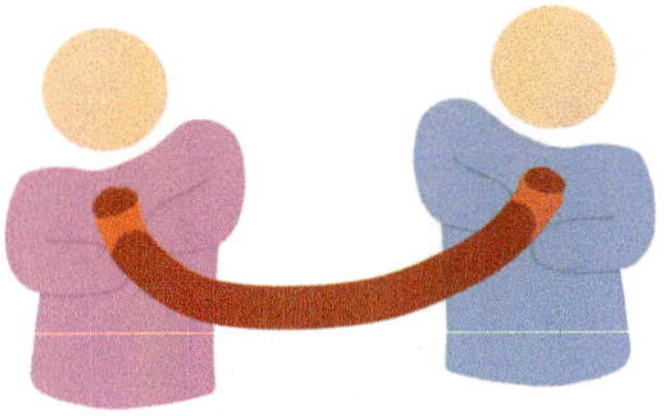

가. 목표 : 청각주의력, 작은 소리로 명료하게 말하기

나. 준비물 : 스윙 호스

다. 지원영역 : 의사소통지원, 청각주의력

라. 놀이 방법

2~3명씩 팀을 나누어 선다. 맨 앞의 아동은 치료사가 보여주는 단어나 그림에 대하여 다른 팀에게 들리지 않도록 스윙 호스에 대고 소곤소곤 설명한다. 마지막 아동은 스윙 호스를 통해 들은 것이 무엇인지 말한다.

마. 기대효과

작은 소리로 상대에게 설명하는 활동으로 명료한 발음 및 의사소통기술이 향상된다.

바. 놀이 확장하기

- 3~4명의 아동이 스윙 호스를 한 줄로 잡고 스윙 호스에 구슬을 넣어 마지막까지 이동시키는 활동을 한다.

프로그램 #4: 네모, 세모, 동그라미

가. 목표 : 인지향상 및 소근육

나. 준비물 : 색 테이프, 색종이, 물

다. 지원영역 : 색인지, 모양인지, 소근육

라. 놀이 방법

유리창이나 전지에 약 90㎠가량의 직사각형, 정사각형, 삼각형, 원 모양의 영역을 색 테이프를 붙여 만든다. 여러 가지 색의 색종이를 영역별 모양으로 자르는데 약 $\frac{1}{4}$ 크기로 잘라 놓는다. 치료사가 말하는 모양, 색깔을 듣고 해당 영역에 색종이 모양을 붙인다. 유리창에는 물을 뿌려 색종이를 붙일 수 있다.

마. 기대효과

색깔과 도형 모양을 변별하여 인지 능력을 향상하고 소근육 향상을 기대한다.

바. 놀이 확장하기

- 같은 색깔의 모양끼리 모아 붙인다.
- 빨대를 입에 대고 바람을 들이마시며 색종이를 해당 영역의 전지에 옮긴다.

프로그램 #5: 감정 풍선 날리기

가. 목표 : 부정 정서 경감, 민첩성

나. 준비물 : 풍선, 매직

다. 지원영역 : 신체 신장/확장, 정서, 민첩성

라. 놀이 방법

오늘 자신의 감정을 탐색한다. 풍선에 자신이 느끼는 감정을 담아 바람을 불어 넣고 끝을 묶어 바람이 세어나지 않게 한다. 풍선에 감정의 이름이나 표정을 그려 넣는다. 이름이나 표정이 그려진 감정 풍선을 높이 날려 보고, 던지고, 튕기는 활동을 한다.

마. 기대효과

감정에 대해 인지하고 그것을 표현해 보는 활동으로 정서적 안정을 도모

바. 놀이 확장하기

- 감정 풍선을 터트리며 부정적 감정을 해소한다.

프로그램 #6: 풍선 테니스

가. 목표 : 활동에 적합한 도구 사용

나. 준비물 : 풍선, 라켓, 주걱, 책, 일회용 접시 등

다. 지원영역 : 의사소통, 판단력, 신체 지남력

라. 놀이 방법

라켓, 주걱, 책, 일회용 접시 등 풍선을 칠 수 있는 여러 가지 도구를 놓는다. 풍선을 쳐서 주고받기 위해 놓인 도구를 탐색하여 자신에게 유리한 도구를 선택한다. 상대방 쪽으로 풍선을 쳐서 서로 주고받는 활동을 한다.

마. 기대효과

풍선을 잘 치기 위한 도구를 선택하여 적절한 힘의 세기로 상대방에게 도달할 수 있도록 활동하며 의사소통과 판단력, 힘 조절의 향상을 기대한다.

바. 놀이 확장하기

- 풍선을 머리로 튕겨(헤딩) 상대와 주고받는다.
- 풍선을 풍선으로 튕겨 바닥에 닿지 않게 한다.

프로그램 #7: 컵 옮기기

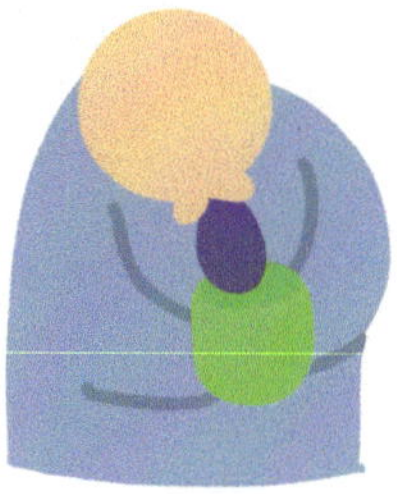

가. 목표 : 종이컵 안에서 풍선을 불어 종이컵을 다른 곳으로 이동할 수 있다.

나. 준비물 : 풍선, 종이컵 여러개

다. 지원영역 : 입 주변 근육, 폐활량

라. 놀이 방법

종이컵을 여러 개 늘여 놓는다. 풍선을 입에 물고 종이컵 안에서 불어 해당 종이컵을 다른 곳으로 이동시킨 후 풍선의 바람을 빼면 풍선은 빠지고 컵 만 이동이 가능하다. 이렇게 놓여 있는 컵을 모두 쌓아놓는다. 팀별 활동시 먼저 컵을 쌓은 팀이 승리한다.

마. 기대효과

풍선을 불어 종이컵을 옮기며 입 주변의 근육을 사용하고 폐활량을 높일 수 있다.

바. 놀이 확장하기

- 도구(집게)를 사용하여 늘여진 컵을 한곳에 모두 쌓는다.
- 도구(집게)를 사용하여 쌓인 컵을 펼쳐 놓는다.
- 피라미드 모양으로 컵을 쌓아 무너뜨린다.

가. 목표 : 물이 담긴 컵에 스티로폼 공을 입으로 불어 이동시킬 수 있다.

나. 준비물 : 물이 담긴 컵 10개, 스티로폼 공 2개

다. 지원영역 : 입주변 근육, 폐활량

라. 놀이 방법

두 팀으로 팀을 나눈다. 컵에 물을 가득 담아 일렬로 5개씩 세워 둔다. 맨 앞의 컵 위에 스티로폼 공을 올리고 입으로 불어 마지막 컵까지 이동시킨다. 도중에 떨어지면 처음부터 다시 시작한다. 끝까지 먼저 이동한 팀이 승리한다.

마. 기대효과

입으로 바람을 불어 스티로폼 공을 다른 컵으로 이동시키는 활동을 하며 입주변 근육을 사용하고, 폐활량을 높일 수 있다.

바. 놀이 확장하기

- 컵에 번호를 붙여 놓는다.
- 컵의 번호를 불러주면 해당 컵까지 한 번에 이동할 수 있게 바람의 세기를 조절하여 활동한다.

프로그램 #9: 색종이 건너기

가. 목표 : 해당 색종이 위로 몸을 이동시킬 수 있다.

나. 준비물 : 여러 가지 색깔 색종이

다. 지원영역 : 신체도식, 시각지각, 민첩성

라. 놀이 방법

바닥에 여러 색의 색종이를 띄엄띄엄 펼쳐 놓는다. 치료사가 색상의 이름을 말하면 해당하는 색종이를 밟고 올라선다.

마. 기대효과

색을 인지하고 자신의 몸을 움직여 해당 색종이로 이동하며 신체를 지각하고 민첩성을 향상시킬 수 있다.

바. 놀이 확장하기

여러 명이 활동할 경우 치료사가 '노란색 3명'과 같이 지령을 내리면 아동들이 지령을 따르기 위해 좀 더 민첩하게 움직이는 활동으로 확장할 수 있다.

프로그램 #10: 빨대로 색종이 옮기기

가. 목표 : 시지각력 높이고 폐활량 증진

나. 준비물 : 빨대, 색종이, 색종이 담을 상자

다. 지원영역 : 시지각 감각, 폐활량

라. 놀이 방법

여러 색깔 색종이를 작은 조각으로 잘라 책상에 펼쳐 놓는다. 빨대를 입에 물고 숨을 들여 마시며 색종이를 빨대에 붙여 상자 안에 옮겨 담는다.

마. 기대효과

여러 가지 색을 탐색하고 빨대로 색종이를 붙이는 활동을 하며 색에 대한 지각을 높이고 폐활량을 증진 시킨다.

바. 놀이 확장하기

- 색종이 색깔별로 상자에 옮겨 담는다.
- 색종이 모양별로 상자에 옮겨 담는다.
- 빨대로 색종이를 불어 골인 지점으로 이동시킨다.

프로그램 #11: 탁구공 털어내기

가. 목표 : 신체의 균형감각 향상

나. 준비물 : 탁구공 여러 개, 각 티슈의 빈 상자, 긴 끈, 빠른 음악

다. 지원영역 : 신체 자각, 문제해결력

라. 놀이 방법

빈 티슈 상자에 탁구공을 가득 담는다. 긴 끈을 상자에 연결하고 각 아동의 허리에 묶는다. 빠른 음악 소리와 함께 몸을 움직인다. 신체를 활발하게 움직여 상자에 담긴 탁구공을 모두 빼내면 승리한다.

마. 기대효과

상자에 가득 담긴 탁구공을 꺼내기 위해 신체를 움직이는 과정에서 자신의 신체를 자각하고 문제해결력 향상

바. 놀이 확장하기

탁구공이 담긴 상자를 허리가 아닌 다른 신체 부위(다리, 팔, 머리 등)에 연결하여 탁구공을 털어낸다.

가. 목표 : 패턴을 인식하여 몸을 움직일 수 있다.

나. 준비물 : 색 테이프

다. 지원영역 : 신체 협응, 시지각, 균형감각

라. 놀이 방법

바닥에 색 테이프를 활용하여 여러 가지 패턴으로 길을 만든다. 패턴이 만들어진 데로 몸을 움직여 이동하는 활동을 한다.

마. 기대효과

시각으로 수집된 정보를 가지고 몸을 움직이는 활동으로 균형감각 및 신체협응의 향상

바. 놀이 확장하기

한 사람은 눈을 감고 다른 사람의 안내 설명을 들으며 목표 지점으로 이동한다.

프로그램 #13: 풍선 총으로 빵야

가. 목표 : 풍선 총을 쏘아 목표물을 쓰러뜨릴 수 있다.

나. 준비물 : 종이컵, 가위, 풍선, 탁구공, 빈 페트병

다. 지원영역 : 신체 지식, 신체 지남력

라. 놀이 방법

종이컵의 밑바닥 동그란 부분을 가위로 잘라낸다. 풍선의 머리 부분(동그란)을 가위로 잘라내고 바닥이 뚫린 종이컵에 씌운다. 풍선의 손잡이 부분을 묶어둔다. 적당한 거리에 빈 페트병을 세워둔다. 풍선 컵에 탁구공을 넣고 풍선 손잡이를 당겨 조절하여 빈 페트병을 향해 쏘아 페트병을 쓰러뜨린다.

마. 기대효과

적절한 힘의 세기로 풍선을 조절하여 목표물까지 도달할 수 있도록 하는 활동으로 신체에 대한 지식과 지남력 향상

바. 놀이 확장하기

- 탁구공을 대체하여 폼폼이와 같은 것을 사용해도 된다.
- 폼폼이를 여러개 넣고 하늘을 향해 쏘아 폭죽놀이를 한다.
- 색종이를 잘게 찢어 넣고 폭죽놀이를 한다.

프로그램 #14: 풍선 터트리기

가. 목표 : 상대방의 풍선을 신체를 활용하여 터트릴 수 있다.

나. 준비물 : 풍선, 고무줄

다. 지원영역 : 대근육, 근지구력, 민첩성

라. 놀이 방법

자신의 풍선은 최대한 지키고 상대의 풍선을 많이 터트리는 활동이다. 풍선을 적당한 크기로 불어 2개씩 양쪽 손목에 묶는다. 상대의 풍선을 터뜨린다.

마. 기대효과

상대의 풍선을 터트리고 자신의 풍선을 지키기 위해 계속하여 몸을 움직여 근지구력 향상과 민첩성 향상

바. 놀이 확장하기

- 손목이 아닌 신체의 다른 부위에 풍선을 달아 활동한다.
- 두사람이 풍선을 가운데 두고 함께 터뜨린다.

프로그램 #15: 땅 따먹기

가. 목표 : 손가락으로 돌을 튕겨 영역 확장

나. 준비물 : 전지, 색연필, 돌

다. 지원영역 : 신체 협응력, 소근육

라. 놀이 방법

전지를 펼쳐 두고 각 모서리에 한 사람씩 위치한다. 모서리에 한 뼘씩 둥그렇게 한 뼘만큼 그려 자신의 땅을 만든다. 가위바위보를 하여 순서를 정한다. 1번 아동이 자신의 땅에서 조약돌을 한번, 두 번, 세 번을 튕겨 땅을 넓힌다(이때 조약돌을 튕겨 3번 만에 자신의 영역에 들어와야 한다).

마. 기대효과

전략적으로 자신의 땅을 넓히기 위해 손가락의 힘을 조절하여 조약돌을 튕겨 영역안으로 들어오게 하는 활동을 통해 소근육, 신체협응력 향상

바. 놀이 확장하기

놀이 후 자신의 차지한 영역을 오리고 그 모양을 탐색한다. 모양에 어울리는 이름을 붙여 주고 이름을 붙인 이유에 대해 서로 이야기한다.

프로그램 #16: 신문지 아지트

가. 목표 : 신문지를 찢어 연결하여 공간에 붙여 아지트를 만든다.

나. 준비물 : 신문지, 종이테이프

다. 지원영역 : 의사소통지원, 대·소근육, 감정의 해소

라. 놀이 방법

신문지를 종이의 결 대로(넓이 약 5cm) 길게 찢는다. 찢은 신문지를 붙여 길게 연결한다. 이와 같이 여러 개를 만든다. 길게 붙인 신문지를 벽, 천장, 문 등 공간의 여러 사물에 여러 지점으로 교차하게 붙여 안락한 아지트를 만든다.

마. 기대효과

신문지를 찢으며 감정의 해소를 돕고, 신문지를 공간에 붙이는 과정에서 의사소통하며, 대·소근육을 활용한다.

바. 놀이 확장하기

남은 신문지를 동그랗게 뭉쳐 던지며 전쟁놀이를 한다.

프로그램 #17: 휴지로 볼링

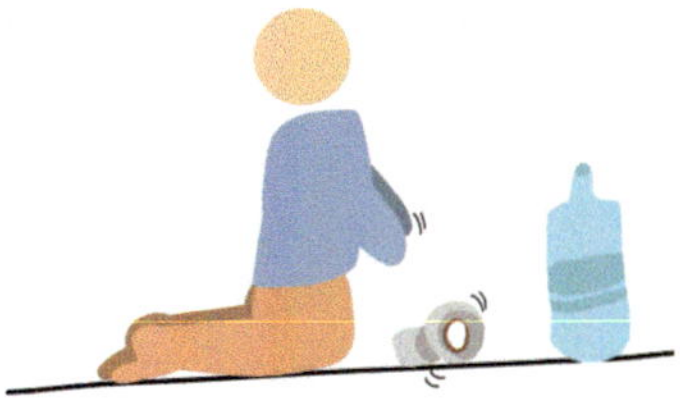

가. 목표 : 휴지를 굴려 페트병을 쓰러트릴 수 있다.

나. 준비물 : 롤 휴지, 빈 페트병

다. 지원영역 : 신체 도식, 대·소근육

라. 놀이 방법

페트병을 적당한 위치에 세워놓는다. 페트병이 놓인 반대편에서 롤 휴지를 굴려서 페트병을 쓰러뜨리는 활동이다.

마. 기대효과

페트병을 쓰러트리기 위해 거리를 인지하여 적절한 힘의 세기로 롤 휴지를 굴리며 활동하여 신체 도식, 대·소근육의 향상

바. 놀이 확장하기

- 페트병에 번호를 쓰고 해당 번호의 페트병을 조준하여 쓰러뜨린다.
- 휴지를 풀어서 길게 늘여 놓고 풀어진 휴지 끝자락에 물건을 올려놓아 휴지가 끊어지지 않게 물건을 옮기는 활동을 한다.

프로그램 #18: 종이 머리위에 사뿐

가. 목표 : 머리에 종이를 올려놓고 이동하여 반환점을 돌아올 수 있다.

나. 준비물 : 종이(A4용지)

다. 지원영역 : 신체 자각, 균형감각, 대근육

라. 놀이 방법

종이를 머리 위에 얹고 몇 미터 떨어진 반환점을 돌아 제자리에 오는 활동이다. 종이가 떨어지면 다시 시작한다.

마. 기대효과

머리에 얹은 종이가 떨어지지 않게 하기 위해 몸의 중심과 움직임을 느끼며 이동하여 신체 자각, 대근육, 균형감각을 높일 수 있다.

바. 놀이 확장하기

- 종이컵이나 책을 얹고 반환점을 돌아온다.
- 콩주머니를 어깨에 올리고 반환점을 돌아온다.
- 콩주머니를 가슴에 올리고 반환점을 돌아온다.
- 콩주머니를 발등에 올리고 반환점을 돌아온다.

프로그램 #19: 던지고 컵으로 받기

가. 목표 : 탁구공을 컵으로 받을 수 있다.

나. 준비물 : 종이컵, 탁구공(동그랗게 뭉친 종이)

다. 지원영역 : 신체 협응력, 신체 지남력, 신체 신장/확장

라. 놀이 방법

탁구공이나 구겨서 뭉친 종이를 하늘로 던지고 다른 손에 있는 컵으로 물체를 받아내는 활동이다.

마. 기대효과

시각을 통해 접수된 물체를 신체가 협응하여 힘을 조절하여 신체 지남력 및 신체 신장/확장

바. 놀이 확장하기

- 상대방이 던져주는 공을 컵으로 받는 활동을 한다.
- 컵보다 좀 더 큰 통이나 상자를 사용하여 여러개의 공을 떨어뜨리지 않고 받는 활동을 한다.

2. 심리운동 물질경험 프로그램

(1) 영유아를 위한 프로그램

Ⅰ. 영유아기 발달원리와 특성

3세 미만의 어린이를 영아라고 하고, 만 3세로부터 초등학교 취학시기에 달하기까지의 어린이를 유아(幼兒)라고 하는데, 이들을 합쳐 영유아라고 한다. 영유아 발달과 관련해서는 몇 가지 쟁점이 존재하지만 기본적으로 일반적인 원칙들이 있다.

첫 번째, 영유아 발달에는 일정한 순서가 있다. 신체발달에서는 앉을 수 있게 된 다음에 서게 되고 설 수 있게 된 다음에 걷게 된다. 언어발달에서도 옹알이를 한 다음에 말할 수 있고 간단한 문장을 사용할 수 있게 된 다음에 복잡한 문장을 사용하게 된다. 인지발달에서는 상징적 사고를 할 수 있게 된 다음에 보존 개념을 획득하게 되며 추상적 사고를 할 수 있게 된다.

두 번째, 영유아 발달은 일정한 방향으로 진행되는데 먼저 머리에서 발 방향으로 진행된다. 즉, 머리 부분이 몸통이나 팔다리 보다 먼저 발달한다. 그리고 중심부가 말초신경보다 먼저 발달한다. 즉, 팔, 손목, 손, 손가락의 순서로 발달이 이루어진다. 일반적인 것에서 특수한 것으로 진행되는데, 유아 초기의 행동은 몸 전체를 사용하지만 점차적으로 분화되고 정밀한 행동으로 대체된다.

세 번째, 발달은 계속되는 과정이지만 발달의 속도는 일정하지 않다. 신체가 급속도로 성장하는 기간이 있는가 하면 심리적 발달이 급속도로 이루어지는 기간이 있다. 예를 들면, 출생 후 첫돌까지 신장과 체중이 크게 증가하며, 이후 청년기가 되면 또 다시 신장과 체중이 급격히 성장한다. 생식기관은 아동기에는 그 발달이 매우 느리지만, 사춘기에는 급속도로 발달한다.

네 번째, 발달에는 개인차가 있다. 대부분의 발달은 일정한 순서대로 이루어지지만, 발달의 속도와 양상은 영유아마다 제각기 다르다.

마지막으로, 발달의 각 영역은 서로 영향을 주고받는다. 발달의 주요 영역으로는 생물학적 발달, 인지적 발달, 사회 정서적 발달을 들 수 있는데, 이들은 서로 영향을 주고받는다. 예를 들어, 신체적으로 보이는 모습은 감정에 영향을 끼치고 이러한 것은 사회적 발달 즉, 친구 관계에도 영향을 미치게 된다.

Ⅱ. 영유아기 심리운동 물질경험

몬테소리(Montessori)는 0~6세가 민감기로 이 시기에는 환경으로부터의 흡수가 빨라 자신의 것으로 만드는 능력이 뛰어나다고 보았다. 영유아는 틀에 짜인 지식이 누적되어 발달해가는 것이 아니고 영유아 자신이 스스로 깨닫고 수정해가는 활동을 통해서 발달해간다. 영유아는 선천적으로 자신의 행동과 이에 따른 결과를 간파하고 다른 활동과 경험을 서로 연결하는 인과를 파악하는 능력을 가지고 있다고 전제한다(김정미, 2008; Mahoney & MacDonald, 2007).

따라서 영유아 심리운동 물질 경험은 영유아가 스스로 사물을 탐색하고 변형함으로써 그 특성과 기능을 인식하고 경험하는 장이라 생각한다.

그렇기에 영유아 대상의 심리운동 물질경험에서는 심리운동사 또는 부모와 함께 프로그램을 진행 할 때 영유아 스스로 할 수 있는 기회를 많이 제공하는 것이 중요하다고 본다. 이는 정상 발달은 물론 발달지체 유아에게 모두에게 효과적인 방법이 될 수 있다.

또한 영유아의 영역별, 월령별 발달에 대한 일반적인 특징을 미리 알고 사회, 정서발달, 운동발달, 인지발달과 언어발달에 대한 이해를 통해 영역별, 월령별로 적절한 지원이 이루어지도록 도와주어야 한다. 한국어린이육영회, 한국유아교육학회 등 영유아의 발달 단계에 적합한 놀잇감의 유형을 사회&자아 놀잇감, 탐색 놀잇감, 대소근육 놀잇감 등으로 구분하여 제시 하였는데 물질경험 시에도 이러한 점을 고려하여 도구를 선택하면 도움이 될 것이다.

Ⅲ. 심리운동 물질경험 프로그램

프로그램 #1: 공을 발로 밀어요

가. 목표 : 2~4개월 영유아의 의식적인 움직임 촉진 및 물질 인식

나. 준비물 : 크기가 다양한 공, 매트

다. 지원영역 : 촉각, 대근육

라. 놀이 방법

영유아를 매트위에 등을 대고 눕힌다. 크기가 다양한 공을 영유아의 발바닥에 대주고 살짝 눌러주면서 영유아 스스로 공을 미는 움직임을 경험하게 하며, 공에 대한 촉각적 자극을 느끼고 공을 인식 하도록 한다.

마. 기대효과

의식적인 움직임 경험 및 물질 인식

바. 놀이 확장하기

매트 위에서 트렘폴린으로 이동해서 똑같은 자극을 주어본다. 트렘폴린이라는 새로운 물질 위에서 의식적인 움직임을 할 때 고유수용감각을 자극 할 수 있다.

프로그램 #2: 공을 눈으로 따라가봐요

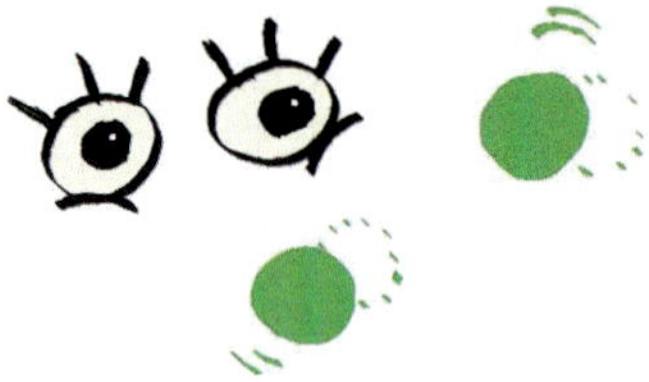

가. 목표 : 2~4개월 영유아의 시운동과 소근육 자극 및 물질 인식 및 탐색

나. 준비물 : 크기가 작은 방울공, 매트

다. 지원영역 : 시각, 소근육

라. 놀이 방법

영유아를 매트 위에 눕힌 후, 흔들면 소리가 나는 방울공을 이용하여 영유아의 시선을 공으로 이끌어본다. 잡으려고 하면 잡을 수 있는 거리에서 공을 흔들어본다. 방울공이 없다면 소리가 나는 장난감을 이용하여도 좋다.

마. 기대효과

영유아의 시운동 촉진 및 소근육 자극, 물질 인식 및 탐색

바. 놀이 확장하기

영유아를 트렘폴린 위나 해먹 등 위에 눕힌 후 살살 흔들어 주면서 같은 자극을 주어본다. 이를 통해 고유수용감각 또한 자극해준다.

프로그램 #3: 순두부 놀이

가. 목표 : 5~7개월 영유아의 촉감 자극 및 물질 탐색

나. 준비물 : 순두부, 대야나 욕조 또는 김장매트

다. 지원영역 : 촉각, 소근육, 대근육

라. 놀이 방법

큰 대야나 욕조 안이나 김장 매트 위에 영유아가 놀이 할 수 있는 정도로 따뜻한 순두부를 적당량 준비하여 으깬다. 영유아를 엎드려 두거나 앉힌 후 순두부를 자유롭게 만지도록 둔다.

마. 기대효과

촉각 및 소근육 자극, 물질 탐색

바. 놀이 확장하기

영유아가 설수 있도록 잡아 주면서 순두부 위에서 점프를 하거나 발로 밟아보게 해본다. 이를 통해 대근육 및 촉감을 더욱 자극한다.

프로그램 #4: 미니 텐트 놀이

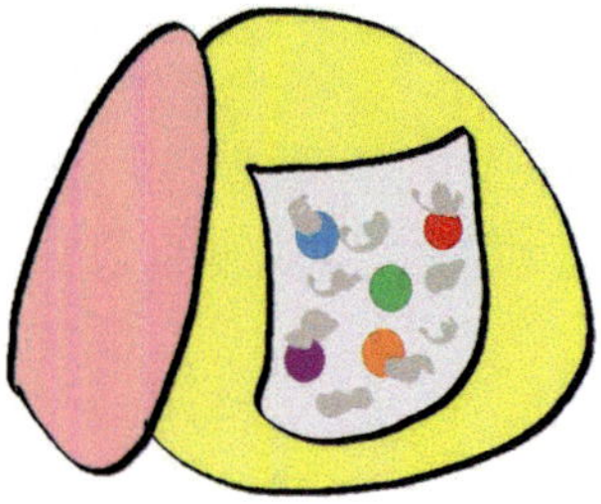

가. 목표 : 8~10개월 영유아의 대근육과 촉각 자극 및 물질 탐색

나. 준비물 : 미니 텐트, 풀장용 공, 신문지

다. 지원영역 : 촉각, 대근육

라. 놀이 방법

미니 텐트 안에 풀장용 공과 잘게 찢은 신문지를 가득 채운다. 영유아를 그 안에 들어가게 한다. 영유아가 텐트 안에서 자유롭게 움직이며 물질을 탐색하도록 한다.

마. 기대효과

대소근육, 촉각 자극 및 물질 탐색

바. 놀이 확장하기

영유아 머리 위로 풀장용 공이나 신문지를 눈처럼 내리게 부어주면서 다양한 신체 부위에서 촉각을 자극 시켜 준다.

프로그램 #5: 낙하산 그네 놀이

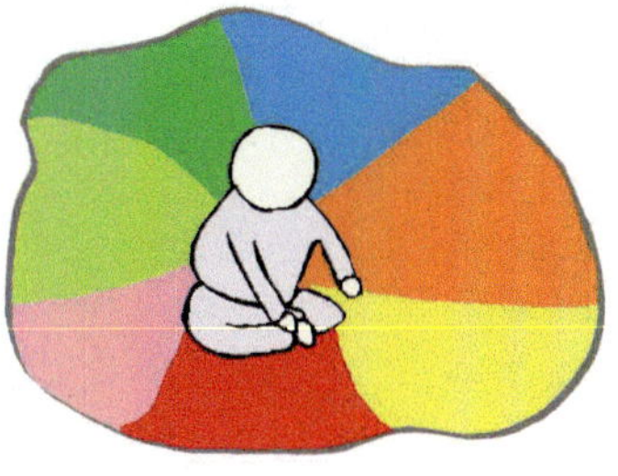

가. 목표 : 8~10개월 영유아의 고유수용감각 자극 및 물질 탐색

나. 준비물 : 낙하산 천, 가벼운 공이나 장난감

다. 지원영역 : 고유수용감각 및 촉각

라. 놀이 방법

성인 여러 명이 낙하산을 펼쳐 잡은 후 그 위에 영유아를 앉히거나 눕힌다. 천천히 낙하산 그네를 움직여준다. 낙하산을 구하기 어렵다면, 가볍지만 튼튼한 이불이나 천을 사용해도 좋다.

마. 기대효과

고유수용감각, 촉각 자극 및 물질 탐색

바. 놀이 확장하기

낙하산 그네 안에 가벼운 공이나 비닐, 신문지 등을 넣어주어 촉각을 자극한다.

프로그램 #6: 공을 잡으러 가요

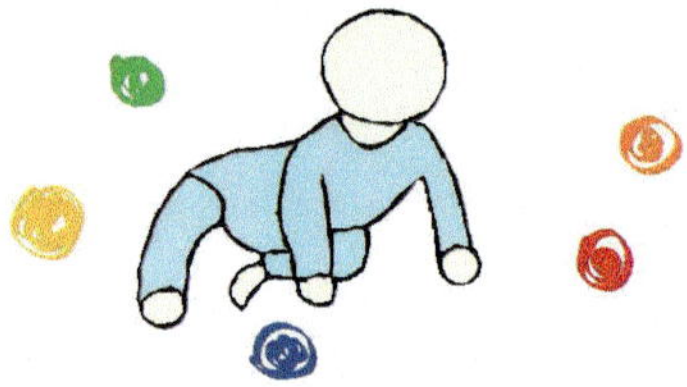

가. 목표 : 8~10개월 영유아의 소근육 & 촉각 자극 및 물질 탐색

나. 준비물 : 다양한 크기, 재질, 색깔을 지닌 공

다. 지원영역 : 대소근육, 촉각, 시각

라. 놀이 방법

다양한 크기, 색, 재질을 가진 공을 사용하여 영유아의 흥미를 자극한다. 영유아가 엎드린 상태에서 흥미를 보이는 공을 향해 움직일수 있도록 한다.

마. 기대효과

대소근육, 촉각, 시각 자극 및 물질 탐색

바. 놀이 확장하기

영유아가 많은 흥미를 보이는 공을 정해진 목표 지점 근처에서 흔들거나 움직여서 영유아가 그 공을 향해 올수 있도록 해본다. 이를 통해 대소근육을 더욱 자극한다.

프로그램 #7: 빌리보 놀이

가. 목표 : 11~13개월 영유아의 고유수용감각 & 대소근육 자극 및 물질 탐색

나. 준비물 : 빌리보

다. 지원영역 : 고유수용감각, 대소근육

라. 놀이 방법

빌리보에 영유아를 앉힌 후 영유아 스스로 움직이게 하거나 살짝 빌리보를 돌려주면서 영유아의 고유수용감각을 자극해준다. 빌리보 안에 앉아, 빌리보를 손으로 잡으며, 움직이면서 물질을 탐색 할 수 있도록 한다.

마. 기대효과

고유수용감각, 대소근육 자극 및 물질 탐색

바. 놀이 확장하기

빌리보를 뒤집어서 여러 개를 바닥에 놓은 후 영유아가 그 위를 밟고 지나갈 수 있도록 해본다. 균형을 잡기 어려워하거나 그 위를 걷는 것을 어려워하면 손을 잡아준다. 이를 통해 균형감각을 더욱 자극 하며, 발바닥으로도 빌리보를 느껴보게 한다.

프로그램 #8: 풍선 뽑기 놀이

가. 목표 : 14~16개월 영유아의 소근육, 촉각 자극 및 물질 탐색

나. 준비물 : 풍선, 박스

다. 지원영역 : 소근육, 촉각

라. 놀이 방법

성인 주먹 두 개 정도는 들어갈 수 있는 크기의 상자를 준비한다. 상자의 뚜껑에 구멍을 작게 낸 후 바람을 넣는 풍선 구멍만 튀어 나오도록 풍선을 집어넣는다. 영유아로 하여금 이 상자를 탐색하는 시간을 충분히 준 후 풍선을 뽑아보도록 해본다.

마. 기대효과

소근육, 촉감 자극 및 물질 탐색

바. 놀이 확장하기

색깔 인지가 된다면, 심리운동사가 말하는 색깔의 풍선을 뽑아 보게 해본다.

프로그램 #9: 메추리알판 구슬 놀이

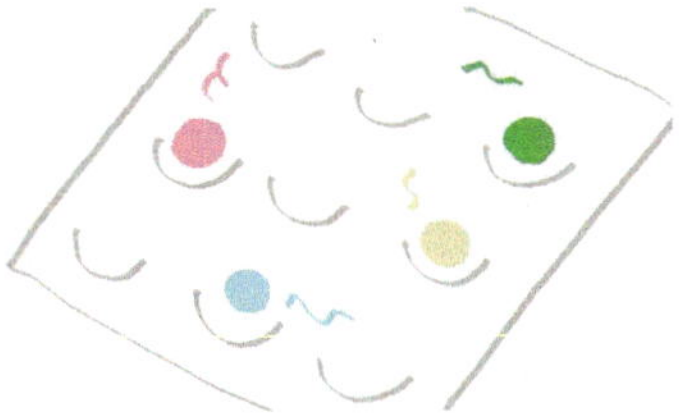

가. 목표 : 17~19개월 영유아의 소근육, 촉각, 시각 자극 및 물질 탐색

나. 준비물 : 메추리알판, 구슬

다. 지원영역 : 소근육, 촉각, 시각, 청각

라. 놀이 방법

투명한 메추리알 판 안에 영유아 스스로 구슬을 집어넣고, 만지며, 메추리알 판 뚜껑을 닫고 흔들면서 구슬 소리도 들어보며 물질을 탐색한다.

마. 기대효과

소근육, 촉각, 청각, 시각 자극 및 물질 탐색

바. 놀이 확장하기

프로그램 #10: 테이프 공 놀이

가. 목표 : 17~19개월 영유아의 소근육, 촉각 자극 및 물질 탐색

나. 준비물 : 테이프, 풀장용 공

다. 지원영역 : 소근육, 촉각

라. 놀이 방법

테이프를 최대한 길게 늘여서 설치 한 후 접착 면에 영유아 스스로 풀장용 공을 하나씩 붙여보도록 한다. 설치된 테이프에 공을 다 붙이면 다시 떼어 내본다.

마. 기대효과

소근육, 촉각 자극 및 물질 탐색

바. 놀이 확장하기

색깔 인지가 된다면, 심리운동사가 말하는 색깔의 공을 붙이거나 떼어내도록 해본다.

프로그램 #11: 냄비 농구

가. 목표 : 17~19개월 영유아의 대소근육 자극 및 물질 탐색

나. 준비물 : 다양한 크기의 냄비, 중간 크기의 공, 나무수저나 주걱

다. 지원영역 : 소근육, 촉각, 청각

라. 놀이 방법

집에 있는 다양한 크기의 냄비를 바닥에 펼쳐놓는다. 영유아를 앉히거나 서서 냄비 안에 공을 던져서 넣게 해본다. 놀이 시작 전 냄비의 용도에 대해 간단히 알려준 후 놀이를 해봄으로써 물질의 원 기능을 인식 하되 고정관념을 바꾸어 골대로서 사용해본다.

마. 기대효과

소근육, 촉각, 청각 자극 및 조절&물질 탐색

바. 놀이 확장하기

냄비를 뒤집어 나무 수저나 국자 등으로 냄비를 함께 쳐보면서 청각을 자극하고 드럼 놀이를 해본다.

가. 목표 : 23~25개월 영유아의 소근육 조절 및 물질 탐색

나. 준비물 : 상자나 큰 주머니, 파우치, 다양한 물질(공, 뚜껑, 말랑이, 단추 등)

다. 지원영역 : 소근육, 촉각

라. 놀이 방법

큰 주머니, 파우치 등에 다양한 물질들을 넣은 후 영유아로 하여금 눈으로 보지 않고 손으로 만지면서 만진 물질이 무엇인지 알아 맞춰보는 시간을 가져본다. 또한 지금 만지고 있는 물질이 어떤 느낌인지 말해보도록 한다.

마. 기대효과

소근육 조절 촉각 자극 및 물질 탐색

바. 놀이 확장하기

위의 방법으로 한번 놀이 한 후에는 심리운동사가 물질을 말해주면 해당하는 물질이 무엇인지 손으로 만지면서 찾아보게 한다. 이를 통해 탐색했던 물질에 대한 내용을 신체적 자극으로 재학습 하고 주의력을 자극한다.

프로그램 #13: 천으로 샤워해요

가. 목표 : 23~25개월 영유아의 촉각 자극 및 물질 탐색

나. 준비물 : 다양한 색깔의 천, 훌라후프나 줄

다. 지원영역 : 촉각, 시각

라. 놀이 방법

훌라후프나 줄에 다양한 색깔의 천을 걸어 둔다. 영유아로 하여금 샤워를 한다고 가정하고 그 사이를 마음껏 지나가게 한다. 영유아의 얼굴과 신체의 다양한 부위에 천이 닿을 수 있도록 하고 만질 수 있도록 한다.

마. 기대효과

촉각 자극 및 물질 탐색

바. 놀이 확장하기

다른 영유아와 서로의 손을 천으로 씻어 주도록 해본다.

프로그램 #14: 산을 올라가요

가. 목표 : 35~37개월 영유아의 대소근육 자극 및 조절, 물질 탐색

나. 준비물 : 큰 매트, 영유아 신체 크기와 비슷한 크기의 공

다. 지원영역 : 대소근육, 촉각

라. 놀이 방법

큰 매트를 이용하여 비스듬히 산 모양을 만들어 본다. 영유아가 자유롭게 기어 올라가고, 굴러 내려오도록 한다. 큰 공을 제공 하여 공을 가지고 산을 올라가거나 올라간 후 산 위에서 공을 굴리도록 해본다.

마. 기대효과

대소근육, 촉각 자극 및 물질 탐색

바. 놀이 확장하기

프로그램 #15: 우산 농구

가. 목표 : 35~37개월 영유아의 대소근육 및 촉각 & 시각 자극, 물질 탐색

나. 준비물 : 우산, 다양한 색깔 공

다. 지원영역 : 대소근육, 촉각, 시각

라. 놀이 방법

우산을 펴서 손잡이를 천장에 매단다. 다양한 색깔 공들을 영유아와 함께 우산 안으로 던져 넣는다. 우산은 투명한 우산으로 해서 공을 우산에 넣는 과정을 눈으로 볼 수 있도록 한다.

마. 기대효과

대소근육 및 촉각 자극, 물질 탐색

바. 놀이 확장하기

자유롭게 공을 던지게 하다가 색깔을 하나 말해주면 그 색깔의 공을 던져 넣어보게 함으로써 시지각을 조절해보도록 한다.

(2) 지적장애를 위한 프로그램

Ⅰ. 지적장애의 정의 및 개념

1. 정의 및 분류

지적장애의 개념적 정의는 지적인 기능이 평균 이하인 상태이다. 구체적으로는 지능 발달의 장애로 인하여 학습이 불가능하거나 제한을 받고 적응 행동의 장애로 관습의 습득과 학습에 장애가 있는 상태를 의미한다. 과거에는 '정신지체(mental retardation)'라는 용어를 사용했다. 2008년 2월을 기준으로 '지적장애'라는 용어로 변경되었다. (서울아산병원 질환 백과 https://www.amc.seoul.kr)

북미의 지적장애의 분류에는 현재 3개의 주요 체계가 사용된다. 3개의 주요 체계는 DSM-5(APA,2013), 미국 지적장애 및 발달장애학회(AAIDD, 2009a) 그리고 장애인교육법(IDEA, 2004)이다. 이 3가지의 공통점은 모두 IQ 준거 점수와 적응 기능에서의 결함, 발병 연령(18세 이전)을 포함하여 지적장애를 확인할 때 꼭 고려해야 할 3가지 중요한 요소에 동의한다. (발달정신병리학, linda wilmshurst, 2017)

미국 지적장애 및 발달장애학회(American Association on Intellectual and Developmental Disabilities : AAIDD)의 가장 최근의 분류(2009a)는 개인이 간헐적·제한적· 포괄적·전반적 서비스를 요구하는지에 기초해서 지적장애의 특징을 정의하는 것으로서 지지서비스의 성격과 정도를 강조한다. 여기서 지지서비스란 지적장애로 진단이 되었을 때 제공되는 지원계획과 도움으로 이를 통해 개인의 능력과 기술 사이의 차이를 줄이고 일상생활의 모든 측면에서 성공적으로 참여하게 하는 것이 핵심이다. (발달정신병리학, linda wilmshurst, 2017)

DSM-5에 따르면 아래 3가지의 기준이 지적장애 진단을 내리는 데 필요하다.

① 유의미하게 표준미달인 지적 기능[대략 IQ 70 아래, 평균에서 대략 2 표준편차 아래, 측정오차에 의한 차이(예:65~75)]

② 현재 적응에서의 결함이나 제한, 하나 이상의 생활 활동 영역에서 제한된 기능을 보임(개념적·사회적·실제적 영역에서)

③ 발달 시기 동안 발병

요구되는 지원 수준에 따라 지적장애를 정의할 것을 강조하는 미국 지적장애 및 발달장애학회와 일치하게 DSM-5에서도 IQ의 범위와 관련된 수준에 대한 언급을 삭제하고 적응 기능 수준에 기초한 경도-중증도-고도-최고도로 명시하는 것으로 대체하였다. 또한 5세 이하의 아동들에게만 주어지는 전반적 발달지연이라는 진단의 범주가 추가되었으며 이범주는 아이가 지적발달의 어떤 영역에서 발달적 기대를 충족하지 못함을 나타낼 때 사용된다. 이 범주는 기능에 대한 타당하고 신뢰로운 재평가가 수행될 수 있을 때 바뀔 수 있으며 이러한 첨가는 장애인교육법의 '발달적 처짐(developmental lags)' 개념과 밀접하게 관련되어있다. (발달정신병리학, linda wilmshurst, 2017)

IQ 준거 점수에 기초하고 있다. 장애인 교육법에서는 장애를 가진 유아와 걸음마기 아동들의 요구를 충족시키기 위해 유아와 걸음마 아동(출생한 지 2년)을 위해 주에 재정 지원이 제공된다고 제시한다. 여기서 발달 지연이란 5개의 발달 영역(인지, 운동, 말하기와 언어, 사회·정서, 적응 기능) 중 1개의 영역에서 35% 또는 그 이상의 지연을 나타내거나 2개 이상의 영역에서 25% 또 그 이상의 지연을 나타내는 것을 의미한다. 주목해야 할 사항은 서비스가 의무적이지 않고 주(state)의 재량에 맡겨진다는 것이고 서비스 자격이 되는 13개의 장애 범주 중 아직 진단되지 않은 '일시적(temporary)'범주로 표기된다. 발달지연 부분은 DSM-5에 명시된 전반적 발달지연과 유사하다. (발달정신병리학, linda wilmshurst, 2017)

지적장애로 진단하기 위해서는 다음의 세 가지 기준이 반드시 충족되어야 한다. (서울아산병원 질환 백과 https://www.amc.seoul.kr)

① 임상적 평가와 표준화된 개인 지능 검사에 의해 추론, 문제 해결, 계획, 추상적 사고, 판단, 학교의 학습, 경험을 통한 학습과 같은 지적 기능의 결함을 확인

② 개인적 독립성과 사회적 책임감에 관한 발달적 표준과 사회문화적 표준에 충족되지 못하는 결과를 야기하는 적응 기능에서의 결함이 확인됨. 지속적인 지원이 없다면 적응 결함에 의해 가정, 학교, 일터, 공동체와 같은 복합적인 환경 속에서 의사소통, 사회적 참여, 독립적인 생활과 같은 일상적 활동에서 하나 또는 그 이상의 기능이 제한됨

③ 발달적 시기에 지적 결함과 적응 결함이 시작됨

2. 요인

생물학적/유전적 요인

지적장애는 유전자 결함의 결과일 수 있다. 지적장애의 가장 잘 알려진 유형 중 하나인 다운증후군은 21번 염색체의 비정상성의 결과이다. 예를 들어 염색체의 숫자가 다르거나, 21번 염색체가 정상인보다 1개가 많은 총 3개를 가진 손상된 염색체를 보이는 경우를 다운증후군이라고 한다. 다운증후군을 가진 아동들은 그들의 잠재적 IQ가 상당히 다르다. 어떤 아동들은 낮은 평균 범위의 상위 한계의 점수를 받기도 하며 이를 높은 수준의 다운증후군이라고 한다.

프래더윌리 증후군은 낮은 근긴장도와 낮은 반사 반응 때문에 태어날 때 알 수 있다. 15번 염색체에 장애가 있는 프래더윌리 증후군은 작은 키와 작은 손발이라는 신체적 특징이 있으며 충동성이나 분노발작, 강박적 식사, IQ는 60~80 범위의 지적장애 수준으로 학령기에서도 인식될 수 있다.

윌리엄스 증후군은 유럽에서 윌리엄스-보이렌 증후군(Morris, 2006a)이라고 알려져 있으며 대략 7,500명 중 1명에게서 나타나는 유전적 신경발달장애다. 이 장애는 2개의 7번 염색체 중 엘라스틴(elastin)을 만드는 유전자 중 한 개가 없는 유전적 돌연변이의 결과로 윌리엄스 증후군을 가진 사람은 자녀에게 50% 정도 전이된다.(Bellugi et al., 2007). IQ 점수는 경도에서 고도까지 넓은 범위의 지적장애를 가지지만, 95%, 즉 대다수의 사람들은 발달지연을 갖는다. 또한 80% 정도는 심혈관 문제도 경험(Morris, 2006b)하며 언어적 단기 기억력과 두드러진 음악적 재능, 매우 사회적이라는 강점(Wang, 2006)이 있으나 시공간 능력과 시각운동 통합능력의 결함이라는 약점도 있다.

환경적 요인

태아기 발달 동안 환경적 요소는 출생 결함을 야기할 수 있으며 특히 기형유발물질이라고 불리는 환경적 독소는 태아에게 매우 큰 해를 입힐 수 있다. 술을 섭취한 임산부에게서 태어난 모든 아기의 약 33%가 태아알코올증후군을 가진다. 태아알코올증후군의 특징에는 늦은 성장, 중추신경계의 장애, 평범하지 않은 얼굴 특징이 있다. 위에 해당하는 중추신경계 장애의 세부 사항은 지적장애, 과잉행동, 과민함이 있으며 평범하지 않은 얼굴 특징의 세부 사항은 윗입술이 덜 발달하거나 납작한 코, 찢어진 눈이 있다. 얼굴 특징 즉 안면기형의 특징은 나이가 들면서 덜 두드러지지만 인지적 결함은 남게 된다.

지적장애의 출생 후 나타날 수 있는 다른 원인에는 조산, 출생 시 낮은 산소 공급, 난산, 머리부상, 뇌염이나 뇌수막염 등이 있다. 외부적인 요소로는 납 중독, 환경오염 물질로 인한 두뇌 능력 감소 등이 있다.

3. 증상 및 치료

지적장애는 다양한 장애들과 복합적으로 나타나기 쉽다. 지적장애는 정서장애와 행동장애와 동반될 수 있으며 이는 아동 발달에 부정적인 영향을 준다. 지적장애 아동의 대부분은 나이에 비해 본인의 발달이 늦음을 인식하고 있으며 이로 인한 좌절감, 위축, 불안 등의 감정을 가진다. 지적장애 아동들은 주변 사람들 특히 다른 또래 친구들과 주변 어른들의 관심을 받기 위해 일부러 나쁜 행동을 하기도 하며 지적장애 청소년 또는 젊은 성인은 우울증을 앓기도 한다. 또한 학습에 어려움이 있거나 자신의 느낌을 서술할 언어 능력이 부족하여 행동, 식사, 수면과 같은 부분에서의 문제로 표현하기도 하는 경향이 있다.

지적장애의 치료는 지적장애 자체보다는 이차적인 정신 질환, 후유증 및 사회적응에 대한 치료가 필수적이다. 아동에 대한 적응 기술 훈련, 사회성 증진 훈련, 직업훈련 등 포괄적인 특수교육의 프로그램이 필수적이며 가족의 교육 또한 동시에 이루어져야 한다. 가족의 교육은 환자에 대한 현실적인 기대를 유지하면서 환자의 능력과 자존심을 향상시킬 수 있는 중요한 방법이기 때문이다. 하지만 지적장애 자체가 다른 행동장애나 정신과적 질환에 걸릴 위험성이 높으므로 지적장애와 다른 장애가 동반된 경우는 그에 따른 적절한 약물치료가 필요하다.

II. 지적장애와 심리적 외상

1. 심리적 외상

지적장애인들은 차별, 배제, 폭력 등의 잠재적인 위험이 존재하는 환경에서 살아가고 있으며 이런 환경으로 인하여 비장애인들보다 정신적 문제에 노출되기가 쉽다. 그러나 이들의 정신건강은 이제까지 장애 관련 분야에서조차 별다른 관심의 대상이 될 수 없었다. 지적장애인의 행동과 정서의 변화는 스트레스 상황의 결과로 받아들여지지 않고 단지 지적장애의 증상으로서 받아들이고 있다. 지적장애에 대한 이런 제한된 인식은 다시금 지적장애인의 정신건강을 위협하는 결과를 낳게 되는 악순환이 반복된다는 것이다. 지적장애인의 '특징적' 행동과 정서라고 생각하는 타인에 대한 공격행동, 자해 행동, 우울, 무기력 등은 외상 경험에 따른 신경 생리적 반응과 매우 유사한 결과를 보인다는 연구 결과가 존재하며 이런 결과를 통해 지적장애인과 함께 살아가거나 돌보는 사람들은 반드시 이들의 삶의 맥락에 대한 이해가 꼭 필요하다는 것을 알 수 있다. 즉, 내적 고통의 표현에 대한 공감은 그들의 외상을 요인을 파악하여 정신적인 스트레스를 줄여주는 방법이라고 볼 수 있다. (지적장애와 심리적 외상 - 지적장애인의 '특징적' 행동에 대한 새로운 시선, 채기화, 1p)

지적장애인의 정신건강에 주목해온 연구자들인 Hackenberg(1996), Sinason (2000), Hennicke(2012)는 정신적인 문제에 대한 원인을 이전까지의 의견인 '지적장애인의 정신적인 문제는 제한된 인지능력과 자기조절 능력으로 인한 대처 능력의 부족'이 아닌 '주 양육자와의 부정적 애착 관계나 생활환경 속에서의 배제와 차별로 인한 부정적 경험'이라고 보고 있다. 특히 영국의 Tavistock- Clinic에서 지적장애인들의 심리치료를 해온 정신분석가 Sinason(2002)은 장애가 개인의 발달에 씨실과 날실처럼 얽혀 커다란 영향을 미치기에 지적장애인들의 발달을 결정적으로 저해하는 것은 뇌 손상 자체라기보다는 오히려 장애로 인한 부정적 경험이라고 강조한다. (지적장애와 심리적 외상 - 지적장애인의 '특징적' 행동에 대한 새로운 시선, 채기화, 2p)

따라서 지적장애인의 행동과 정서를 이해하려고 할 때, 생물학적 결손에 초점을 맞춘다면 완전한 이해가 불가능하다고 보며 특징적 행동의 원인을 심리적 외상으로 보고 치료와 교육의 이름으로 행해지는 폭력을 지각함과 동시에 차단해야 한다. 이것을 가능하게 해주는 것이 외상에 대한 감수성이며 지적장애인들이 표현하는 심리적 아픔들을 공감하며 그들의 고통을 완화 시킬 수 있게 해준다.

2. 폭력성과 방해 행동

방해 행동이란 문제 행동을 뜻하며 연구 결과에 의하면 지적장애 학교 아동과 청소년의 약 50% 정도가 문제 행동을 보인다고 한다(vgl. u.a. Theunissen/Schirbort 2003; Gruening 2005 oder Crocker et al. 2006 zit. Nach Ratz 2012, S.70). 주요 행동 증상은 불안증, 우울증, 과잉행동, 자폐, 조현병(정신분열증), 탈사회적 행동 증상들이며 여학생보다는 남학생, 경증보다는 중증일수록 빈도수가 높게 나타났다.

방해 행동과 지적장애가 같이 보여지는 사람은 타인을 배려하고 이해하는 힘이 부족하여 단체생활의 어려움을 겪는다. 또한 지적 능력과 언어 능력이 평균보다 낮아 정서적인 부담을 느끼고 신체 조절 즉. 행동 조절에 어려움을 느낀다. 이러한 이유로 인해 방해 행동과 지적장애가 같이 보여지는 사람은 사회적인 활동에 대한 스트레스가 증가하여 일상생활에 대한 부적응을 호소하게 되는 것이다.

3. 여유 있게 머물기

여유 있게 머물기란 행동 조절에 많은 어려움을 보이며 사회적 상황에 많은 부담을 느끼고 자신이나 타인을 수용할 수 있는 친사회적 행동 지원을 위해 만들어진 프로그램으로 심리운동 지원그룹을 위한 심리 운동적, 예방적인 "느슨하게 하기" 위한 전반적 개념의 프로그램이다. 즉 "여유롭게 머물기"는 지적장애나 심각한 학습장애(정서발달, 사회관계발달 지원이 반드시 요구되는)를 가지고 있는 학생들을 지원하기 위한 사회-그룹 작업방법 중 하나라는 것이다. (여유롭게 머물기-지적 장애 학생들의 폭력예방과 방해행동예방을 위한 심리운동. Herberschatz, Dorothea Braeutigam. 1p, 3p, 12p)

Ⅲ. 지적장애와 기본심리욕구

현재(2023년 기준) 과도한 성적, 학력 지향 주의와 교권 침해, 심각한 학교 폭력 등 학교의 문제, 경기 침체로 인한 맞벌이 부모 증가와 편부모 증가 등의 가정 내의 문제, 미디어에서 발생하는 과도한 외모지상주의, 빈부격차 등의 문제로 인해 자신의 유능성, 관계성, 자율성을 낮게 평가하여 스트레스를 받는 경우가 종종 있다. 특히 지적장애가 있는 사람들은 비장애인에 비해 주변 환경에서 받는 스트레스가 더 심하다.

기본심리욕구의 하위유형 중 자율성과 관계성, 행복감이 높은 영향을 미치고 있다고 밝혀졌으며 지적장애를 가진 사람이 느끼는 자율성과 유능성, 관계성이 증가할수록 행복감이 증가한다는 것을 알 수 있다. 기본심리욕구는 지적장애학생의 현재의 생활뿐만 아니라 이후의 삶에도 영향을 미치는 심리·정서적 보호요인이 될 수 있을 것이다. 지적장애인이 스스로 선택하고 행동할수록 유능감과 성취감을 느낄수록 다른 사람과 친밀한 관계를 가질수록 이들의 행복감은 더욱 커질 수 있다. (지적장애학생의 기본심리욕구가 행복감에 미치는 영향. 12p. 손성화, 강영심)

1. 자율성

자율성은 기본심리욕구 중 가장 중심이 되는 개념으로 행동의 원인이 자기에게 있다고 느끼고 자신의 가치에 따라 무엇인가를 스스로 결정하는 자유로움을 의미한다. 타인의 통제를 지나치게 받거나 결정하는 과정에서 간섭을 많이 받을 경우 자율성의 욕구는 좌절되어 불안감이 높아지며 스스로 하고자 하는 의욕을 감소시켜 개인의 정서와 인지적 적응에 부정적인 영향을 주는 것으로 보고되고 있다. 또 자율성은 장애인의 불안 수준과 전반적인 자존감을 예측하는 변인이 되며 학교 또는 사회생활 적응과 태도에도 영향을 미칠 수 있어 실제 지적장애를 가진 사람의 생활과 전반적인 적응 문제에서 중요한 역할을 할 수 있다. (지적장

애학생의 기본심리욕구가 행복감에 미치는 영향. 11p. 손성화, 강영심)

양육과정에서 부모와 자녀 사이의 과도한 통제는 지적 능력과 언어적 능력이 부족한 지적장애인이 지속적인 의견을 제시할 수 없게 하여 자율성을 빼앗는 행동으로 심리적인 허탈 및 공허감을 제공할 수 있다. 이러한 과정이 반복되면 문제 행동이 나타날 수 있고 감정적인 문제가 생길 수 있으며 생활에서 받을 수 있는 행복감이 점점 줄어든다고 볼 수 있다. 그러므로 지적장애인의 주변 사람들은 생애에 걸쳐 지적장애의 자율성을 제공해 줄 수 있는 양육방식, 교육방식 등을 고려해야 한다.

2. 유능성

유능성은 자율성과 연관이 있다고 볼 수 있으며 자율성과 유능성은 정적인 상관관계를 보이고 있으며 자기결정성 이론에서 유능성은 통제적인 환경이 아니며 결정의 자율성이 보장될 때 유능성이 함께 증가한다고 보는 이론으로 유능성과 자율성은 밀접한 관련이 있다고 볼 수 있다.

지적장애인은 그들의 인지적, 사회적, 적응적 부조화와 부적절함으로 인한 수많은 실패로 인해 스스로 유능하지 못하다고 느껴 비장애인에 비해 행복감이 낮다. 그러므로 자율성과 동시에 유능성을 동시에 향상 될 수 있도록 일상의 작은 부분에서부터 스스로 해결할 수 있는 힘을 길러주는 것이 중요하다. 이는 주변 사람들의 격려와 반복적인 학습을 통한 성공 경험이 중요하다.

3. 관계성

위 두 항목 또한 지적장애인의 행복감에 영향을 미치지만 가장 영향력이 큰 항목은 관계성이다. 즉 지적장애인 자신이 소속하고 있는 사회와 환경에서의 관계성에 큰 영향을 받고 있으며 소속감, 긍정적인 관계를 맺고 있을 때 행복감이 증가함을 알 수 있다. 기본적으로 사람은 사회적 존재로 태어날 때는 부모와 자식의 관계, 학년기에는 또래친구, 선생님과의 관계, 사회에 나가서는 더욱 다양한 관계를 맺게 된다. 관계성이 높은 사람은 타인과의 관계가 안정적이고 갈등이 일어났을 때도 감정 조절이 원활하고 적극적으로 개입하여 해소할 수 있는 힘을 가지고 있다. 반대로 관계성이 낮은 사람은 자신의 감정과 욕구의 조절이 어렵고 부정적인 정서를 획득하기 쉬워진다. 여기서 부정적인 정서에는 열등감, 우울감, 반항심 등이 있다. 또한 타인과의 관계가 원활하지 않기 때문에 사회로부터의 고립감, 관계에서의 소외감을 느낄 수 있다.

지적장애인이 스스로 관계성을 높일 수 있는 방법은 한정되어 있기 때문에 주변의 도움을 필요로 한다. 가정 내에서는 가족 구성원 모두가 적극적으로 의사소통을 하며 긍정적인 의사소통 방법을 가르쳐줘야한다. 또 통제보다는 자유로운 양육방식을 추구하여 관계 속에서 능동적으로 생각하고 행동할 수 있는 힘을 길러줘야한다. 학교에서는 교사와 또래의 관계에서 흥미와 즐거움을 느낄 수 있게 도움을 주어야 하며 가정과는 다른 안정감을 줄 수 있어야 한다. 학교생활을 영위할 수 있도록 지식과 기술 습득과 같은 인지적 측면도 중요하지만 학교가 즐겁다는 인식을 지속적으로 심어주며 가족 외의 사람들과 사회를 이루며 살아갈 수 있도록 동시에 정서적인 안정감과 만족감을 가질 수 있도록 관심을 가지고 노력해야한다. 전 연령에 걸쳐서는 대상자의 능력에 맞추어 사소한 것이라도 협동 활동이나 경쟁 활동에서의 성공 경험을 만들어 주며 자신감, 긍정적 정서, 행복감을 경험할 기회를 제공해주어야 한다.

Ⅳ. 폭력성이 있는 지적장애의 심리운동 물질경험

1. 지적장애 심리운동 물질경험

지적장애인들은 지적능력, 운동능력, 적응 행동, 정서, 언어, 사회성, 지각 등에 걸쳐 다소 중복적인 장애를 가지고 있기 쉽고 기본적인 감각기능과 운동기능면에서 특히 두드러진 결함을 보인다. 지적장애인의 정보처리 능력은 투입, 처리, 산출 단계의 각 단계에서의 미숙함으로 인해 상황에 맞는 적절한 처리가 되지 않는다. 그러나 반복적인 훈련을 통해 정보처리 효율성을 향상 시킬 수 있으며 심리적인 자극을 통해 흥미와 동기를 일으키며 신체 기능과 정신 기능의 협응을 통해 운동 수행을 촉진할 수 있다.

지적장애인을 대상으로 한 심리운동의 장점은 스스로 문제를 해결할 수 있는 힘을 길러줄 수 있도록 적절한 환경을 제공한다는 것이다. 심리운동은 운동능력의 향상이나 기능적인 발달에 중점을 두는 것이 아니라 전인적 발달을 중심 목표로 스스로 결정한 움직임 행동을 수행한다.

심리운동의 움직임이 갖는 구체적인 중재 방법 중 물질 경험에 해당하는 것은 아래와 같다. (지적장애아 조기중재를 위한 심리운동적 접근방법. 7p. 김윤태)

- 생산적인 기능 : 스스로 어떤 것을 만들고 생산하고 자신의 신체와 더불어 어떤 것을 창작하는 것
- 표현상의 기능 : 느낌이나 감정을 움직임안에서 표현하고 신체적으로 독파하는 것
- 감각적인 기능 : 즐거움, 기쁨, 피곤함 혹은 에너지 같은 감정들을 느끼고 움직임 안에서 경험한다.
- 탐색적인 기능 : 물질적이며 공간적인 환경을 알고 지배하고 객체들과 기구들을 실험해보고 그들의 특성을 파악하고 자연소여(Umweltgegebeheit)에

적응하고 적합하게 한다.

- 적응하는 기능 : 부담을 견디고 신체적인 능력을 확대하며 자신이 설정하거나 외부에서 설정한 요청에 적응을 하는 것이다.

즉 심리운동 물질경험을 통해 지적장애인은 즐거움과 흥미를 바탕으로 살아가는 세상에 대한 정보와 특성을 인식하고 공간과 물질에 적용하고 살아가는 법을 배우게 된다. 이는 인지하고 과도한 노력을 통해서가 아닌 자연스러운 움직임 활동을 통해 얻을 수 있다. 특히 물질경험은 신체경험과 사회경험을 지원해 주는 역할을 하여 자신의 신체를 인식하고 조절하고 대처하는 방법을 학습할 때 조금 더 확장된 경험을 할 수 있게 해준다. 물질 능력이 확장된다면 자신의 의도에 따라 물질을 변화시키고 대처하게 만들 수 있으며 이는 지적장애인이 필요한 자율성과 유능성을 길러주는데 큰 효과가 있다. 단계적이고 다양한 물질경험을 통해 문제해결능력을 키운다면 여러 상황에서 대처할 수 있는 창의력, 사고력이 길러지기 때문이다. 지적장애인은 일반적인 학습 과정에서 창의성을 기르려면 상당히 오랜 시간동안 반복 훈련을 해야 하며 단순 과제 능력보다는 생활적인 기술을 우선적으로 길러야 하므로 흥미를 불러일으키며 확장을 불러일으킬 수 있는 심리운동에서의 물질경험은 적합한 방법이라고 볼 수 있다.

2. 폭력성이 있는 지적장애 심리운동 물질경험

지적장애인의 폭력성은 본인들의 많은 실패 경험으로 인한 심리적 외상, 지적 능력, 언어 능력 등이 평균 이하임에 나타나는 낮은 행동 조절력, 상황에 대한 이해가 어려워 사회적인 관계 속에서 나타나는 부적응과 심리적 부담감 등의 다양한 이유로 표출하고 싶은 욕구가 부정적으로 작용하는 경우 발생한다고 본다. 즉 자기 마음대로 하고 싶어 하는 자율성의 통제, 실행하였으나 받아들여지지 못하는 유능감의 감소, 사회적 관계 속에서 고립되어 떨어져 있는 느낌을 받는 관계성의 소실으로 인한 부적절감, 불안 등의 과한 부정적 표현이라고 보여진다.

따라서 인지, 운동능력 등 발달 지연으로 인한 부조화로 인해 나타나는 지적장애인의 폭력성 및 방해 행동은 부적절한 감정을 해소할 수 있는 동시에 표출할 수 있는 안전한 공간을 제공해주며 스스로 문제해결할 수 있는 능력을 자연스럽게 길러주는 움직임 활동을 가능하게 해주는 심리운동이 필요하다고 본다. 특히 물질경험에서는 그 물질에 대한 쓰임의 정확성보다는 창의적으로 활용해보는 것이더 중점이 되므로 틀린 것이 아닌 다른 것이라는 것, 통일된 쓰임이 있지만 여기서는 다르게 사용해도 된다는 창의성, 생활에서의 통제로 인한 실패 경험이 이 공간에서는 성공 경험으로 변환될 수 있다는 점에서 지적장애인들의 심리적 부담을 줄여줄 수 있다. 단, 조건은 일상생활에서는 원래의 목적에 맞게 사용할 수 있도록 창의적으로 사용할 때는 이 공간에서만이라는 것을 확실하게 정립하고 활동을 진행해야 지적장애인들의 실생활 적응을 도울 수 있을 것이다.

따라서 심리운동 물질경험을 통해 탐색적인 기능을 개발하여 물질적이고 공간적인 환경을 알고 지배할 수 있는 능력을 기르며 객체들과 기구들을 실험해보고 특성을 파악하고 환경에 적응하면서 제한적인 활동에서 벗어나 다양한 실패 경험에서 생성되었던 심리적 외상을 치유함으로 폭력적인 행동과 감정을 감소시킬 수 있다는 것이다.

V. 심리운동 물질경험 프로그램

프로그램 #1: 날아라!!

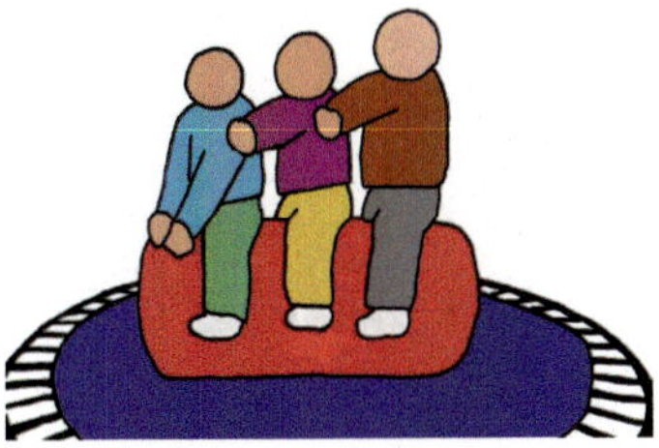

가. 목표 : 신체 밸런스, 균형 감각 향상, 물질 활용

나. 준비물 : 다양한 크기의 탈 수 있는 물질, 트램플린

다. 지원영역 : 물질 탐색, 감각 활용, 창의력

라. 놀이 방법

트램플린 위에 놓을 수 있는 물체(원통형 매트, 일반형 매트, 홉핑볼 등) 중 본인이 원하는 물체를 선택하여 활동을 진행한다. 이때 트램플린 반동은 치료사가 맡아서 진행한다.

① 대상자에게 획득할 물체를 확인하게 하고 무엇을 선택할 것인지 언어로 표현하도록 한다. (어디에 있는 무엇: 벽에 세워진 원통 매트)

② 획득한 물체를 트램플린에 올린 후 올라탄다.

③ 치료사는 트램플린 반동의 강도를 서서히 늘려가고 대상자는 물체 위에서 중심을 잡는다. (1분 동안 수행함)

마. 기대효과

다양한 물질 탐색 후 상황에 맞게 적절한 쓰임새를 찾아 활용할 수 있는 능력 향상 및 균형 감각 향상

바. 놀이 확장하기

2인 혹은 3인이 동시에 수행하거나 반동을 주는 사람의 역할도 대상자가 수행

프로그램 #2: 롤블렛 볼링

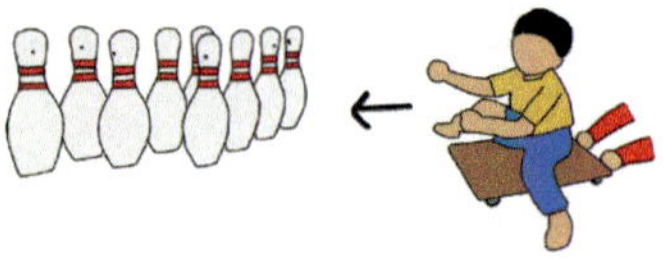

가. 목표 : 파괴적 행동 해소, 물체 활용 및 거리 감각 향상

나. 준비물 : 롤블렛, 다양한 크기의 핀(물병, 큰 컵 등)

다. 지원영역 : 물질 탐색, 신체감각, 규칙 이해

라. 놀이 방법

규칙은 일반 볼링과 같으며 혹시 모를 과도한 경로 이탈이나 부딪힘 방지를 위해 양옆에 안전장치(큰 쿠션 바)를 설치하고 출발선을 설정한다. (출발 라인에서는 반드시 손을 떼야 함)

① 팀을 나눈 후 각자 팀에서 롤블렛에 탈 순서를 정한다.

② 순서대로(1번이 타면 2번이 밀기, 3번이 타면 4번이 밀기) 롤블렛에 타서 준비하면 세워진 과녁을 향해 롤블렛을 민다.

③ 목표물을 쓰러트린 숫자만큼 점수를 계산한다.

마. 기대효과

물질의 특성을 파악하여 거리감, 평형감각 등을 활용함으로 신체에 대한 이해와 물질에 대한 이해 향상

바. 놀이 확장하기

안대를 사용하여 롤블렛에 타고 있는 대상자 혹은 교사의 언어적 지시만 듣고 목표 맞추기. 한 번에 다 쓰러트리지 못했을 경우 타고 있는 사람과 미는 사람의 역할을 바꾸어 스페어 처리하기(한 번에 다 쓰러트릴 시 다시 온전한 상태로 세워 역할 바꾼 후 수행)

프로그램 #3: 파라슈트 썰매

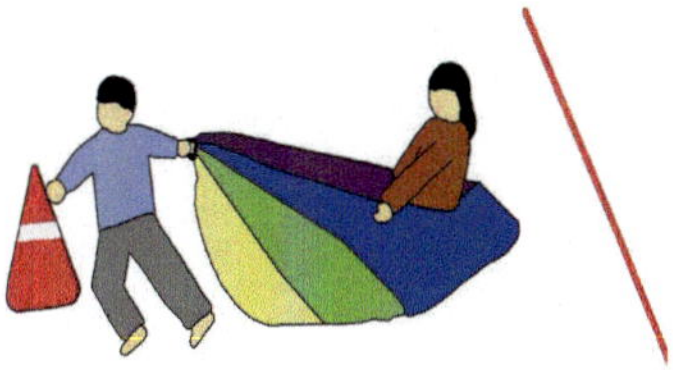

가. 목표 : 물체 탐색 및 활용 능력, 협동력

나. 준비물 : 파라슈트, 콘

다. 지원영역 : 물질 응용, 순발력, 협동력

라. 놀이 방법

파라슈트에 탈 순서를 정하고 대상자들과 간단한 규칙(파라슈트는 반드시 끌어야 함/신체로 파라슈트에 타고 있는 대상자를 밀면 안 됨)을 결정한 후 진행한다.

① 두 팀으로 나눈 후 파라슈트에 탈 순서를 정한다. (파라슈트 타는 인원은 1명으로 고정)

② 릴레이 달리기와 같은 방식으로 모든 인원이 반환점을 돌고 출발선으로 도착하면 수행을 끝낸다.

③ 파라슈트 안에 있는 대상자가 떨어지거나 신체가 밖으로 나와 바닥과 접촉했을 때는 그 자리에 멈춰서 다시 시작해야 한다.

마. 기대효과

물질 탐색을 통한 물질 활용력 및 창의력 향상

바. 놀이 확장하기

파라슈트에 앉는 사람 수를 늘리기

장애물, 코스를 만들어서 진행하기

프로그램 #4: 아지트 만들기

가. 목표 : 물질 탐색 및 표현력 향상, 물질 이해

나. 준비물 : 블록, 천 등 다양한 물체

다. 지원영역 : 물질 탐색, 표현력, 물질 활용 및 이해

라. 놀이 방법

각자 기본적으로 아지트를 만들 구역을 정한 후 구역 선을 표시한다. 구역을 정할 때 치료사의 개입은 최소화하나 큰 갈등 상황에서는 개입한다.

① 대상자들은 자신만의 위치를 정한다.

② 각자 하고 싶은 물질을 자유롭게 선택한 후 공간을 활용하여 자신만의 아지트를 만든다.

③ 각자 아지트에 초대하거나 구경하며 시간을 보낸다. (이때, 구역을 넘어갈 시 허락을 맡고 허락하면 들어가야 한다.)

마. 기대효과

물질 탐색 후 물질을 활용한 자신만의 표현을 통하여 창의성, 표현력 향상, 다른 대상자들과의 교류를 통하여 사회성 발달

바. 놀이 확장하기

아지트 이외에 마당을 추가

다 같이 하나의 아지트를 만들기

프로그램 #5: 매트 위 해적

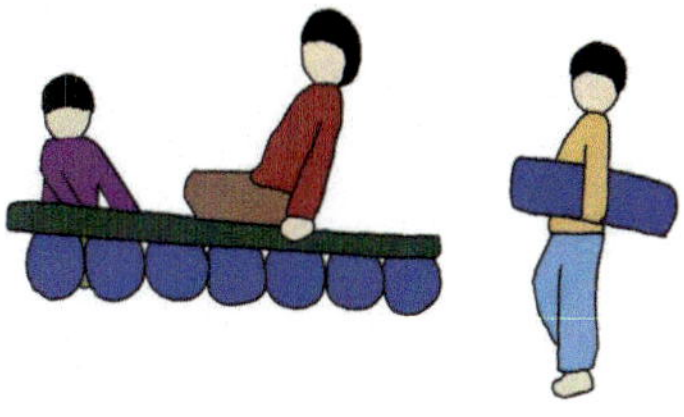

가. 목표 : 표현력 향상, 신체 밸런스 향상, 창의력 향상

나. 준비물 : 매트, 폼롤러

다. 지원영역 : 물질 탐색, 물질 표현, 물질 활용

라. 놀이 방법

치료사는 대상자가 피터팬 혹은 해적이 나오는 상황을 설정하여 상상할 수 있도록 만들어 준다. 이때 스토리텔링식으로 이해하기 쉽고 간단하게 규칙과 임무를 인지시킨다.

① 폼롤러를 바닥에 일자로 나열한다.

② 폼롤러 위에 얇은 매트를 놓는다.

③ 1명은 선원이 되고 나머지는 파도가 되어 파도는 폼롤러 위 선원을 폼롤러를 이동하여 도착 위치까지 옮긴다. (이때 선원은 매트가 기울지 않도록 파도를 맡은 대상자들에게 언어적 지시를 해준다.)

마. 기대효과

물질의 이해 및 활용, 협동력 및 상황 판단력 향상

바. 놀이 확장하기

장애물, 코스를 만들어서 진행하기

(3) 자폐성장애를 위한 프로그램

Ⅰ. 자폐성 발달장애 아동의 특징

1. 자폐 장애의 정의

2008년 개정된 장애인복지법에서는 ICD-10(lntemational Classification of Diseases, 10th Version)의 진단기준에 따른 전반적 발달장애(자폐증)를 지닌 자를 자폐성 장애로 규정하고 있다. 전반적 발달장애(PDD: Pervasive Developmental Disorders)는 여러 분야, 즉 사회적 상호작용과 의사소통 기술에 있어서 심각하고 광범위한 장해가 있거나 상동증적인 행동 및 관심, 활동이 있는 것이 특징이며, 자폐성장애, 레트장애, 소아기 붕괴성장애, 아스퍼거장애가 포함된다.

자폐증이라는 단어 'autism'은 원래 희랍어에서 자신(self)을 의미하는 'autos'에서 유래되었다. 자폐증 아동들이 나타내는 가장 두드러진 특성은 자신에게 몰입하는 것과 사회적으로 위축된 행동을 보이는 것이다(Wing, 1976). 자폐증 장애를 구별하는 경계는 아주 모호하지만 기존적인 인지적 발달장애, 언어와 의사소통의 이상, 이차적인 행동 및 정서문제 등을 지니는 하나의 '증후군(syndrome)'이라고 설명할 수 있다.

자폐증과 정신분열증 아동들은 겉으로 드러나는 관찰 가능한 행동의 공통점을 가지고 있지만 발생 연령에서 두드러진 차이점을 보이고 있다. 자폐증 장애는 30개월 이전에 발생하며 정신분열증은 발생시기가 늦고 발달 초기에는 정상적으로 발달하다가 정신분열증이 확립되어 감에 따라 심한 퇴행행동을 보인다는 특징이 있다.

2. 자폐성 발달장애 아동의 특성

자폐성장애 아동은 행동이 괴이하고 정서는 매우 강렬하며 , 완전히 고립적이어서 이해하는데 많은 어려움을 느낀다. 이런 아동들은 언어기능의 발달, 의사소통 방법의 학습, 다른 사람과 인간관계를 맺는데 어려움을 느낀다. 이상한 신체운동(예: 상동행동, 지나친 두려움) 변화에 대한 심한 저항이 나타난다.

자폐성장애 아동의 두드러진 행동 특성을 연령에 따라 다음과 같이 제시하고 있다(김종현외 2009, 재인용).

〈출생에서 18개월까지〉

- 상호응시하지 않는다.
- 음식을 먹여줄 때 문제를 지닌다(예: 빨기기능 열등).
- 미소반응이 부족하다.
- 냉담 및 무반응이다.
- 안아줄 때 지나치게 긴장하거나 그 반대 현상을 보인다.
- 지속적으로 운다.
- 반복적인 운동행위를 한다.
- 어떤 물체에 지나치게 관심을 갖는다.
- 변화를 지극히 싫어한다.

〈18개월에서 2세까지〉

- 시선을 마주치지 못한다.
- 위축 및 고립적이다.
- 대소변 훈련이 곤란하다.
- 이상한 식사습관 및 편식을 한다.
- 입에 음식물 넣기, 씹기, 삼키기 등을 거부하는 등의 식사문제가 있다.

- 담화발달이 거의 되지 않거나 전혀 안 된다.
- 수용언어 기술이 열등하다.
- 장난감에 관심을 보이지 않으나 물건을 고집스럽게 가지고 논다.

〈2세 이후〉

- 위축 및 고립적이다.
- 협동놀이가 발달하지 않는다.
- 식사, 수면 및 대소변의 문제가 있다.
- 운동발달이 조숙하거나 늦다.
- 동일성을 지나치게 고집한다.
- 반복적인 습관, 몸짓 및 매너리즘이 발달한다.
- 변화에 짜증을 보이거나 활동이 엄격히 제한된다.

3. 자폐성 발달장애 아동의 발달

(1) 인지발달

자폐성장애 아동의 지적 기능은 다양한 수준을 보이고 있는데, 많은 경우 "학습준비기능수준(pre-academk levels)"에 머무르고 있다. 자폐성장애가 있는 경우 60~80%가 IQ 50 미만의 정신지체를 지니고 있지만 정신지체와는 다른 특성을 보인다. 지능 검사에서 추상적 사고, 상징 및 순차적 논리를 필요로 하는 과제의 수행에 낮은 점수를 보이며, 손과 시각적 공간 기능을 요구하는 과제를 잘 수행하는 경향이 있다. 이들의 열등한 인지발달은 아동들의 학습능력에 영향을 미치고, 행동문제는 주의력 과 동기유발에 영향을 미친다고 보고 있다.

약 10%의 자폐아는 특출한 천재적인 재능을 가진 경우도 있다. 이는 일반적 기준에 비해 뛰어난 능력을 의미한다. 일명 서번트 증후군(savant syndrome)이라고 하여 음악 연주, 달력 계산, 암산 등 특정한 부분에 특출한 재능을 보이는 것을 말한다.

(2) 언어발달

자폐성장애 아동의 언어는 고유한 특성을 지니고 있다. 의사소통과 언어능력이 전혀 없거나 그 특성이 매우 이상하다. 많은 아동들이 전혀 말을 하지 않거나 언어를 이해하지 못하는 것 같다. 어떤 아동들은 반향어, 앵무새와 같은 말, 의미 없는 언어, 남의 말에 대한 끊임없는 반복, 강세와 높낮이와 같은 억양의 표현부족 등이 나타난다.

자폐성장애 아동들은 대화의 관습을 따르고, 언어적 비언어적 맥락에 따른 규칙을 해석하는데 큰 어려움이 있다. 그들은 대화의 주제에 이상할 정도로 오랫동안 매달려 있고, 차례로 대화하는 규칙을 인식하지 못하며, 제스처를 적절히 사용하지 못한다. 눈맞춤, 신체자세, 목소리의 음조, 얼굴표정 등과 같은 몸짓의 단서를 해석하지 못한다. 언어발달이 잘되지 않으면 놀이와 상상 기능과 같은 다른 여러 가지 영역에도 좋지 않은 영향을 미친다.

(3) 지각발달

자폐성장애 아동은 지각에 이상증상을 보이는 경우가 많다. 관련 자극 단서에 주의를 기울이는데 어려움이 있어서, 일반적으로 들어오는 자극에 대해 과잉반응을 보이 거나 과소반응을 보인다. 이러한 증상은 감각적 입력을 견디지 못하여 관련된 환경 자극에 주의를 기울일 수 없다고 보는 입장과, 아주 소수의 자극에만 시선이 고정되어 환경 자극을 전체적으로 스캐닝(scanning)하지 못하기 때문이라고 보는 두 가지 관점이 제시되고 있다.

(4) 운동발달

자폐성장애 아동의 운동기능은 잘 발달할 수 있으나 반복적인 신체 움직임으로부터 의식적으로 고착된 활동에 이르기까지 다양한 상동행동을 한다. 지속적,

상동적, 반복적 매너리즘으로 나타나는 자기자극 행동은 자폐증의 명백한 특성 중의 하나이다. 그들의 놀이는 단순히 지체된 것이 아니라 특이한 특성을 보이고 있다. 상징적 측면에서 심한 장애를 보이는데, 상상력이 부족하고 빈약하며 반복적이고 의식적이며 엉뚱하다. 그들은 놀이 방법을 잘 모르는 것 같고 , 방에 장난감이 가득 차 있어도 그것에는 관심이 없고, 상동적, 자기자극적인 신체운동에 몰두한다. 장난감을 가지고 놀더라도 특이한 방식으로 논다.

(5) 사회 및 정서발달

자폐성장애 아동은 사회적 발달이 잘 이루어지지 않는다. 지능이 높고 언어를 사용 하는 아동들도 사회적인 능력이 결핍된다. 다른 사람에게 냉담하고 무관심한 태도를 보이고, 관계를 맺으려고 시도하면 당황스러워한다. 일부 중증장애 아동들은 심하게 울화를 터뜨리면서 다른 사람을 물어뜯거나 차거나 할퀴거나 때리는 공격적인 행동을 보이기도 한다. 자폐성장애 아동들은 의미 있는 대인관계를 통해 자신의 요구를 충족시키지 못하고, 오히려 사람들을 무생물 대하듯이 한다.

4. 자폐성 발달장애 아동 놀이의 중점

(1) 눈맞춤 하기

자폐성장애 아들이 외부의 경험을 차단하기 위하여 가장 많이 사용하는 방법 중의 하나가 눈 맞추기를 피하는 것이다. 그들이 눈 맞추기에 적응하고 즐길 수 있는 방법을 찾는 것이 그들을 참여시키는 필수적인 과정이다. 하지만 눈 맞춤은 물리적 보상을 받는 것이 아니다. 대신에 자발적인 눈 맞춤을 만들어 내는 것은 즐겁고 놀라운 활동에 의한 것이다. 가능한 한 치료자가 아동의 얼굴에 가까이서 많은 활동들을 함으로써 아동이 활동에 관심을 보인다는 확신을 가질 수 있고 , 아동도 치료자를 보게 될 것이다.

(2) 제한된 활동을 사용하기

자폐아동들을 위한 활동들은 영아의 단계에 맞게 조정된 것이어야 한다. 이러한 활동들은 자연스럽고 매력적이며 아동이 퇴행하기 전부터 아동들에게 익숙한 활동들이다. 간단한 활동들을 통해 아동은 성공감과 유능감을 느끼게 된다. 제한된 활동을 사용함으로써 아동이 활동에 익숙해지고 편안함을 느낄 시간을 갖는 것이 필요하다. 그러나 아동이 익숙함과 편안함에서 반복하기를 원하는 것과 새로운 경험을 차단하는 것과 같은 강박적인 주장으로 반복의 요구는 구별되어야 한다.

(3) 3단계 법칙을 따르기

자폐성장애아동들은 새롭거나 생소한 활동을 잘 받아들이지 않는데 그들에게는 활동들을 이해하고 움직임을 계획할 시간이 필요하다는 것을 이해하여야 한다. 이러한 빈번한 거부와 느린 집중력을 지닌 PDD아동에게는 3단계 법칙을 적용해야만 한다.

- 1단계 : 처음 새로운 활동이 아동들에게 제공되면 아동들은 소리를 지르거나 외면한다.
- 2단계 : 다시 활동을 반복하면 아동은 조심스럽게 관심을 가질 수 있다.
- 3단계 : 아동은 즐거워하고 활동을 반복하기를 원한다.

(4) 반영해 주기

화를 내고 저항하는 아동을 개입하고 치료자의 존재를 알리기 위한 방법으로 아동의 감정을 반영해준다. 반영하는 것의 기본법칙은 아동의 모든 언어와 비언어의 반응을 모방하는 것이며, 실제로 영향을 주기 위하여 치료자는 반응의 정도를 조절하고 부풀리기도 한다. 아동의 소리를 반영하는 것은 부모가 영아들과 함께 하는 의사소통의 기초가 되는 옹알이와 같은 것이다. 소리의 반영은 언어가 지체된 모든 아동에게 유용하다. 이는 진정한 의사소통을 위한 언어를 이끌어 내는 활동적인 상호작용의 시작이다.

(5) 음악 이용하기

음악과 노래는 자폐성 장애아동들에게 유용하다. 좋아하는 노래의 익숙함과 새로움은 아동에게 언어를 기억하고 율동에 참여할 수 있는 기회를 준다. 자폐아동들이 청각이 지체되었거나 운동능력이 덜 발달되었을 경우 또는 두 가지 경우 모두라면 그들이 말을 하거나 행동을 할 수 있는 충분한 기회를 가지기 위한 오랜 휴식과 긴 망설임과 여러 번의 반복이 필요하다.

Ⅱ. 자폐성 발달장애 아동의 심리운동 물질경험

앞서 살펴본 바에 따르면 자폐성 발달장애 아동은 인지, 언어, 지각, 운동, 사회 및 정서 발달에서 비장애 아동과는 다른 양상을 보인다는 것을 알 수 있다. 자폐성 발달장애 아동들은 말소리와 같은 청각적 자극 등 사회적 자극에 무관심하며, 사회적 상호작용이나 공동관심, 상호모방 행동에 결함을 가지고 있다(Dawson et al., 1998). 이러한 결함은 인지, 언어 발달에도 부정적인 영향을 주어서 자폐성 발달장애 아동의 전 영역 발달에 장애를 초래한다(이상복, 김정일, 2003).

또한 자폐성장애 아동은 사회에 적응하며 살아가기 위한 가장 기본적인 요소인 놀이자발성(김진경, 2007)이 부족하며, 발달 단계에 따라 적절하고 자발적인 상상놀이나 사회적 모방활동도 부족하고 이로 인해 또래 놀이에서도 주도적이지 못하고 수동적이다(최윤아, 1997). 자폐성장애 아동들은 자신의 요구를 자발적으로 표현하는 것이나 또래 아동들에게 먼저 접근하는 것은 거의 없는데, 이런 자발성의 결여는 자폐성장애 아동을 지도하는 전문가에게 가장 풀기 어려운 난제이기도 하다(Krantz, Ramsland, & McClannahan, 1989; Shafer, Egel, & Neef, 1984).

심리운동은 장애유아의 운동력, 신체운동지각능력, 놀이행동, 부적응, 또래 상호작용, 사회적 기술향상 등에 효과가 있다고 보고되고 있다(정명옥, 2010; 강혜정, 2011, 유진호, 2011, 서희영, 2012, 백창의, 2012). 하지만 자폐성 발달장애 아동은 자신의 신체를 통한 놀이를 하거나 신체활동에 참여할지라도 대부분 심심함이나 불안을 감소시키는 자기자극 행동을 하거나 반복적이고 상동증적인 행동을 보이기에 활동 경험이 제한되고 사물에 대한 이해와 상호작용의 기회가 제한되게 된다(이상복, Tsai, 김정일, 2002).

따라서 자폐성 발달장애 아동의 심리운동 물질경험은, 물질을 이용한 움직임 놀이 과정에서 자폐아동들이 물질의 특성을 올바르게 이해하고 물질을 활용하는 능력을 키울 수 있는 수단이자 사회적 상호작용을 촉진 하고 경험할 수 있는 기회라고 생각한다.

다음으로는 실제 프로그램을 살펴보려 한다. 이 장에서는 경도 자폐성 발달장애 아동을 대상으로 프로그램을 설계해보았다. 물질경험의 실제적인 프로그램을 진행 할 때에는 3~4명의 그룹 형태가 권장되며 체계적이고 지속적인 지도와 개입이 필요하다.

Ⅲ. 심리운동 물질경험 프로그램

프로그램 #1: 공으로 인사해요

가. 목표 : 물질 탐색 및 상호작용 촉진

나. 준비물 : 크기가 다양한 공

다. 지원영역 : 자발성, 사회성

라. 놀이 방법

아동을 원형 모양으로 둘러앉게 한다. 심리운동사가 먼저 공을 잡고 자신의 이름을 말하며 인사를 한 후 오른쪽 또는 왼쪽으로 공을 전달한다. 이때 공을 받는 아동의 이름을 불러준다. 공을 잡은 아이도 심리운동사처럼 자기 이름을 말하고 인사를 한 후 다른 아동의 이름을 말하며 공을 옆으로 전달해보도록 한다. 모든 아동이 공을 잡고 인사를 하면 끝이 난다. 프로그램 초기 도입으로 사용하면 좋다.

마. 기대효과

지시에 의한 모방, 집중성 & 사회성 향상, 공의 특성 인식

바. 놀이 확장하기

프로그램 #2: 짐볼 엉덩이 점프

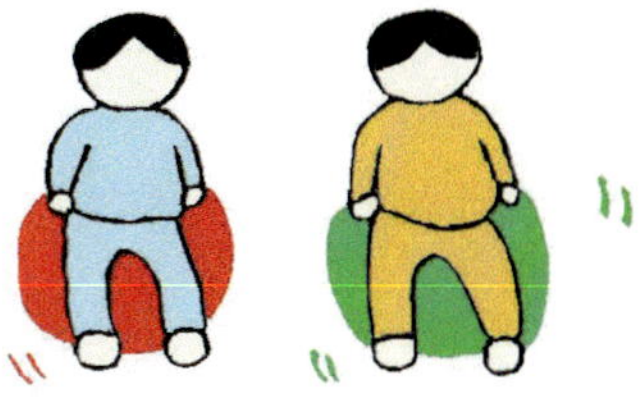

가. 목표 : 물질 탐색 및 상호작용 촉진

나. 준비물 : 55~65인치 짐볼

다. 지원영역 : 사회성, 신체성

라. 놀이 방법

아동을 원형으로 둘러앉게 한 후 각자에게 짐볼을 준다. 짐볼 위에 앉아 옆 사람의 손을 잡는다. 심리운동사가 먼저 짐볼 위에 앉아 엉덩이로 점프하는 동작을 보여준다. 아동들은 동작을 보고 따라한다. 처음에는 혼자서 연습 해보는 시간을 가진 후 서로 손을 잡고 엉덩이를 들고 내리기를 반복하여 짐볼 위에 앉아 점프해본다.

마. 기대효과

지시에 의한 모방, 자발적 모방, 집중성&사회성 향상, 짐볼 특성 인식 및 활용능력 학습

바. 놀이 확장하기

심리운동사가 단순히 엉덩이로 점프 하는 것 외에도 앉아서 한발 들기, 서로 맞잡은 손을 위로 들고 엉덩이 점프해보기 등 다양한 동작을 시도해본다. 또한 아동별로 어떻게 점프를 해보면 좋을까 질문을 해보고 아동들이 원하는 활동을 응용해본다. 이를 통해 자발성과 집중성을 더욱 촉진한다.

프로그램 #3: 훌라후프 탑

가. 목표 : 물질 탐색 및 상호작용 촉진

나. 준비물 : 다양한 훌라후프

다. 지원영역 : 사회성, 신체성

라. 놀이 방법

아동과 심리운동사가 함께 크기가 다양한 훌라후프를 쌓아서 탑을 만들어본다. 그 다음 아동과 함께 탑이 쓰러지지 않도록 안으로 들어갔다가 나온다. 만든 탑을 모두 통과해서 나오면 된다.

마. 기대효과

지시에 의한 모방, 자발적 모방, 사회성&신체성&집중성 향상, 훌라후프의 특성 인식

바. 놀이 확장하기

아동과 심리운동사가 함께 하는 놀이를 마친 후에 아동끼리만 짝을 지어 사회성을 더욱 촉진한다.

프로그램 #4: 매트 미끄럼틀

가. 목표 : 물질 탐색 및 상호작용 촉진

나. 준비물 : 접이식 매트

다. 지원영역 : 사회성, 신체성

라. 놀이 방법

접이식 매트를 여러 개를 사용하여 미끄럼틀을 만들어본다. 미끄럼틀 모양처럼 경사가 생긴 구간 아래에는 경사가 무너지지 않도록 다른 매트나 도구로 공간을 채워준다. 심리운동사가 먼저 앉아서 내려가 보며 하는 방법을 보여준다. 다음에는 옆으로 누워서 내려가 본다. 아동들로 하여금 아래로, 옆으로 누워서 내려가 보게 한다.

마. 기대효과

지시에 의한 모방, 자발적 모방, 사회성&신체성&집중성 향상, 매트의 특성 이해

바. 놀이 확장하기

아동들로 하여금 하고 싶은 자세로 내려오게끔 하거나 어떤 자세로 내려오면 재미가 있을지 물어보고 안전한 범위 내에서 직접 해보도록 한다. 또한 아동들이 서로 손을 잡고 함께 앉아서 내려오게 해봄으로써 사회성을 더욱 촉진한다.

프로그램 #5: 페달로 타기

가. 목표 : 물질 인식 및 활용

나. 준비물 : 페달로, 스틱

다. 지원영역 : 집중성, 신체성

라. 놀이 방법

참여하는 아동의 수만큼 페달로를 준비한다. 하나 밖에 없다면 순서를 정해 경험 할 수 있도록 한다. 먼저 심리운동사는 페달로에 올라가서 앞으로 가는 모습을 보여준다. 아동들로 하여금 똑같이 해보도록 하면서 페달로에 적응할 수 있도록 한다. 어느 정도 적응을 마친 후에는 심리운동사와 아동이 스틱의 양쪽 끝은 잡고 마주보게 선다. 이때 심리운동사는 뒤로 페달로를 구르고 아동은 스틱을 따라 앞으로 움직인다. 서로 반대 방향으로도 해본다.

마. 기대효과

지시에 의한 모방, 자발적 모방, 집중성&사회성 향상. 페달로의 특성인식 및 활용력 향상

바. 놀이 확장하기

프로그램 #6: 롤브렛 타기

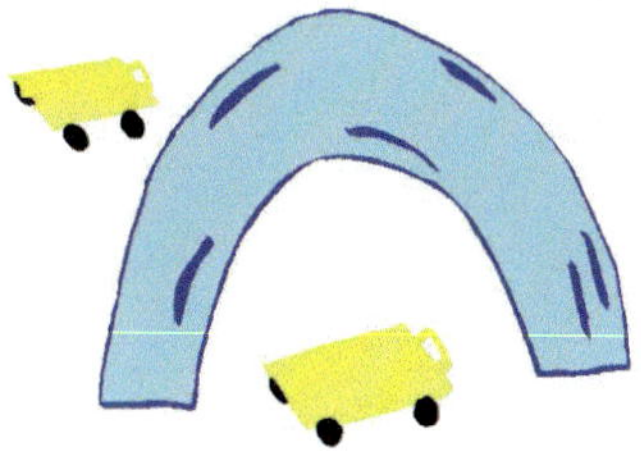

가. 목표 : 물질 탐색 및 활용

나. 준비물 : 롤브렛, 접이식 매트, 경사 매트

다. 지원영역 : 사회성, 집중성, 신체성

라. 놀이 방법

참여하는 아동의 수만큼 롤브렛을 준비한다. 접이식 매트, 경사매트를 충분히 준비한다. 심리운동사가 먼저 롤브렛에 앉아 타는 방법을 보여주고 아동들로 하여금 롤브렛을 타고 공간을 자유롭게 돌아다니며 적응 하는 시간을 준다. 적응을 마친 후 접이식 매트와 경사매트를 이용해 심리운동사가 먼저 터널 한 개를 만들어본다. 아동들로 하여금 자신이 원하는 모양대로 터널을 만들어 보게 하고 롤브렛을 타고 지나가게 한다.

마. 기대효과

지시에 의한 모방, 자발적 모방, 사회성&집중성&신체성 향상, 롤브렛과 매트의 특성 이해 및 활용력 향상

바. 놀이 확장하기

2인 1조가 되어 서로 롤브렛을 끌어주며 터널을 통과하거나 공간을 이동하게 해본다. 이를 통해 사회성을 더욱 촉진한다.

프로그램 #7: 밧줄을 따라 걸어요

가. 목표 : 물질 탐색 및 상호작용 촉진

나. 준비물 : 밧줄 여러 개

다. 지원영역 : 사회성, 집중성, 신체성

라. 놀이 방법

바닥에 밧줄로 Z, S, M 등 다양한 모양을 만든다. 심리운동사가 먼저 밧줄 위로 따라서 걷는 모습을 보여준 뒤 아동들로 하여금 따라 걷도록 해본다. 적응을 마친 후에는 참여한 아동을 일렬로 세운 후 앞 사람의 어깨를 잡게 하여 하나가 되어 함께 밧줄 위를 따라 걷도록 한다.

마. 기대효과

지시에 의한 모방, 자발적 모방, 사회성&집중성&신체성 향상, 밧줄의 특성 인식

바. 놀이 확장하기

아동들로 하여금 밧줄로 원하는 모양을 만들어 보도록 해본다. 어떻게 하면 재미있게 할 수 있을지 질문을 해본다. 원하는 모양을 완성 하면, 함께 하나가 되어 각자 만든 모양을 걸어본다.

프로그램 #8: 공 패스 놀이

가. 목표 : 물질 탐색 및 상호작용 촉진

나. 준비물 : 다양한 공

다. 지원영역 : 사회성, 집중성, 신체성

라. 놀이 방법

아동들을 원형으로 둘러앉게 한다. 심리운동사가 공을 주고 싶은 사람의 이름을 먼저 부르고 “OO아 받아” 라고 말하며 공을 던져 준다. 공을 받은 아동도 이와 같은 방법으로 공을 던져 주도록 한다. 같은 방법으로 원형으로 둘러서게 한 후 공을 주고 싶은 아동의 이름을 먼저 부르고 발로 공을 차서 준다. 심리운동사는 아동이 서로에게 공을 던지고, 차고 받을 때 힘을 너무 세게 주지 않도록 주의를 주고 도움이 필요하면 개입한다.

마. 기대효과

지시에 의한 모방, 자발적 모방, 집중성&사회성&신체성 향상, 공의 특성 이해 및 활용력 향상

바. 놀이 확장하기

아동들로 하여금 원하는 공을 각자 고르게 한 후 선택한 공을 모두 사용해서 똑같은 방법으로 놀이 해본다. 이를 통해 사회성을 더욱 촉진한다.

프로그램 #9: 책 매트에 올라가요

가. 목표 : 물질 탐색 및 상호작용 촉진

나. 준비물 : 동화책

다. 지원영역 : 사회성, 집중성, 신체성

라. 놀이 방법

아동의 수를 고려하여 동화책을 매트 모양과 비슷하게 바닥에 깔아본다. 아동을 책 매트 위에 올라가게 한 후 심리운동사가 책을 하나씩 없애며 크기를 줄인다. 놀이에 참여하는 아동 모두 자신의 발이 책 매트 밖으로 나오지 않도록 해야 한다. 매트의 크기가 줄어들수록 함께 모여 손을 잡거나, 몸을 더 가까이 붙이거나, 서로 안거나 등등 다양한 방법으로 모두 매트 위에 있을 수 있도록 해본다.

마. 기대효과

지시에 의한 모방, 자발적 모방, 사회성&집중성&신체성 향상

바. 놀이 확장하기

3. 심리운동 사회경험 프로그램

(1) 우울 청소년을 위한 프로그램

Ⅰ. 청소년의 정의 및 개념

청소년은 어린이와 청년의 과도기라고 보며 연령규정은 법령과 규범에 따라 다르게 설정되어있으며 나라마다의 기준 또한 다르다. 우리나라의 청소년기본법에서 정의된 청소년의 연령은 9세 이상 24세 이하이며 청소년보호법과 청소년복지지원법에서는 19세 미만으로 규정하고 있다.

1. 청소년기의 특징

대게 이 시기의 아이들은 사춘기, 질풍노도의 시기라고 하여 급격하게 성장해버린 몸과 아직 성장하지 않은 심리적인 부분의 차이에서 나오는 불안감을 가지고 있다. 자아정체성에 대하여 많이 고민하고 정립해야하는 시기이며 이 시기를 어떻게 극복하고 보내는가에 따라 성인이 되었을 때의 올바른 자아 생성 혹은 부정정인 자아 생성이 결정된다. 어린이와 성인 사이에 있는 단계로 인해 독자적인 문화를 만들어내기도 하고 일탈행동 등 사회 적응에 어려움을 겪기도 하며 주변 환경이나 인간 관계에서 본인의 주관보다는 타인의 시선을 중시하여 본인이 원하지 않는 방향으로 휩쓸려가기도 하여 지속적인 관심이 필요하다. 또한 부모와 같은 보호자로부터 독립과 해방에 대한 욕구가 생성되며 자아의식이 높아지지만 아직 경험이 부족하고 환경에 대한 적응이 미숙할 단계이므로 그들의 행동이 미숙해보이기도 한다.

중학생 시기에 해당하는 청년 전기에는 성장이 크게 두드러지게 나타나며 성적 관심도 강해지는 경향이 있다. 본인의 자아 성찰보다는 본인을 둘러싸고 있는 외부 환경, 관계 등에 더 큰 관심을 가지며 어른에 대한 반항과 비판이 점점 강해진다. 고등학교 시기인 청년 중기에는 전기보다 훨씬 다양한 방면에서의 발달이 두드러지게 나타난다. 신체적, 지적, 정서적, 사회적 발달이 나타나며 아동기와 성인기의 과도기적 모습이 나타나는 시기이기도 하다. 신체 변화에 대한 적응과 보호자로 부터의 독립, 친구과의 관계 형성, 성인기를 위한 준비, 본인만의 인생 설계 등 정신적·정서적 스트레스 및 혼란이 일어날 수 있다. 대학연령기인 청년 후기는 남녀 모두 발달이 완성된 시기로 성인적인 사고와 신체를 가지게 되는 단계이다. 이 시기에는 업적, 책임, 사회적 관계 등 사회 구성원으로서의 역할을 위해 노력하는 단계이다.

2. 청소년기의 발달

신체적 발달

청소년기의 신체적 발달은 2차성징이 가장 두드러진 특징이다. 청소년기에 시작되는 2차 성징은 어른이 되어가는 준비과정이라고 하며 성정인 성숙과 급속한 외형적 성장, 호르몬 변화로 인한 생식능력의 획득 등이 있다. 남자는 14세 이후

신장이 급속도로 성장하고 여성은 이때부터 신장의 성장 속도가 조금씩 줄어든다. 그러나 이 시기의 여성은 월경의 시작이라는 커다란 신체의 변화를 겪게 된다. 지금은 청소년기 이전에 월경이 시작되는 경우도 있으며 전반적으로는 12세에서 14세 사이에 첫 월경이 시작된다. 이 때부터 남성과 여성의 신체적인 차이가 점점 명확해지는데 운동 능력, 체형 등에서 나타나며 남성의 운동 발달이 빠르고 힘, 체력 등에서도 남성이 더 우위에 있다.

인지적 발달

청소년기의 인지 발달의 키워드는 확대, 확장이다. 아동기의 사고와 인지적 능력이 더 발달하여 확장되고 확대되는 시기이며 아동기의 경험을 바탕으로 한 수준 높은 사고를 할 수 있게 되는 시기이다. 성인이 되기 전 성인기에 필요한 지식들을 축적하고 본인의 미래에 대한 계획 및 설계, 예측을 시작하고 이전의 경험에도 의문점을 가지고 성찰하게 되며 자신만의 새로운 신념, 목표를 가지게 되는 시기임과 동시에 성인에 대한 반발심과 독립심이 같이 키워지는 시기이므로 성인에 대한 비판, 비행 등이 일어날 가능성이 있다.

정서적 발달

청소년기의 정서는 질풍노도의 시기라는 말이 있듯이 매우 변칙적이고 예상을 할 수 없을 정도로 변화가 심하다. 표출하는 감정과 정서가 매우 극단적이며 불안하고 미성숙함을 자주 보여준다. 청소년기의 극단적인 정서변화는 2차 성징과도 밀접한 관련이 있으며 이성에 대한 관심과 호기심이 증가하면서 이를 의식적으로 피하거나 거부하는 반발적인 반응을 하게되는 경우가 있다. 또한 자아에 대한 고민으로 인한 미래에 대한 불안감, 독립심과 동시에 찾아오는 고독감 등도 존재한다. 과도기로 인해 발생하는 양가감정에 혼란스럽고 불안정한 감정이 심화되면 자기부정, 열등감, 과도한 애정요구, 자기비판, 반사회적 감정 표출 등의 위험성이 있어 주변 환경이나 스스로가 감정을 조절하는 것이 필요한다.

사회적 발달

청소년기의 인간관계는 아동보다 더욱 확장된다. 부모와 교사는 물론 학교 내에서의 또래집단, 학원 내에서의 또래집단, SNS나 게임과 같은 온라인 상에서의 또래집단 등 다양한 경로를 통해 사회적인 관계를 맺게 된다. 특히 아동기보다 청소년기에 또래집단의 힘이 커진다. 때문에 또래집단의 성향에 따라 성인기로 발달하는 과정에 영향을 주어 올바른 자아를 형성하거나 비행, 반사회적 행동이 나타나는 경우도 있다. 또래집단과 더욱 친밀한 관계를 형성하면서 부모와는 독립을 하게 되고 2차 성징이 일어나는 시기인만큼 이성과의 관계보다는 동성의 친구를 우선으로 관계를 맺으며 이성과의 관계는 탐색을 우선으로 학습하기 시작한다.

Ⅱ. 청소년 우울증

우울증이란 생각의 내용, 사고 과정, 동기, 의욕, 관심, 행동, 수면, 신체 활동 등 전반적인 정신 기능이 지속적으로 저하되어 일상생활에도 악영향을 미치는 상태를 의미한다. 정신의학에서 말하는 우울한 상태란 이러한 과정에서 일시적으로 기분이 저하되는 상태를 뜻하는 것이 아니다.

그러나 청소년 우울증은 일반적인 우울증과는 다르게 우울하더라도 스스로 힘든 부분을 표출하기 어려워하여 우울감을 신체적 증상, 비행, 공격적 행동으로 변형되어 나타나는 경향이 있다. 2005년에 서울시 소아청소년 정신보건센터에서 진행한 조사에 따르면 부모를 통해 진단한 아동청소년기의 우울증은 0.86% 였으나 아동청소년을 통해 직접 진단한 우울증은 7.37%로 두 수치간에는 10배 가량의 차이가 나타난다. 이는 우리나라 부모들이 자녀들의 우울 증상을 정확히 모르고 지나칠 수 있다는 가능성이 존재한다고 볼 수 있다. (서울아산병원 질환 백과 https://www.amc.seoul.kr).

우울장애는 현재 대중적으로 널리 알려진 정신장애 중 하나로 성인기 정신질환으로만 다뤄져왔으나 아동과 청소년에게도 증상이 나타나면서 아동청소년기의 우울증의 존재 여부에 대한 갈등이 있었다. 1980년대에 정신질환 진단 및 통계편람(Diagnostic and Statistical Manual of Mental Disorders, DSM) III판이 개정된 후 아동청소년기의 우울증이 공식적으로 인정받게 되었다. 아직까지는 청소년기의 우울장애는 성인기의 우울장애에 비해 연구결과가 적으나 중요성은 점점 커지고 있는 추세이다.

원인

우울증의 확실한 원인은 명확하게 밝혀지지 않았으나 다른 정신질환과 마찬가지로 다양한 생화학적, 유전적, 환경적 요인이 우울증을 일으킨다. 생화학적 요인으로는 뇌 안에 있는 신경전달물질(노르에피네프린, 세로토닌, GABA 등)과 호르몬(갑상선, 성장 호르몬, 시상하부-뇌하수체-부신피질 축)이상, 생체리듬의 변화와 관련되어있다. 유전적 요인으로는 일란성 쌍둥이의 경우 한 명이 주요 우울증을 앓고 있으면 다른 한 명도 걸릴 확률이 50% 정도 된다는 선례가 있는 것으로 보아 유전적 요소가 작용하는 것은 명확하나 일관성 있게 보고된 유전자 이상은 없다. 환경적 요인으로는 스트레스가 많은 영향을 준다고 하나 스트레스만으로 증상이 생기는 것은 아니며 스스로 대처하기 어려운 상황(사별, 경제적 문제, 강한 스트레스)을 경험하였을 때 그것이 우울증 유발의 환경적 요인이 된다.

또한 심리적 요인이 가장 크다고 할 수 있는데 주요 심리적 요인에는 낮은 자존감, 의존적 성격, 완벽주의 등이 있다. 그러나 성격 발달과 연관하여 생각한다면 성격 발달은 크게 2가지로 나눌 수 있다. 하나는 성숙하고 친밀하며 상호 만족스럽고 호혜적인 대인관계의 발달이며 다른 하나는 외부와 구분되고 동시에 내적으로는 통합되어있으며 현실적이고 근본적으로 긍정적 자기감 또는 정체감 발달이다. 이 두 주제는 성인기에도 지속되는 것으로 건강한 성격 형성에는 두 영역의 균형이 중요하다(조아라. 2013. 관계지향성과 자율지향성이 우울에 미치는 영향:성인기 발달에 따른 변화를 중심으로).

시드니 블랫(Sidney Blatt)은 정신역동 이론에 기반하여 의존성 성격과 자기 비판적 성격을 우울증세가 나타날 수 있는 가장 취약한 성격 특성으로 제시하였으며 이러한 성격을 가진 사람들은 인간 관계 내에서 무력감, 버려지는 것에 대한 두려움, 보호와 사랑에 대한 강한 욕구 등이 특징적이다. 타인에 대한 과도한 의존은 의존할 대상자가 상실되었을 때 자신감 하락, 자존감 저하, 불안 등으로 인한 우울증세가 나타날 수 있으며 자기 비판적 성격은 과도한 부정적 사고, 자존감 하락, 자신감 부족으로 인해 우울증에 취약하다고 볼 수 있다.

위와 같이 청소년기 우울장애 또한 성인기 우울장애와 원인이 같으나 가족관계, 또래관계 등 불안정한 대인관계로 인한 우울증의 비중이 크다. 청소년기의 나타나는 우울장애는 만성화로 발전할 가능성이 크고 저기능적 대인관계, 저학력, 낮은 사회경제적 지위 및 높은 조기 사망률과 관련이 있어 높은 조기 사망률과 관련이 있어 한 개인의 삶에 장기적인 영향을 미치는 것으로 알려져있다(Hammen, Brennan, & Keenan-Miller, 2008; Weissman et al, 1999).

또 최근에 새롭게 원인으로 대두되는 요인은 청소년의 스마트폰 과의존, 코로나 19로 인한 사회적 상호작용의 결핍이 있으며 스마트폰을 사용하지 못하게 될 때 경험하게 되는 심리적 의존이나 코로나 19로 인해 비대면 수업의 증가로 대인관계가 축소가 현재 가장 큰 원인이라고 여겨진다.

증상

우울증의 증상으로는 우울감, 슬픔, 초조함, 흥분, 집중력 저하, 수면 및 식욕의 감소, 자기 비판 증가, 부정적 감정(절망, 공허감 등)의 증가, 대인관계기피, 자살 또는 죽음에 대한 욕구 증가 등이 있다. 특히 청소년기의 불안정한 심리상태로 인해 두 가지 형태의 증상이 나타나는데 일반적인 증상과 다르게 우울한 기분 대신 예민함, 짜증, 화가 증가하는 경우가 있으며 일반적인 증상과 동일하게 무기력함, 느린 말투와 적은 말수, 집중 불가, 결정에 대한 어려움, 불안정한 상태, 수면 이상 등이 있다. 청소년 우울증에서 주로 나타나는 증상은 성적이 떨어지는 것과 신체화 증상이다. 특히 신체화 증상이 많이 발생하는데 이로 인해 다른 질병과 착각하여 우울증이라고 생각하지 못하는 경우가 있다. 청소년기 우울장애 증상의 표현들은 전형적이지 않고 공병률도 높아(Flament et al, 2011;Angold & Costello, 1993), 성인기 우울장애에 비해 질병의 유추가 어렵고 치료 시기를 놓칠 가능성이 높다. 중등도 수준은 심리치료를 우선으로 심하거나 심리치료에 대한 효과가 없을 경우는 약물치료를 권장한다.

청소년기 우울증은 다른 정신적, 신체적 증상이 동반하는 경우가 많으며 우울증의 40~90%에서 동반질환이 있다고 보고되고 있다. 가장 흔한 공존질환으로는 불안장애, 품행장애, 주의력결핍과잉행동장애(ADHD), 물질남용장애 등이다(Korean academy of child and adolescent psychiatry,2012). 이러한 공존질환은 치료반응 및 경과에 영향을 미치기 때문에 면밀히 탐색할 필요가 있다.

치료

① 대인관계치료(Interpersonal psychotherapy, IPT)

우울증에 대한 대인관계치료는 1980년대 초에 개발되었으며 IPT는 단기적이고 구조화된 심리치료로 대인관계문제에 의해 우울증이 발생하고 심화되거나 유지된다는 가정을 바탕으로 하고 있다. IPT는 한 개이상의 대인관계문제를 해결하는 데 집중하며 이 과정에서 지연된/불완전 애도, 역할변화, 역할갈등, 대인관계 갈등에 대한 내용을 포함한다.

Interpersonal psychotherapy for adolescents(IPT-A)는 청소년발달단계를 고려한 대인관계치료로 청소년 대인관계문제 중 우울증 유발 요인인 대인관계문제에 초점을 맞추어 핵심적 치료를 진행한다. IPT-A 치료 프로그램은 반복적인 의사소통 방식을 분석하고 새로운 대화기술을 배우고 역할연기를 통해 사회적지지 관계회복을 위한 사회기술을 배우고 연습하는 활동을 포함한다. 11~18세의 청소년들을 대상으로 IPT의 효과를 대기집단, 심리적위약집단, 비처치집단과 비교한 무선통제연구 7개를 선별한 후 메타분석한 결과, IPT 처치 집단이 다른 통제집단에 비해 치료 전에 비해 치료 후의 우울증상이 유의미하게 더 감소되는 것으로 나타났고, 삶의 질과 기능 수준은 더 상승된 것을 확인할 수있었다(Pu et al., 2017). 그러나 효과가 있음을 입증했음에도 불구하고 청소년 우울증의 IPT치료효과에 대한 연구는 매우 적다.

② 가족치료

현재까지 나온 연구들 중에서 아동의 우울증과 역기능적 가족관계 및 가족구성원 문제가 유의미한 관계를 가지고 있다는 것을 입증하였다. 비판적인 부모, 학대, 가족 불화, 부모와 자녀 간의 미흡한 의사소통은 우울증을 유발하는 주요 요인이다. 아직 가족치료는 이론적 부분에서 미흡한 면이 있으나 청소년 우울증 치료에 사용되는 가족치료의 방법은 크게 2가지로 확립되었다. 첫 번째는 부모와 자녀의 치료를 병행하는 것으로 치료를 통해 자녀가 학습한 의사소통, 문제해결 기술을 가정 내에서 부모가 촉진시키는 역할을 하도록 돕는 방식이다. 이때 부모 또한 배운 의사소통, 문제해결 기술을 익혀 이를 연습하는 것이 중요하다. 두 번째는 자녀와 부모가 의사소통, 문제해결 기술을 치료시간 동안 같이 습득하고 고쳐나가는 것이다. 치료자는 가족 구성원들의 가정 내의 관계를 바탕으로 우울증을 바라볼 수 있도록 돕는 역할을 한다. 가족치료연구 또한 대인관계치료와 동일하게 시행된 연구가 적고 다른 치료 기법에 비해 효과가 직관적이지 않으나 치료의 도움을 줄 수 있는 방법으로 명시되어있다.

③ 기타치료

최근에는 놀이치료, 책을 활용한 인지치료와 같은 다양한 접근과 검증이 시도되고 있는 추세이며(Yang, Yim, & Choi. 2005. Kang & Ahn. 2004, Ko & Kim. 2011) 대부분의 연구에서는 우울감 감소, 자아존중감 향상, 자살 및 죽음에 대한 욕구 감소, 다양한 상황에서의 대처능력 향상과 같은 긍정적 연구결과를 제공한다.

Ⅲ. 청소년 우울증과 사회적 관계

1. 부모-자녀 관계

인간이 태어나서 가장 처음 사회적 관계를 맺는 대상이 바로 부모님이다. 자녀의 사회화 과정의 시작은 부모이며 가정 내에서 처음으로 사회에 적응할 수 있도록 훈련을 하게 된다. 이 과정에서 사회적으로 부정적인 의사소통과 상호작용이 일어난다면 문제행동과 불안정한 정서 상태를 보일 수 있다. 청소년의 문제행동은 사회부적응과 밀접한 연관이 있으며 타인에게 피해를 주는 사회문제로까지 확장될 수 있다는 점에서 지속적인 관찰과 관심이 필요하다. 특히 미성숙한 시기인만큼 아직 완전하지 않은 자아를 가지고 있는 만큼 성인들의 도움이 각별하다. 청소년의 사회적 상호작용과 의사소통 기술은 부모와 자녀 관계에서 자연스럽게 의견을 주장하고 긍정적인 반응을 보이며 올바른 자아, 안정적 정서, 올바른 행동발달에 도움을 주는데 이것이 원활하지 않는다면 부모에게서 받는 애정 결핍, 충분하지 못한 지지를 통해 사회에서의 의사소통과 관계 맺음에서도 한계가 생길 것이다. 특히 부모와의 관계에서 부모의 학대와 방임은 범죄일 뿐만 아니라 높은 수준의 우울 및 불안 등의 내면행동 문제를 불러 일으키는 요인으로 정서적 학대, 신체적 학대, 방임을 많이 받을수록 높은 정서적 결핍을 불러일으키는 것으로 나타났다.

적절하지 못한 부모-자녀의 관계는 아동기에는 눈에 띠는 사회적 관계의 미숙함을 볼 수 없을지 몰라도 청소년기 가치관 형성시기에 도달하게 되면 수많은 갈등과 다툼을 초래한다. 청소년기는 부모에게서 독립을 하고 싶어하며 원활한 의사소통과 상호작용이 되지 않았다면 그 분리과정에서 서로의 요구를 조정하지 못하고 다툼이 장기화되며 심할 경우 가출, 약물복용, 폭력 등과 같은 심각한 반사회적 문제행동을 불러일으킬 수 있어 부모와 자녀의 관계에서 적절한 애착관계의 형성이 필수적이라고 볼 수 있다. 동시에 위에서 언급했던 것처럼 청소년의 우울증은 반사회적 행동으로도 발생할 수 있다는 점을 바탕으로 부모-자녀의 부적절한 관계로 인한 반사회적 문제행동은 청소년 우울증의 증상일 가능성도 크다는 것이다.

이와는 반대로 부모-자녀의 부적절한 관계를 통해 사회적인 고립, 상실감, 대인관계에 대한 위축과 두려움, 의욕 및 활력의 상실 등 사회적 적응을 어려워하여 우울증을 유발할 가능성도 있으며 이는 자살, 자해와 같은 자기파괴적 행동으로 확장될 수 있다.

2. 또래 관계

청소년기는 다른 사회적 관계들보다 훨씬 더 또래 관계의 영향을 많이 받고 있으며 이 시기에 부정적인 또래관계를 형성하게 된다면 많은 문제를 야기하는 결과를 낳을 수 있다. 특히 왕따, 집단 따돌림, 사이버 폭력과 같은 또래 괴롭힘이 청소년 우울의 가장 많은 원인을 차지하고 있으며 또래 괴롭힘을 받고 부모와의 관계 또한 부적절한 청소년일수록 우울을 더 많이 경험하고 심각한 수준이라고 할 수 있다. 소극적인 성격과 대인기피증이라는 부정적 특징과 원활한 의사소통이 불가하여 또래 친구가 적으면 청소년 우울을 경험할 가능성이 매우 크다. 또한 지속적으로 또래 관계에서 배제된다면 외로움, 우울, 사회 불안과 사회에 대한 비판적 사고의 증가, 비행, 학교 적응에 대한 어려움, 사회적 회피, 낮은 학업 성취 등 다양한 분야에서의 문제를 일으킨다.

더 나아가 환경의 변화로 인한 스트레스와 심리적 부적응은 우울 및 불안과 같은 내재화 문제로 나타날 수 있지만 비행, 학업중단, 흡연과 같은 외현화 문제로도 나타날 수 있다. 청소년 우울증은 성인기 우울증보다 인지하기 어려워 대인 관계 요인을 주의깊게 살펴봐야하는데 또래들 간의 소속감이 존재하고 또래애착이 높은 청소년은 대인관계에 대한 자신감과 만족감을 나타낸다. 그러나 이 또래 애착 또한 소속에 있는 또래의 성향에 따라 학교생활의 적응하고 올바른 행동을 하는 또래 집단인가, 반사회적 행동을 주로하고 학교생활에 관심이 없는 또래 집단인가에 따라 결과가 달라질 수 있다. 무리에서 제외되지않기위해 스스로는 원치않더라도 반사회적인 행동을 하는 청소년들은 오히려 소속감을 못느끼나 고립의 두려움과 불안으로 인한 스트레스가 증가할 것이다.

3. 휴대폰

현대 사회에서 새롭게 등장한 유형으로 휴대폰의 사용이 증가하면서 청소년의 사회적 관계를 축소시킨다는 주장이 발생하였다. 휴대폰의존 즉, 휴대폰 중독은 우울성향과 충동성에 대한 주요 예측 요인으로 외로움 극복, 스트레스 해소와 같은 목적으로 휴대폰을 과도하게 사용하여 오히려 사회적 관계의 축소, 우울, 자존감 하락, 불안 등이 나타난다고 본다. 휴대폰 중독집단이 비중독 집단보다 낮은 자아존중감과 높은 우울수준을 보인다고 연구 결과가 도출되었다. 추가적으로 우울과 동시에 충동성, 공격성, 불안정한 정서 수준, 관계에 대한 기피 등도 초래한다고 나타났다. 비슷하게 인터넷 과다사용, 게임 중독도 우울감과 관련성이 있는 것으로 드러났다.

특히 현재 코로나라는 특수한 상황으로 인해 2년간의 사회적 관계를 맺지 못하고 비대면으로 학교, 직장 등이 활동을 진행하였으며 이는 예측 불가능한 변화에 적응하면서 대처능력을 향상시킬 수 있는 기회를 박탈하였고 사회적 상호작용과 활동에 제약을 불러일으켜 발달에 위기를 초래하였다. 대면 관계에 익숙하지 않은 코로나 시기의 청소년들은 인간관계보다는 핸드폰, 인터넷, 게임 등에 더욱 익숙해하며 휴대폰 의존 및 중독, 대인기피로 발전하여 청소년 우울을 가속화 시킨다.

스마트폰 중독은 자기효능감과 부적 관계이며 자기 효능감이 우울에 부적 영향을 미치고 청소년과 성인이 서로 비슷한 양상으로 나타나는 것으로 보아 스트레스에 대한 대처와 문제해결능력이 미숙한 청소년이 훨씬 부정적인 영향을 받을 수 있기에 중요하게 다뤄야 할 필요성이 있다는 것을 시사한다.

Ⅳ. 우울 청소년을 위한 심리운동 사회경험

코로나 19의 장기화, 신체활동 감소, 고립으로 인한 우울과 무기력증의 증가가 "코로나 블루"라는 신조어까지 등장할 정도로 심각한 상황이라는 것을 시사하고 있다. 최근 심각한 우울경험을 겪는 사람들이 증가하면서 이전에도 과도한 학업스트레스. 경쟁위주의 시스템으로 인한 부적절한 사회적 관계의 증가 등 많은 스트레스에 노출되어있었던 청소년의 우울증 위험 수준이 추가된 요인으로 인해 점점 심화되고 있다. 청소년기는 우울한 감정을 표출하지 않는 '가면성 우울증'이 특징으로 오히려 우울증의 일반적인 증상인 무기력, 우울보다는 과잉행동, 비행, 또래 및 부모와의 부적절한 관계, 신체화 증상 등의 행동 문제나 성적저하, 등교거부 등 학업 부진과 같은 숨겨진 상태로 표출된다. 이 시기의 우울증은 만성적이고 재발 위험 높으며 중요한 발달시기에 있는 만큼 이후 성인기에도 악영향을 미치면서 발달에 방해가 될 수 있어 더욱 각별히 신경써야한다. 우울 청소년의 반사회적 행동은 더 깊은 우울증과 죄책감을 불러일으켜 자살, 자해와 같은 자기 파괴 행동으로도 연결이되며 이는 청소년의 고통스러운 경험에 대한 회피적인 행동일 가능성이 크다.

이를 바탕으로 청소년기의 심리운동 사회경험은 청소년의 자유로운 의지에 따라 진행되는 '놀이'와 '운동'을 매개로 한 움직임활동을 통해 스스로의 자발적인 동기와 자기 결정력을 발휘할 기회를 제공함과 동시에 자발적이고 적극적인 참여를 유발시키고 긍정적인 자아개념을 확립할 수 있게 도와주는 수단이라고 본다. 또한 급격히 성장한 신체적, 정서적, 인지적, 사회적 변화들에서 나오는 괴리감을 스스로 돌아볼 수 있는 성찰의 시간을 제공하여 자신의 신체, 사고, 욕구, 감정, 의지 등을 이해하고 조절할 수 있도록 도움을 준다. 또한 신체 활동은 정서적 안정감과 동시에 긍정적 자아개념, 안정적 사회관계 형성 등을 제공함으로 유희와 즐거움을 통한 자발적 신체 활동은 우울증의 굉장히 효과적으로 작용할 수 있다. 특히 우울 청소년에게서만 목격되는 반사회적 행동은 분노라는 감정의 표출을 통해 완화시킬 수 있으며 이는 심리운동의 움직임과 놀이를 통하여 개객인의 분노를 마주할 수 있게 해줌과 동시에 공격성의 이면의 우울증을 이끌어내고 타인과의 관계적인 놀이 안에서 나와 타인에 대한 책임감, 나와 내가 포함된 집단에 대한 책임감과 같은 집단감정을 발달시킬 수 있게 도움을 준다. 동시에 다 같이 획득할 수 있는 성공경험과 효능감, 자존감을 향상 시켜 긍정적인 사회관계에 대한 경험을 획득할 수 있도록 도움을 주어 무기력함을 해소할 수 있는 가장 효과적인 방안이라고 본다.

프로그램 #1: 구조 놀이

가. 목표 : 협동력, 눈-손 협응, 문제 해결력 강화

나. 준비물 : 낙하산, 풍선 혹은 공

다. 지원영역 : 사회경험, 협동력, 문제해결력, 협응력

라. 놀이 방법

협동 놀이므로 원활한 의사소통을 위해 치료사가 분위기를 만든 후 진행을 하는 것이 중요하다. 처음에는 아예 이야기없이 수행하고 다음은 단어만 사용하기, 한 문장만 사용하기 등 규칙을 확장해가며 소통의 양을 늘려준다.

① 두 팀으로 나누어 한 팀은 풍선이나 공을 던져주는 팀, 한 팀은 받는 팀으로 나눈다.

② 다같이 하나의 낙하산을 이동하여 던져진 공이나 풍선을 받는다.

③ 이때 던져지는 공이나 풍선의 숫자를 서서히 늘려나간다.

마. 기대효과

협동력과 의사소통, 문제해결력 향상, 눈-손 협응 및 순발력 발달

바. 놀이 확장하기

바디랭귀지만으로 의사소통하여 활동하기

매트 설치 후 뒤로 넘어지는 사람 낙하산으로 다같이 받기

프로그램 #2: 표류 놀이

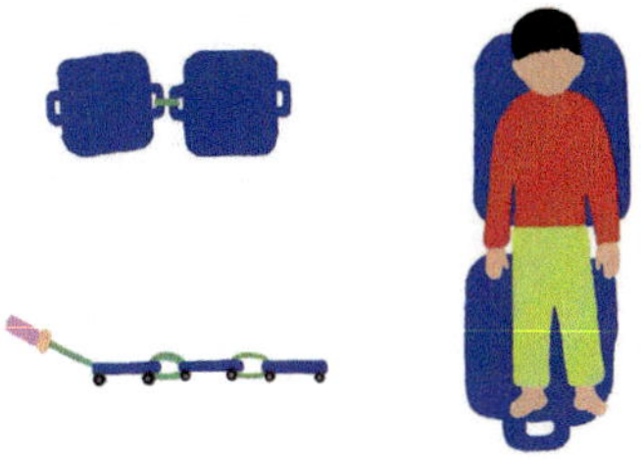

가. 목표 : 협동력, 신체이완, 문제해결력

나. 준비물 : 롤블렛, 로프

다. 지원영역 : 사회경험, 협동력, 문제해결력

라. 놀이 방법

롤블렛을 연결하여 대상자가 눕기 충분할 정도로 만들어준 후 각 면만다 끌 수 있는 로프를 묶어준 후 프로그램을 시작한다.

① 1명은 롤블렛에 천장을 바라보면서 누운 후 편안한 자세를 유지하고 나머지 인원은 롤블렛에 묶인 로프를 잡는다.

② 공간을 돌아다니면서 최대한 롤블렛의 형태가 흐트러지지 않도록 로프를 잡은 사람들끼리 소통을 하며 수행한다.

③ 이때 일정시간이 지나면 롤블렛에 탄 사람은 자유롭게 자세를 바꿀 수 있으며 주변 사람들은 자세에 따라 떨어지지 않도록 유의하며 수행한다.

마. 기대효과

협동력 및 의사소통, 문제해결력 향상

바. 놀이 확장하기

의사소통 시 바다소리, 갈매기소리 등 각자의 약속을 설정하여 소통

ex) 갈매기 소리 길게는 아니요, 짧게 두 번은 오른쪽 등으로 설정하여 소통

프로그램 #3: 몬스터 헌터

가. 목표 : 규칙 이해, 협동력 향상, 역할에 대한 이해

나. 준비물 : 낙하산

다. 지원영역 : 사회경험, 규칙 이해, 역할에 대한 이해

라. 놀이 방법

몬스터의 역할과 헌터의 역할로 나누어 수행을 시작하며 역할은 돌아가서면서 바꾼다. 활동을 시작하기 전 헌터들은 각자만의 몬스터를 상상한다. 이때 진짜 상상 속의 몬스터만이 아니라 각자가 생각하는 무서운 대상도 가능하다는 말을 치료자가 살짝 언급한다.

① 낙하산 천을 바닥에 내려놓은 후 몬스터는 그 안으로 들어가고 헌터들은 밖에 고리를 잡고 낙하산 둘레에 앉는다.

② 몬스터는 고리와 고리 사이로 빠져나올 수 있도록 돌아다니고 헌터는 나오지 못하도록 양 옆에 사람과 함께 공간을 막는다. 이때 헌터들은 계속 물결치듯 낙하산을 흔들고 있어야한다. (공간을 막을 때만 멈추기 가능)

③ 제한 시간을 설정하여 시간 내에 수행을 진행한다.

마. 기대효과

협동력 및 의사소통, 문제해결력, 순발력 향상, 트라우마(사람에 대한) 극복 및 자신감과 자아존중감 획득

바. 놀이 확장하기

안에 들어가는 몬스터의 수를 늘리거나 헌터의 미션을 추가한다.
(예시: 헌터 중 몇 사람은 눈 가리기)

프로그램 #4: 로봇 조종

가. 목표 : 지시 따르기, 협동력 및 의사소통능력 향상

나. 준비물 : x

다. 지원영역 : 사회경험, 규칙 이해, 역할에 대한 이해

라. 놀이 방법

로봇의 역할과 조종사의 역할로 나누어 수행을 시작하며 로봇은 조종사의 명령입력이 없으면 움직이지 못한다. 조종사의 명령은 말로 입력할 수 있으며 처음 로봇과 약속한 언어만 이행가능하다. (예시 : 앞으로 갈 때 - 초록, 멈출 때 - 빨강) 일반적인 '앞으로, 뒤로, 옆으로' 보다는 자신들만의 암호를 만든다.

① 로봇의 역할과 조종사의 역할을 하는 사람이 페어로 출발선에 선다. 조종사는 출발선 안쪽에만 있어야하며 로봇만 움직일 수 있다.

② 로봇은 본인의 의지대로는 움직일 수 없으며 조종사의 명령입력에 따라 움직여서 도착지점까지 가야한다.

마. 기대효과

협동력 및 의사소통, 문제해결력 향상, 규칙과 역할에 대한 이해

바. 놀이 확장하기

로봇의 눈을 가리고 수행

언어적 지시가 아닌 도착지점에 있는 조종사의 몸짓을 통해 수행

가. 목표 : 자아효능감 획득, 협동심, 의사소통 능력 향상

나. 준비물 : 신문지, 송판, 롤블렛

다. 지원영역 : 사회경험, 자아효능감, 의사소통 능력

라. 놀이 방법

과제 자체가 어렵지않은 격파이므로 청소년을 대상으로는 쉬울 있는 과제이나 무기력증을 겪고 있는 우울 청소년을 대상으로는 간단한 과제 성공을 통한 자아효능감을 제공할 수 있다. 또한 개개인의 차이가 있고 송판으로 할 경우는 두려움을 느끼는 대상자가 있을 수도 있으므로 두려움 극복이라는 효과도 낼 수 있다.

① 두 사람이 커다란 신문지 한 장의 옆을 잡고 도착지점에서 기다리고 롤블렛을 탄 대상자는 두 사람이 만든 장애물로 돌진한다.

② 동일하게 더 강한 송판으로 다시 수행하며 수행할 때 서로 위치 조정을 위해 대화를 하며 의견 조율을 한다.

③ 장애물의 수를 늘려가며 최대한 많이 부수는 것을 목표로 수행한다.

마. 기대효과

협동력 및 의사소통, 문제해결력 향상, 규칙과 역할에 대한 이해, 성공경험을 통한 자아 효능감 획득

바. 놀이 확장하기

장애물을 포함한 루트를 만들어 루트를 통과한 후 격파가 가능하도록 코스 만들기 또는 롤블렛에 탄 사람의 눈을 가리기

(2) 스트레스 감소를 위한 프로그램

Ⅰ. 스트레스 감소를 위한 심리운동 사회경험

흔히 스트레스라고 하면 부정적인 측면을 먼저 떠올리기 쉽다. 그러나 스트레스는 두 가지 측면이 존재한다. 보건복지부 국립재활원에 따르면 스트레스는 개인에게 부담을 주는 정신적, 육체적 자극과 그에 대한 반응이다. 스트레스가 무조건 건강에 좋지 않은 영향만을 끼치는 것은 아니며, 적당한 스트레스는 신체와 정신에 활력을 준다고 한다. 이 장에서 다루고자 하는 스트레스는 아동에게 부담을 주어 자극과 반응 수준이 불균형을 초래한 상태이다.

그렇다면 아동기에는 보통 어떤 스트레스를 겪고 있을까? 아동기는 발달의 기초가 되는 시기로 인지적·사회적·신체적인 면에서 계속 성장하고 변화해간다. 이런 과정 속에서 많은 심리적 갈등과 적응상의 도전을 받게 되고 스트레스를 경험한다(이정희, 2004).

아동이 일상생활에서 경험하는 스트레스는 개인적 요인과 환경적 요인으로 구분할 수 있다. 개인적 요인에는 내적 갈등으로 감정과 기복이 심하고, 객관적인 이성보다 감정에 치우쳐 판단하는 경향이 높다. 또한 과격하고 격렬한 행동을 보이기 쉬워, 다른 연령 집단과의 차이로서 독특하며 복합적이고 다양한 스트레스를 경험한다(이권호, 2017). 환경적 요인으로는 대표적으로 부모, 또래, 학업, 학교 등이 있다. 이렇듯 아동기의 스트레스는 개인적 요인에 해당하는 자신문제, 환경적 요인에 해당하는 가정생활, 학교생활, 대인관계 등으로 구성된다고 볼 수 있다(이동호, 2014).

또래는 아동에게 중요한 사회적 집단으로 또래와의 관계 속에서 아동은 자신의 위치를 확인하고, 우정을 나누면서 성격을 형성해간다. 이러한 사회적 관계 안에서 자신이 느끼는 자신감과 할 수 있다는 믿음은 아동에게 큰 영향을 미치게 된다. Sherer, Maddux, Mercandante, Prentice-Dunn, Jacobs,& Rogers(1982)는 어떤 행동을 시작하고 끝마칠 때까지 노력하는 의지와 어려운 일에 부딪쳤을 때 필요한 자신감을 사회적 자기효능감이라 정의하고 있다. 사회적 효능감에 대한 선행연구들은 스트레스와의 관련성에 대해 보고하고 있다. 구체적으로 살펴보면 사회적 자기효능감은 스트레스 요인에 영향을 미치고(오진아, 2011) 사회적 자기효능감이 높을수록 스트레스가 감소(엄태완, 2008; 이상주, 2011)되는 것으로 나타났다.

아동기는 이후의 성격 발달에 지대한 영향을 끼치는 중요한 시기이고 지속적인 스트레스는 두통, 위장병 같은 신체적 반응과 우울, 주의산만, 불안정, 무기력감 등의 정신건강 문제, 공격성, 성적저하, 비행 등의 원인이 된다(장영화, 2000). 또한 아동은 자신이 받고 있는 스트레스를 인지하고 효과적으로 대처하는데 필요한 능력이 성인에 비해 미숙하기 때문에(Mederios,Porter, & Welch, 1983) 스트레스가 누적될 수 있다. 때문에 이를 위한 적절한 개입과 도움이 필요하다.

Zimmer(1999)는 사회적 경험이란 다른 사람과 움직임 안에서 그리고 움직임에 관해서 의사소통 하는 것이고 역할놀이와 규칙놀이를 함께 하는 것이며, 스스로 정해놓은 또는 상황에 맞춰 설정된 놀이의 규칙을 다루는 것이며 함께 때로는 맞서서 놀이를 하는 것이라고 말한다. 아동에게 있어 심리운동 사회경험은 움직임을 통해 환경과 자신과의 관계를 인식하게 하고, 아동 스스로가 어떻게 환경에 대해 영향을 미치는지 알게 만든다. 또한 아동은 자신의 감정을 움직임을 통해서 직접적으로 표현하게 된다. 다시 말해 심리운동 사회경험은 환경과 아동을 연결해주는 가교라 할 수 있다.

위의 내용을 종합하고 거친 신체놀이(김성재, 2011)와 요가 프로그램이 유아와 아동의 스트레스 감소와 조절에 도움을 주었다는 선행 연구(양기순, 2008; 양미애, 안이환, 2010), 놀이에서의 움직임을 강조한 심리운동 프로그램을 실시한 후에 아동들의 스트레스가 감소했다는 선행 연구(한유진, 2011; 신경호, 2019)에 따라서 심리운동 사회경험은 아동으로 하여금 놀이 과정에서 사회적 자기효능감을 높여 아동의 스트레스 감소에 도움을 줄 수 있을 것으로 생각한다.

다음으로는 이와 관련한 실제 프로그램을 살펴보려 한다. 프로그램을 진행 할 때에는 사회경험에 맞게 개별 보다는 집단 형태를 권장한다.

Ⅱ. 심리운동 사회경험 프로그램

프로그램 #1: 풍선 자기소개

가. 목표 : 초기 관계 형성

나. 준비물 : 풍선, 마커 펜

다. 지원영역 : 사회성, 자발성

라. 놀이 방법

집단원들에게 원하는 풍선을 고르게 하여 하나씩 나누어 준다. 풍선을 원하는 크기만큼 불고 묶는다. 풍선에 자기 이름과 별명, 좋아하는 것을 쓴다. 심리운동사는 순서를 정해서 풍선에 적은 내용을 바탕으로 집단원 모두 자기소개를 하도록 한다. 한명의 순서가 끝나면, 소개를 한 아동이 다음 사람을 지목하는 방법 한다.

마. 기대효과

집단원들간 친밀감과 신뢰감을 형성, 라포 형성, 동기부여

바. 놀이 확장하기

프로그램 #2: 풍선 바닥 놀이

가. 목표 : 초기 관계 형성 및 스트레스 해소

나. 준비물 : 매트, 풍선

다. 지원영역 : 사회성, 신체성

라. 놀이 방법

바닥에 매트 한 장을 깐 후에 그 위를 촘촘히 공기가 든 풍선으로 채운다. 매트가 풍선으로 가득 차면 그 위에 다시 매트 한 장을 깔고 움직이지 않도록 끈이나 줄로 고정한다. 집단원 모두 함께 손을 잡고 매트 위로 올라간다. 심리운동사는 그 위에서 다양한 동작을 해보도록 유도한다(앉았다가 일어나기, 원 모양으로 서서 시계 방향 또는 반대방향으로 움직여보기, 동시에 두발로 점프 해보기 등등). 동작의 첫 번째 목표는 함께 협동 하여 풍선을 터트리는 것이다. 두 번째 목표는 풍선을 터트릴 때 자신이 현재 걱정하고 있거나 힘들다고 여겨지는 것 등등을 생각하면서 그것을 터트린다는 생각으로 하는 것이다. 심리운동사는 두 번째 목표를 위해 적절한 질문 및 개입을 한다.

마. 기대효과

집단원간 친밀감과 신뢰감을 형성, 라포 형성, 스트레스 해소

바. 놀이 확장하기

심리운동사의 지시 또는 제안으로 움직이는 것이 아닌, 집단원끼리 서로 어떤 동작을 해볼 것인지 이야기를 나누게 하고 그 내용을 바탕으로 움직여 본다. 이를 통해 사회성 및 자발성을 더욱 촉진 한다.

프로그램 #3: 크림&로션 놀이

가. 목표 : 심리적 안정 및 이완&긴장 경험

나. 준비물 : 면도크림, 로션

다. 지원영역 : 사회성, 신체성

라. 놀이 방법

집단원 모두에게 면도크림과 로션, 투명한 파일을 준다. 파일 위에 자기가 그리고 싶은 그림을 면도크림이나 로션으로 그려보게 한다. 모두 그린 후에 한 사람씩 돌아가면서 그림에 대한 이야기를 나눈다. 그 다음에는 서로 짝을 지어 앉게 한 후 서로의 손등에 로션을 발라주고 그 위에 손가락으로 간단한 그림을 그려주도록 한다. 활동을 어느 정도 한 후에는 자신이 느낀 것을 자유롭게 이야기 하는 시간을 갖는다.

마. 기대효과

자기탐구(자신의 신체와 감정을 인식) 및 신체적 긴장과 이완 경험, 집단원간의 신뢰감 형성

바. 놀이 확장하기

심리운동실 내부 바닥에 김장용 비닐처럼 큰 비닐류를 깐 후에 동일한 재료를 사용 하여 함께 공동 그림 작업을 해보고 이야기를 나눈다. 이를 통해 사회성을 더욱 촉진 한다.

프로그램 #4: 김밥 말기 놀이

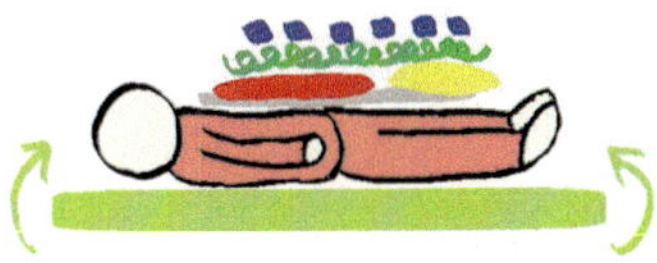

가. 목표 : 신뢰감 형성 및 정서 이해

나. 준비물 : 매트, 넓은 천 또는 담요, 색깔 있는 막대기나 큰 블록 등 김밥 재료로 쓸만한 놀잇감

다. 지원영역 : 사회성, 신체성

라. 놀이 방법

집단원들을 한 집단에 2~3명씩 여러 집단으로 나눈다. 각 집단 별로 김밥이 될 사람을 한 사람 정한다. 매트 위에 넓은 천, 담요 등을 깐다. 김밥인 된 사람은 매트에 눕고 나머지 집단원이 다양한 도구를 누운 사람에게 주면서 두 발 또는 다리로 안게 하며 김밥 속을 채운다. 그 다음 누워있는 사람을 아래에 깔린 천, 담요 등으로 호흡에 불편함을 느끼지 않는 범위 내에서 김밥을 말듯이 덮어 말아준다. 완성 된 김밥을 모두 같이 보는 시간을 잠깐 가진다. 집단 간 만든 김밥에 대해 설명하고, 김밥이 된 사람의 이야기와 만든 사람들의 이야기를 나누는 시간을 가진다.

마. 기대효과

자연스러운 신체 접촉 및 의사소통 과정을 통한 집단원간 신뢰감 형성, 자신&타인의 정서 이해

바. 놀이 확장하기

서로가 만든 김밥에 대해 이야기를 충분히 나누고 난 뒤, 심리운동사는 특히 느껴졌던 기분이나 감정, 정서에 대한 적절한 질문을 해주며 이에 대한 이야기를 나눌 수 있도록 한다.

프로그램 #5: 리본으로 감정표현 하기

가. 목표 : 자신 및 타인 인식, 정서 이해

나. 준비물 : 리듬체조용 리본

다. 지원영역 : 사회성, 신체성

라. 놀이 방법

감정 단어를 집단원이 잘 볼 수 있도록 다양한 방법으로 배치한다(미니 칠판, 풍선, 도화지 등등에 필기). 모두 둥그렇게 마주보며 앉게 한 후에 한 사람씩 원하는 감정 단어를 선택 하도록 한다. 단어가 서로 중복 되도 된다. 그 후 원하는 리본을 선택 하게 한 후에 그것을 이용하여 한 사람씩 자기가 고른 감정 단어가 무엇인지 움직이면서 표현 해보도록 한다. 나머지 집단원들은 그 단어가 무엇인지 알아 맞혀 본다. 맞힌 사람과 표현한 사람은 해당 감정 단어를 느꼈던 최근 또는 과거의 순간에 대해 이야기 나누어 본다.

마. 기대효과

다양한 감정 인식&표현, 자신&타인의 정서 이해

바. 놀이 확장하기

프로그램 #6: 신문지 집 만들기

가. 목표 : 심리적 이완 경험, 타인 배려

나. 준비물 : 신문지와 집을 만들기에 적절한 크기의 다양한 놀잇감

다. 지원영역 : 사회성, 집중성

라. 놀이 방법

집단원들을 한 집단에 2~3명씩 여러 집단으로 나눈다. 각 집단 별로 만들고 싶은 집을 신문지와 심리운동실 내부에 있는 다양한 놀잇감과 도구를 이용하여 만들도록 한다. 완성된 집을 모두 잠깐 보는 시간을 가진다. 그 후에 자신들이 만든 집안에 함께 들어가 본다. 모두가 들어간 상태에서 심리운동사는 현재 느낌에 대해 자유롭게 이야기 해보도록 한다.

마. 기대효과

작은 공간 속에서 편안함 느끼기 및 심리적 이완 경험

바. 놀이 확장하기

심리운동사는 자신들에게 현재 살고 있는 집은 편안한 곳인지 불편한곳인지, 불편하다면 왜 불편한지 또는 집 외에 편안한 곳은 어디인지 등 적절한 질문을 통해 이에 대한 이야기를 자연스럽게 나누도록 한다.

프로그램 #7: 보물을 지켜라

가. 목표 : 협동 및 신뢰감 형성

나. 준비물 : 매트, 신문지, 큰 비닐

다. 지원영역 : 사회성, 집중성, 신체성

라. 놀이 방법

4명의 소집단을 정하고, 4명 중 1명은 보물이 된다. 보물이 된 사람을 신문지나 큰 비닐로 몸 전체를 가린다. 4명 중 3명은 이 보물을 지키기 위해 서로의 신체로 벽을 만들어 에워싼다. 그 후 다른 집단원들은 이 보물을 감싸고 있는 벽을 뚫고 사전에 배부 된 자신의 스티커를 제한된 시간 안에 최대한 많이 붙인다. 시간이 끝나고 가장 적게 붙인 사람이 속한 곳이 보물과 보물을 지키는 새로운 소집단이 된다. 같은 방법으로 놀이를 여러 번 진행해본다.

마. 기대효과

긴장 경험, 집단원간 신뢰감 형성 및 지지&협동 경험

바. 놀이 확장하기

프로그램 #8: 패션쇼

가. 목표 : 협동 및 긍정적인 자기개념 형성

나. 준비물 : 패션쇼에 입을 옷, 패션쇼 공간을 꾸밀 수 있는 다양한 물품 및 도구

다. 지원영역 : 사회성

라. 놀이 방법

집단원간 이야기 과정을 통해 패션쇼 무대, 공간을 꾸밀 수 있도록 한다. 공간이 완성 된 후에는 사전에 준비해온 패션쇼 할 옷을 모두 갈아입는다. 심리운동사가 사회를 보고, 정해진 순서대로 패션쇼를 시작 한다. 무대에 선 사람 외 나머지 집단원들은 워킹 하는 사람을 향해 박수, 환호, 칭찬 등 긍정적인 반응을 보여 줄 수 있도록 한다. 패션쇼가 끝난 후 모두 둘러 앉는다. 패션쇼를 하면서 느낀 점, 지금까지 심리운동을 통해 느낀 점 등을 이야기 하고 나누는 시간을 가진다. 프로그램 종결 시점에 적절한 활동이다.

마. 기대효과

긍정적인 자기 개념 형성 및 타인과의 긍정적인 관계 경험

바. 놀이 확장하기

Ⅶ

함께 도움을 준 협력기관

1. 국제언어심리운동학회

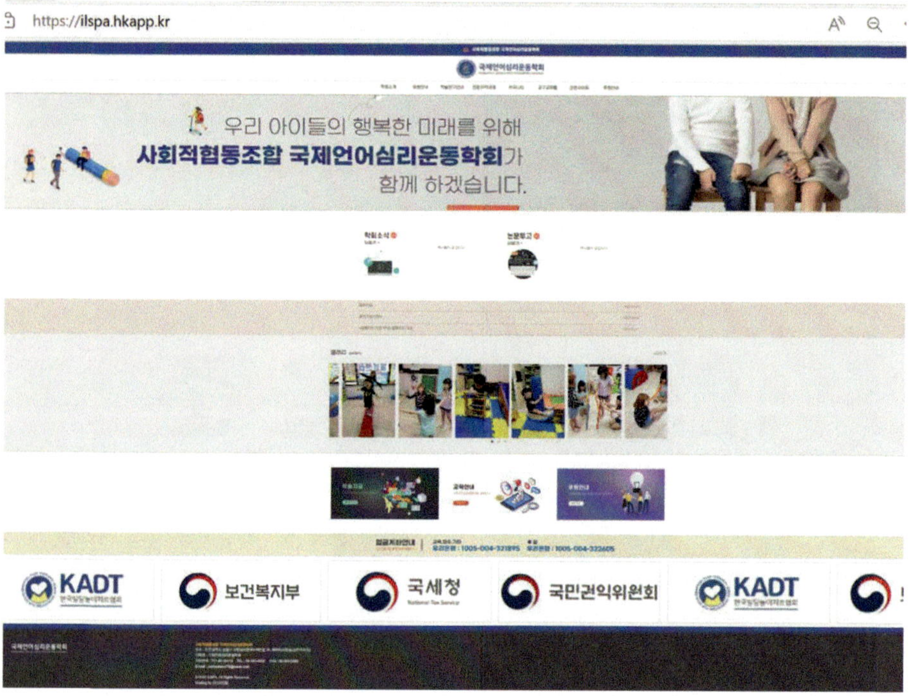

2. 한국발달놀이치료협회

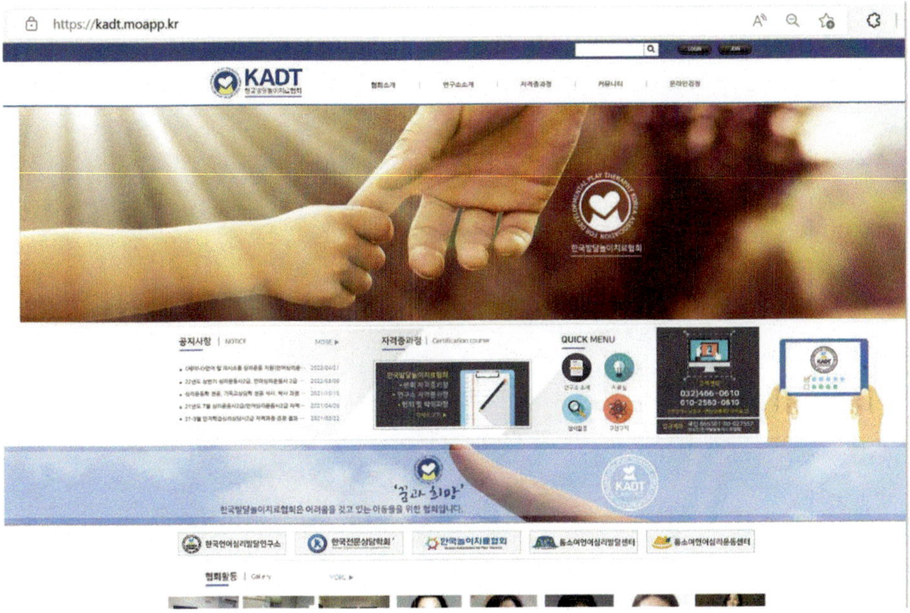

3. 수도국제대학원대학교 상담학과 발달재활전 심리운동전공

참고문헌

강성화(1984). 동료 상호작용과 과제 수행에 관한 연구. 석사학위논문.연세대학교 대학원,

강혜정(2011). 생활주제에 따른 심리운동 프로그램이 발달지체유아의 동작활동 능력과 사회적 기술 향상에 미치는 효과. 박사학위논문. 우석대학교. 대학원.

강경숙(2004). 기능 평가를 통한 장애학생의 행동지원에 관한 현장적용연구 분석. 특수교육 연구, 11(1), 26- 45.

김달봉, 정훈영, 조재규. (2010). 직업생활 프로그램이 특수학교 자폐성 장애 학생의 사회적응행동에 미치는 영향. 정서·행동장애연구, 26(3), 209-229.

김보라(2010). 심리운동이 초등학교 경도 지적장애아동의 사회성 기술에 미치는 효과. 석사학위 논문. 단국대학교 특수교육대학원.

김영태, 신문자(2011). 우리말조음음운검사. 학지사심리검사연구소.

김향림 (2020). "아동놀이치료의 이해" (서울: 휴먼케어).

김영란, 이정현, & 이은주 (2017). 놀이프로그램이 미취학 아동의 정서조절 능력에 미치는 영향. 한국심리학회지: 발달, 30(2), 29-43.

김윤태(2018). 노인에 대한 심리운동 지원방안: 치매를 갖고 있는 노인대상, 한독심리운동학회 춘계학술대회 자료집, 39-44. 5월 26일, 전북: 우석대학교 문화관.

김윤태(2009). 지적장애아 조기중재를 위한 심리운동적 접근방법, 3-9

김성운, 김우철, 김한철(2017). 뇌 과학적 관점에서 본 심리운동 기전에 대한 문헌고찰. 디지털융복합연구. 15.11 pp.591-601 (2017) : 591.

김은경, 배은련(2001). 발달 치료가 자폐성아동의 사회적응력에 미치는 효과. 놀이치료연구, 5(1), 57- 81.

김아론, 김일명(2020). 심리운동 프로그램이 아동 · 청소년의 우울감에 미치는 영향. 발달장애연구. 24.2 pp.25-43 : 25.

김인해(1996). 놀이학습 프로그램이 초등학교 아동의 사회성 발달에 미치는 영향. 석사학위 논문. 한국교원대학교 대학원.

김윤정(1998). 발달단계에 따른 아동 권리에 관한 기초연구. 숙명여자대학교 대학원 석사학위 논문.

김주희, 조윤경. (2018). 초등학생의 창의적 문제해결 능력과 융합적 사고 능력의 관계: 초등학교 다양한 창의적 문제 해결 태스크를 중심으로. 교육과학연구, 49(4), 855-874.

김소라(2020). 심리운동 활동이 발달장애 아동의 소근육 운동기능 발달에 미치는 효과. 심리운동연구 6: 133-147.

김선아(2015). 부모학대, 부적또래관계, 휴대폰의존과 중학교 청소년우울과의 관계성 연구. 3-8, 15-19.

김성경, 김혜영(2021). 현대사회 아동복지론. 양서원.

김승아, 서민경. (2019). 예술활동을 통한 물질경험이 아동의 창의성에 미치는 영향: 대규모 예비실험 연구. 예술교육연구, 35(2), 201-226.

김영옥(2016). 어린이도서관을 활용한 영유아 책놀이프로그램 개발 운영에 관한 연구. 한국엔터테인먼트산업학회논문지, 10(3), 225-239.

김영익, 권순우(2016). 감각통합심리운동을 통한 신체활동이 자폐성 장애유아의 의사소통기능 습득과 상동행동 감소에 미치는 효과. 특수교육재활과학연구, 55.3, pp.1-24.

김정미(2014). 영유아 발달 진단 및 중재를 위한 반응성상호작용(RT) 중심 프로그램 적용. 유아특수교육연구, 14(4), 173-194.

김지원 (2020). 놀이치료가 특수교육학생의 자아표현능력 향상에 미치는 영향 (석사학위 논문, 한양대학교).

김주영(2003). 놀이를 활용한 집단상담 프로그램이 아동의 사회성 및 자아존중에 미치는 영향. 석사학위 논문.. 인천교육대학교 교육대학원.

김종두(2010). 초등학생 사회성 검사도구 개발 및 타당화 연구. 교원교육, 26(6), 161-181.

김지백(1989). 팀스포츠 활동 강화가 고고생의 사회적 관계에 미치는 효과. 석사학위 논문. 경북대학교 대학원.

김지영(2007). 놀이를 활용한 집단상담이 초등학생의 자아개념과 사회성에 미치는 영향. 석사학위 논문. 숙명여자대학교 대학원.

김태련 외(2004). 발달장애 심리학. 서울. 학지사.

곽금주(2016). 발달심리학: 아동기를 중심으로. 서울. 학지사.

권윤희, 이숙정.(2012). ADHD 아동을 위한 Kiphard 심리운동 6단계 모델이 주의산만 유아의 행동 문제에 미치는 영향. 발도르프교육연구.

국립재활원(2017). 자가 건강관리 가이드-몸 튼튼 마음 든든.

노혁(2002). 청소년복지론

남민, 박랑규(2001). 전반적 발달장애와 과잉언어성 발달장애 아동의 특성 비교. 자폐성 장애연구. 3(1), 1-14.

도로시 에이넌(2001). 『STEP놀이 육아법』. 서울:D&B.

레터나 짐머(2007). 『심리운동 이해』. 이숙정 옮김. 서울:서울장애인종합복지관.

마소(2020). 심리운동 활동이 자폐스펙트럼장애 아동의 놀이자발성에 미치는 영향. 심리운동연구, 6(2), 51-73.

박계신(2001). 상황 이야기 중재와 자폐성 아동의 사회적 행동연구. 대구대학교 박사학위논문.

박묘주(2021). 사회 상황이야기 중재가 사회적 의사소통장애 학생의 사회적 상호작용에 미치는 효과. 서율교육대학교 석사학위논문.

박석원, 조여진(2019). 심리운동과 아동중심 놀이치료의 공통점과 융합적 접근 방안. 한독심리운동학회

박석원, 조여진(2022). 의사소통장애 아동 특성을 고려한 언어 중심 심리 운동 실재와 중재 이론을 위한 제언. 안전문화포럼

박정숙, 김화수(2017). 심리운동 프로그램이 자폐 장애유아의 사회적 상호작용 발달에

미치는 영향. 특수교육재활과학연구, 56.3 pp.521-542.

박승주. (2016). 피아제 인지 발달 이론의 연구동향과 시사점. 아동교육, 25(4), 117-134.

박영주, 김미경. (2020). 물질 경험을 통한 예술 창의성 향상 방안: 초등학교 시각예술 교육을 중심으로. 예술교육연구, 32(4), 297-325.

박정하 (2018). 아동의 놀이치료와 정서조절 능력과의 관계: 신경학적인것을 기준으로. 한국심리학회지: 발달, 31(4), 1-16.

박순길, 박현옥, 조정연(2014). 특수아동의 이해와 교육 -예비교사를 위한 개론서. 서울, 학지사.

박혜영, 박부진(2012). 집단음악치료 프로그램이 초등학교 저학년 아동의 사회성에 미치는 영향. 아동가족치료연구, 11, 69-83.

배진아(2013). ADHD 하위 유형간 심리운동집단프로그램의 효과 비교. 석사학위 논문. 덕성여자대학교 대학원.

서미영 (2016). "아동의 놀이와 학습" (서울: 학지사).

서덕원(2018). 유아의 신체활동을 위한 심리운동 모형 개발. 박사학위 논문. 한신대학교.

서명원, 유경량, 채소희(2010). 영유아 생활지도: 영유아 부적응 행동지도 중심으로. 양서원.

서연태, 정기천. (2011). 심리운동 프로그램이 자폐성 장애학생의 운동수행능력에 미치는 영향. 한국운동재활학회지, 7(1), 69-78.

서현아外(2016). 『영유아 생활지도』. 경기도 고양시:공동체.

송인섭(1998). 인간의 자아개념 탐구. 서울 : 양서원.

손성화(2018). 지적장애학생의 기본심리욕구가 행복감에 미치는 영향, 11-14.

손명희, 유옥현. (2018). 물질경험 중심의 교육이 유아의 창의성과 문제해결능력에 미치는 영향. 아동교육, 27(1), 235-250.

송미정(2020). 발달지체유아를 대상으로 한 심리운동 중재 집단실험연구의 메타분석.

특수교육재활과학연구 59: 93-114.

송명자(1995). 발달심리학. 서울. 학지사

송호준. (2017). 공을 활용한 심리운동 중재가 자폐범주성장애 아동의 신체모방 및 자발적 놀이 참여에 미치는 효과. 한국웰니스학회지, 12(1), 563-576.

송현종(1993). 우울과 자아존중감에 관한 귀인모형의 인과적 분석. 박사학위 논문. 전남대학교 대학원.

신경민(2018). 아동·청소년 우울증의 근거기반치료. 1-6

신경호(2019). 심리운동이 지역아동센터 이용 아동의 스트레스 및 공격성에 미치는 효과. 국내석사학위논문, 동국대학교 대학원.

신지선, 박은지. (2016). 피아제의 인지 발달 이론과 교육실천의 함의. 한국심리학회지: 발달, 29(3), 1-19.

신명희 외(2013). 발달 심리학. 서울. 학지사.

신석호, 양문봉(2011). 자폐스펙트럼 장애 A to Z. 서울. 시그마프레스.

심숙영(2019). 『영유아기 상호작용과 지도』. 경기도 파주:교육과학사,

손명희, 정영숙. (2015). 예술 교육을 통한 유아의 창의성 발달: 예술 활동과 유아의 문제해결 능력, 상상력의 관계를 중심으로. 예술교육연구, 28(3), 321-341.

이해인 (2020). 놀이치료가 학령기 아동의 스트레스 대처능력 및 사회성에 미치는 영향 (박사학위 논문, 연세대학교).

이근용 (2017). "놀이치료와 상담: 임상과 연구" (서울: 학지사).

엄태완(2008). 빈곤층의 경제적 스트레스와 우울관계에서 자기효능감과 사회적 지지의 효과. 정신보건과 사회사업, 28, 36-66.

임예린, 박경미. (2016). 초등학생의 예술 창의성과 관련 요인에 관한 연구: 예술 수업, 가정환경, 학교환경을 중심으로. 예술교육연구, 29(3), 163-183.

양태양, 이규일(2020). 신체활동을 중심으로 바라본 운동장 없는 중학교 학생들의 학교생활 경험과 대처행동 탐색. 한국스포츠교육학회지. 27.2 pp.65-84 (2020) : 65.

양문봉(2001). 정서장애, 행동장애의 특성과 교수법. 국립특수교육원.

여은혜(2016). 심리운동 프로그램이 발달지체유아의 의사소통능력에 미치는 효과. 석사학위논문. 우석대학교 일반대학원.

오경준(2000). 자기성장 집단상담 프로그램이 초등학교 아동의 자아 존중감 및 사회성 증진에 미치는 효과. 석사학위 논문. 한국교원대학원 교육대학원.

오명희(2003). 자아성장 집단 상담이 우울성향 학생의 자아개념 및 대인관계에 미치는 효과. 석사학위 논문. 대구교육대학교 교육대학원.

오진아(2011). 학령기 후기 아동의 스트레스 요인이 자아존중감에 미치는 영향. 한국모자보건학회지, 15(2), 132-140.

오카다 다카시(2017). 발달놀이 육아법. 서울. 예문아카이브.

옥필훈(2021). 청소년기 우울증에 대한 인지행동치료 및심리운동의 지원에 관한 연구. 2-3, 5-12

우이구(2016). 양육길라잡이. 국립특수교육원.

윤소영, 박경미. (2020). 초등학생의 융합적 사고 능력과 창의성의 관계: 예술 교육과 창의성 교육의 관점에서. 예술교육연구, 34(3), 133-152.

이동은, 손수경, & 한윤미 (2019). 놀이치료가 아동의 자기 개념 및 정서 발달에 미치는 영향. 한국심리학회지: 발달, 32(3), 103-119.

이정희, 조영미. (2019). 물질경험과 창의성: 중학생을 대상으로 한 탐구. 예술교육연구, 33(4), 277-303.

이권호 (2017). 청소년의 스트레스가 공격성에 미치는 영향: 마음챙김의 조절효과. 석사학위논문, 청주대학교 대학원.

이선영. (2018). 피아제의 인지 발달 이론과 수업 구성. 한국초등교육학회지, 31(3), 61-80.

이동호 (2012). 청소년 스트레스가 우울 및 공격성에 미치는 영향. 석사학위논문, 한국국제대학교 보건 복지대학원.

이미영(2022). 코로나19 상황에서 청소년의 스마트폰 과의존과 우울의 관계: 자기효능감의 조절효과. 2, 5-6

이상주(2011). 초등학생의 스트레스와 사회불안관계에서 자기효능감의 조절효과. 초등교육연구, 24(2), 89-113.

이정희(2004). 초등학생용 학교 스트레스 척도의 요인구조 확인. 석사학위논문, 대구대학교 교육대학원.

이항재(2004). 아동발달

이현림, 김영숙(2016). 인간발달과 교육

유제민, 김정휘(2004). 아동과 청소년의 발달 정신병리학. 서울. 시그마프레스.

이광호, 김창우(2005). 신체화 개념의 심리 철학적 이해(움직임의 철학). 한국체육철학회지. 13.2 pp.63-74 (200 : 63.

이서영(210). 심리운동 Kiphard 모델이 ADHD아동의 신체적 자아개념에 미치는 영향. 석사학위 논문. 단국대학교 특수교육 대학원.

이상복, Luke Y. Tsai, 김정일(2002). 자폐성 영, 유아 아동의 조기 중재. 대구대학교 출판부.

이정혁(2020). 심리운동 활동이 지적장애아동의 언어문제해결력에 미치는 효과. 심리운동연구, 6(1): 103-118

이성현(1997). 자기표현 훈련이 소극적인 아동의 자아개념 형성 및 사회성에 미치는 효과. 석사학위 논문, 한국교원대학교 교육대학원,

이중석(1992). 10대의 정신병리. 청주 : 협신사

이윤희(2016). 심리운동과 연계한 또래상담 활동이 초등학생의 자아 존중감 및 사회적 기술에 미치는 영향. 석사학위 논문. 광운대학교 교육대학원.

이준성(2020). 심리운동 활동이 공격성을 가진 유아의 정서지능에 미치는 효과. 심리운동연구 6: 63-78.

이세형, 양성원(2020). 청소년복지론. 서울. 양성원.

이현섭, 김상윤, 추정선, 조선희(2002). 아동발달심리. 서울: 학지사

이현주, 한민규. (2015). 12주간의 심리운동 프로그램이 자폐성 장애 학생의 문제 행동에 미치는 효과. 지적장애연구, 17(1), 389-410.

이현재(2020). 심리운동 효과에 대한 메타분석. 심리운동연구 6: 167-181.

이혜영(2016). 사회성 그림책 읽기 활동이 초등학교 저학년의 사회성 향상에 미치는 효과. 석사학위 논문. 경인교육대학교.

유미진, 이천희(2011). 청소년의 승마수업 경험 인식에 관한 질적 연구. 한국여가레크리에이션학회지. 35.3 pp.127-138 (2011) : 127.

안순영(2012). 유리드믹스와 심리운동에 기반한 움직임 촉진 프로그램이 전반적 발달장애 청소년의 운동능력, 적응행동 및 문제 행동에 미치는 영향. 한양대학교 박사학위논문.

임규혁,이차숙(1987). 발달심리학. 서울 : 배영사.

임석환(2009). 활동 중심 칭찬 프로그램이 초등학생의 자아개념과 사회성 발달에 미치는 효과. 석사학위 논문. 공주교육대학교 교육대학원.

정성덕 (2016). "아동의 발달과 놀이" (서울: 학지사).

장영화(2000). 유아 스트레스와 대처행동 분석. 석사학위논문, 부산대학교 대학원.

정은아, 강경아. (2016). 예술 활동을 통한 물질경험이 초등학생의 창의성에 미치는 영향. 예술교육연구, 22(2), 277-297.

정갑순(1981). 또래집단에서의 어린이 사회성 발달에 관한 연구, 석사학위 논문, 중앙대학교 대학원,

정옥분 (2004). 발달심리학(전생애 인간발달). 서울. 학지사.

정원석(1968). 자아개념 검사요강. 서울 : 코리아 테스팅 센터.

정윤아(2018). 심리운동이 비장애 형제의 자아개념과 장애 형제에 대한 행동에 미치는 효과. 석사학위 논문. 단국대학교 특수교육대학원.

정해주(2019). 노인요양시설 거주 노인의 자아존중감 증진을 위한 심리운동 프로그램

개발 연구. 석사학위 논문. 우석대학교 일반대학원.

장은애, 정현희(2019). 초기 청소년의 또래애착과 우울 간의 관계에서 학교유대감의 종단적 매개효과. 1-5, 6-12

정은혜, 박은숙, & 김슬아 (2018). 아동의 놀이가 정서표현 능력에 미치는 영향: 동질적 행위의 조절효과. 한국심리학회지: 발달, 31(3), 79-96.

정규석, 김영미(2017). 청소년복지의 이해

정옥분(2000). 청년발달의 이해

정영호, 유명진. (2017). 피아제의 발달이론과 문학교육: 레베카 윌러의 『방학철』을 중심으로. 문학교육연구, 22(4), 109-134.

조영현 (2020). 놀이치료가 아동의 자아개념 및 사회성 발달에 미치는 영향: 상담학적 매개효과 검증 (박사학위 논문, 서울대학교).

정갑순(1981). 또래집단에서의 어린이 사회성 발달에 관한 연구, 석사학위 논문, 중앙대학교 대학원,

정옥분 (2004). 발달심리학(전생애 인간발달). 서울. 학지사.

정원석(1968). 자아개념 검사요강. 서울 : 코리아 테스팅 센터.

정윤아(2018). 심리운동이 비장애 형제의 자아개념과 장애 형제에 대한 행동에 미치는 효과. 석사학위 논문. 단국대학교 특수교육대학원.

정해주(2019). 노인요양시설 거주 노인의 자아존중감 증진을 위한 심리운동 프로그램 개발 연구. 석사학위 논문. 우석대학교 일반대학원.

조현경 (2021). 아동의 놀이 발달과 창의성 및 문제해결 능력의 관계: 아동 놀이 종류에 따른 비교 (석사학위 논문, 가톨릭대학교).

최순혼 외5명(2010). 치료놀이이의 이해. 태영출판사

채기화(2016) 지적장애오 심리적 외상 - 지적장애인의 특징적 행동에 대한 새로운 시선. 4-15.

최동훈, 오현경. (2021). 융합적 사고 프로그램이 초등학생의 창의성 및 문제해결 능력

에 미치는 영향. 예술교육연구, 36(2), 137-156.

체윤화(2017). 심리운동 프로그램이 발달지체유아의 놀이성에 미치는 영향. 석사학위 논문. 우석대학교 교육대학원.

최해순(1986). 유아의 사회성 발달과 지도. 서울 : 백록 출판사.

한수진, 김재성, & 홍석무. (2017). 물질주의와 내적성장의 관계에서 자아중심성의 매개효과. 한국심리학회지: 상담 및 심리치료, 29(2), 255-273.

한유진(2011). 심리운동놀이치료 프로그램이 아동의 스트레스 수준 및 사회적 자기효능감에 미치는 영향. 놀이치료연구, 15(3), 65-80.

하영희(2004). 부모-자녀관계와 청소년의 우울 및 문제행동과의 관계. 1-3, 5-8

홍승희, 박소영, & 이주원 (2018). 놀이활동이 아동의 정서적 발달에 미치는 영향: 지능과 상호작용의 매개효과 검증. 한국아동학회지, 39(4), 29-41.

홍현희(2017). 피아제의 심리 발달이론을 활용한 수업 실천과 교육 현장의 문제점. 학교교육학연구, 32(3), 49-73.

하경욱(2006). 놀이중심의 인간관계개선 집단 상담이 초등학생의 교육관계 및 사회성에 미치는 효과. 석사학위 논문. 동아대학교 교육대학원.

한국심리운동연구소(2008a). 심리운동 기본과정『신체경험』. 서울 : 한국심리운동연구소.

한국심리운동연구소(2008b). 심리운동 기본과정『물질경험』. 서울 : 한국심리운동연구소.

한국심리운동연구소(2008c). 심리운동 기본과정『사회경험』. 서울 : 한국심리운동연구소.

한국심리운동연구소(2019). 심리운동 기본과정. 서울 : 한국심리운동연구소.

한국심리운동학회(2007). 2007 동계워크숍 자료집. 한국심리운동학회.

한국심리운동학회(2009). 심리운동사 자격을 위한 신체과정 워크숍 자료집.

한국심리운동학회(2012). 심리운동사 자격을 위한 입문과정 워크숍. 한국심리운동학회.

황순각(2001). 유아 신체 활동 프로그램의 구성 및 효과. 중앙대학교 박사학위논문.

홍강의(2001). 자폐아 치료 교육의 원칙과 방향. 발달장애 아동관련 전문가 교육. 서울: 한국어린이육영회.

Aronson, E., Wilson, T. D., & Akert, R. M. (2018). Social Psychology. Pearson.

Bergsson, M(1998) 외 7명. "여유롭게 머물기"지적장애 학생들의 방해행동예방을 위한 심리운동, 2-3, 4

Berk, L. E. (2017). Child Development. Pearson.

Berger, P. L., & Luckmann, T. (1966). The Social Construction of Reality. Doubleday.

Bielefeld. J.(1986). Zur Begrifflichkeit und Strukturierung der Ausein-andersetzung mit dem eigenen Köper.in : Bielefeld, J.(Hrsg.) : Köpererfahrung-Grundlage menschlichen Bewegungsverhaltens Götingen, Toronto, Züich : Verl. fü Psychologie Hogrefe,S. 3-35.

Beins,H.J.,Conrady,R.L.,&Purz,G.(2011). 학교현장을 위한 심리운동.(이숙정, 고운, 채희태 역). 문음사 도서출판.

Belk, R. W. (1988). Possessions and the extended self. Journal of Consumer Research, 15(2), 139-168.

Brown, K. W., & Ryan, R. M. (2003). The benefits of being present: Mindfulness and its role in psychological well-being. Guilford Press.

Corey, G. (2016). Theory and Practice of Counseling and Psychotherapy. Cengage Learning.

Eric J. Mash, Russell A. Barkley, 이현진 외 역 (2001). 아동정신병리. 서울. 시그마프레스.

Eysenck, M. W., & Keane, M. T. (2015). Cognitive Psychology: A Student's Handbook. Psychology Press.

Frank, T.(1992). Die Bildersprache des Köers. Rowohlt .Verlag.

Gallauhue, D. L.(1983). Perceptual Aspects ofMotor Performance. paperpresented at the Annual Convention of American Alli anceforHealth, PhysicalEducation, Recreation and

Dance. Houston, TX.

Hoch, S. J., & Loewenstein, G. F. (1991). Time-inconsistent preferences and consumer self-control. Journal of Consumer Research, 17(4), 492-507.

Holt-Lunstad, J., Smith, T. B., & Layton, J. B. (2010). Social relationships and mortality risk: A meta-analytic review. PLoS Medicine, 7(7), e1000316.

Hammer, R.(2000). 심리운동 전문요원 교육 신체경험 자료집. 서울 : 한국심리운동협회.

Herbert P. Ginsburg(2006). 피아제의 인지발달 이론. 서울. 학지사.

Irmischer, T.(1987). Grundzüe derMotopäagogik. 조혜경역(2008). 운동교육학. 13-62, 서울장애인종합복지관.

Hogenboom, M. & Woodward, B. (2013). Autism: A Holistic Approach. Edinburgh; Floris Books.

Jerusalem, M. & Schwarzer, R.(1986). Selbstwirklichkeit Wirk.In: Angst, Stress und Handlungsregulation.

Johnny L. Matson 외, 하은혜 외 역 (2012). 아동기 심리장애와 발달장애의 평가. 서울. 시그마프레스.

Kiphard, E. J.(1989). Psychomotorik in Praxis und Theorie. Güersloh.

Klaes, R. & Walthes, R.(1995). üer Sinn und Unsinn von Bewegungs-stöungen, In: Prohl. R. Seewald, J.(Hrsg.): Bewegung ver stehen. Schorndorf, 237-262

Kökenberger, H.(1999). Bewegungsspiele mit Alltagmaterialien. Verlags modernes Dortmund.

Kabat-Zinn, J. (1990). Full Catastrophe Living: Using the Wisdom of Your Body and Mind to Face Stress, Pain, and Illness. Bantam.

Linda Wilmshurst(2017). 발달정신병리학, 97-115

Merleau-Ponty, M.(1966). Phenomenologie der Wahrnehmung. Berlin.

Pham, M. T. (1998). Representativeness, relevance, and the use of feelings in decision making. Journal of Consumer Research, 25(2), 144-159.

Ryff, C. D. (1989). Happiness is everything, or is it? Explorations on the meaning of psychological well-being. Journal of Personality and Social Psychology, 57(6), 1069-1081.

Rita Wicks-Nelson, Allen C. Israel, 정명숙 외 역 (2012). 아동·청소년 이상심리학. 서울. 시그마프레스.

Smith, J. A. (2018). Exploring the Impact of Mindfulness-Based Stress Reduction on Social Interaction (Doctoral dissertation, University of XYZ).

Schilling, F.(1986). Ansäze zu einer Konzeption der Mototherapie. In Motorik, 9, S. 59-67.

Schilling, F. & Kiphard, E. J.(1987). Zur Ganzheitlichkeit in der

Motologie. Entgegnung auf den Beitrag von Stehn und Eggert. In: Motorik 10:2. 53-55. New York: Princeton University Press.

Seewald, J.(1997). DerVerstehen der Ansatz und seine Stellung in der Theorielandschaft der Psychomotorik. In: Praxis der Psychomotorik, 22(1), S. 4-15.

Seewald, J.(1992). Vorläfiges zu einer verstehenden Motologie. In Motorik, 15, S. 204-221.

Seewald, J.(2004). 심리운동 국제학술대회 자료집-심리운동 안에서의 이해적 관점 2-15. 서울. 한국심리운동협회.

Shames, G. H.&Wiig, E. H(1986). Human communication disorders. Allyn & Bacon.

Van Boven, L., & Gilovich, T. (2003). To do or to have? That is the question. Journal of Personality and Social Psychology, 85(6), 1193-1202.

Zimmer, R.(1998). Handbucl der Psychomotorik, Freiburg. Herder

Zimmer, R.(2005). Bewegung und Entspannung. 김문주역(2007). 움직임과 이완 서울. 학지사.

Zimmer, R. & Dzikowski. P.(2007). Sozialkompetenz stäken-Ein Beitrag aus dem Projekt "Bewegungs und Gesundheits föderung in Kindertagesstäten". In:Motorik, 1, 35-43.

Zimmer,R.(2005). 심리운동의 이해.(이숙정 역). 서울. 서울장애인 종합복지관(원전은 1999에 출판).

박석원

상담학, 사회복지학 박사 (놀이치료/심리운동 전문가)

현) 수도국제대학원대학교 상담복지학과 발달재활전공 겸임교수
현) 세한대학교 휴먼서비스학과 사회복지상담 전공 겸임교수
현) USA) Victor International University 초빙교수
현) 국제언어심리운동학회 학회장, 한국발달놀이치료협회 협회장
현) 주)톰소여에듀피아 대표, 글로벌사이버전문 원격평생교육원 원장
현) 톰소여 미술&학습코칭 센터 원장, 아쿠아플레이 수중코칭센터 원장
현) 마인드언어심리상담센터 심리원장

조여진

상담학 박사 (언어치료 전문가/언어치료 임상경력 20년 이상)

현) 대구사이버대학교 언어치료학과 임상강사(임상 슈퍼바이저)
현) USA) Victor International University 초빙교수
현) 한국발달놀이치료협회 감사
현) 주식회사 마인드에듀피아 대표, 마인드언어심리상담센터 대표원장

고해인

수도국제대학원대학교 심리운동전공 석사과정 (심리운동/특수체육 전문가)

현) 톰소여언어심리발달센터 심리운동사, 특수체육 치료사

최하나

수도국제대학원대학교 심리운동전공 석사과정 (심리운동/특수체육 전문가)

현) 주)렛츠 심리운동사, 특수체육 치료사

발달 지향적 치료 움직임 놀이

심리운동 신체경험, 물질경험, 사회경험

초판 1쇄 인쇄 2023년 12월 11일 1판 1쇄
초판 1쇄 발행 2023년 12월 12일 1판 1쇄

저　　자 박석원, 조여진, 고해인, 최하나 공저
발 행 자 김 재 호
발 행 처 휴먼북스
등 록 일 2018년 09월 13일
등록번호 제 2018-25호
주　　소 서울시 중랑구 숙선옹주로 91, 411동 1201호
전　　화 070-8614-6569
팩　　스 070-8614-6569
홈페이지 http://www.tomcenter2.com

ISBN 9791190177597(93180)
정가 28,000원